Romanische Schweiz

MCMXCVI
ZODIAQUE

Hans-Rudolf Meier

Romanische Schweiz

zodiaque – echter

Titelbild des Schutzumschlages: *San Nicolao, Giornico* (Foto: Werner Richner)
Umschlag Rückseite: *Mauritiusschrein, St-Maurice*

Die Schwarzweißbildteile dieses Bandes sind in einem Druckverfahren erstellt, das in der klostereigenen Werkstatt der Abtei Sainte-Marie de la Pierre-qui-Vire entwickelt wurde. Dieses Verfahren wird als »gravure noire« bezeichnet und ist dem Druck im Duoton vergleichbar. Größte Sorgfalt wurde darauf verwendet, durch eine nuancierte Wiedergabe zugleich die Schärfe der Zeichnung wie die Plastizität der Form zur Wirkung kommen zu lassen.

Fotos: Angelico Surchamp – Zodiaque, außer Bild 100, 101, 104:
J. Dieuzaide – Zodiaque sowie Farbbild XXXIII, XXXIV, XXXV:
Schweiz. Landesmuseum, Zürich.
Übersichtskarten und Grundrisse: Frère Noël Deney nach Unterlagen des Autors; außer S. 98 (Prugiasco), 144 (Giornico), 282 (Valeria):
Liliane Pilette

© 1996 Zodiaque Echter Verlag, Würzburg
   (französische Ausgabe ³1996 bei Zodiaque, La Pierre-qui-Vire)

Der Bildteil wurde in Frankreich gedruckt.
Satz und Druck des Textteils sowie buchbinderische Verarbeitung:
Echter Würzburg, Fränkische Gesellschaftsdruckerei und Verlag GmbH
ISBN 3-429-01807-2

Inhalt

Einführende Bemerkungen zur romanischen Kunst
im Gebiet der heutigen Schweiz   9
   Die Landesteile: Geschichte, Vielfalt und Zusammenhänge   9
   Zum Forschungsstand   13
   Aufgaben, Bautypen und Vorbilder im Wandel der Zeit   14
   Stifter, Auftraggeber und Künstler   17
   Grab- und Bauplastik   18

GRAUBÜNDEN

Müstair. Das Kloster St. Johann   29
Chur. Die Kathedrale   49
Zillis. Die Bilderdecke in St. Martin   77

Kurzbeschreibungen weiterer frühmittelalterlicher
und romanischer Werke in Graubünden
   St. Martin in Cazis 89 – Disentis. Die frühmittelalterlichen Klosterkirchen 90 – Mesocco. Burg und Kirchen 90 – Mistail. St. Peter 91 – St. Lorenz bei Paspels 92 – Museale Einzelwerke 93

TESSIN

Prugiasco-Negrentino. Sant'Ambrogio Vecchio	97
Muralto. San Vittore	127
Giornico. San Nicolao	141

Kurzbeschreibungen weiterer romanischer Werke im Tessin
    Biasca. San Pietro 149 – Cademario. Sant'Ambrogio 150 – Castro. Die Stuckfigur in der Pfarrkirche San Giorgio 151 – Corzoneso. San Remigio 151 – Lugaggia-Sureggio. Santi Pietro e Paolo 152 – Riva San Vitale. Baptisterium 153

FRANZÖSISCHE SCHWEIZ

Romainmôtier. Die ehemalige Klosterkirche	157
Payerne. Die ehemalige Abteikirche	165
Grandson. Die ehemalige Prioratskirche Johannes der Täufer	211
Saint-Ursanne. Die ehemalige Kollegiatskirche	219
Genf. Die romanischen Kapitelle der Kathedrale	235
Die Abtei St-Maurice d'Agaune	265
Sitten	275
Valeria	279

Kurzbeschreibungen weiterer romanischer Kirchen
der Westschweiz
> Bonmont 287 – Chalières 288 – Montcherand 288 – Neuenburg/Neuchâtel. Die Kollegiatskirche 289 – Saint-Imier. Die Stiftskirche 290 – Saint-Sulpice. Die ehemalige Prioratskirche 291 – Saint-Pierre-de-Clages 292 – Glockentürme im Val d'Entremont 293

DEUTSCHSCHWEIZ

Die sogenannten »Thunerseekirchen«:
Amsoldingen, Einigen, Spiez | 297
Amsoldingen. Die ehemalige Stiftskirche St. Mauritius | 299
Spiez. St. Laurentius | 303
Einigen. St. Michael | 307
Schaffhausen. Das ehemalige Kloster Allerheiligen | 313
Zürich. Das Großmünster | 325
Basel. Das Münster | 361

Einzelwerke romanischer Kirchenausstattung
> Die Palmsonntagsgruppe aus Steinen im Forum der Schweizer Geschichte in Schwyz 375 – Das Marienfenster aus Flums im Schweizerischen Landesmuseum Zürich 376 – Beromünster. Die Stiftskirche St. Michael 377 – Bubikon. Die Johanniterkommende 378 –

Degenau-Blidegg. Die Nikolauskapelle 379 – Meiringen. Die Kirche St. Michael 380 – Muri. Die Klosterkirche 381 – Rheinau. Das Portal im Südturm der Klosterkirche 382 – Rüeggisberg. Die Ruine der ehemaligen Cluniazenserkirche St. Peter und Paul 382 – Schänis. Die ehemalige Damenstiftskirche 383 – Schönenwerd. Die ehemalige Stiftskirche 384 – Schöntal bei Langenbruck. Die ehemalige Benediktinerabtei 385 – Stein am Rhein. Die ehemalige Klosterkirche St. Georgen 386 – Wagenhausen. Die ehemalige Propsteikirche 387

Bibliographie 389
Ortsregister 395

Einführende Bemerkungen zur romanischen Kunst im Gebiet der heutigen Schweiz

Die Landesteile: Geschichte, Vielfalt und Zusammenhänge

Wie in allen Übersichtswerken, die sich mit der Schweiz im Mittelalter befassen, soll auch hier die relativierende Bemerkung am Anfang stehen, daß es eigentlich anachronistisch ist, von der Romanik in der Schweiz zu sprechen. Das Territorium des modernen Nationalstaates bildete in der hier interessierenden Epoche, d.h. vom 11. bis ins frühe 13. Jahrhundert, keine Einheit. Im Westen war mit dem Aussterben der Rudolfinger kurz nach der Jahrtausendwende gerade die Selbständigkeit Hochburgunds erloschen, dessen Reste dem deutschen Reich einverleibt wurden. Zuvor hatte der letzte burgundische König wichtige Grafschaften den Bischöfen übergeben, um den Einfluß weltlicher Dynastien, die sich die Schwäche der Burgunder zunutze gemacht und ihre Herrschaftsgebiete vergrößert hatten, zurückzubinden. Nicht zuletzt der Gewinn Burgunds durch die salischen Könige führte in der gleichen Zeit dazu, daß der Machtbereich des schwäbischen Herzogtums zunehmend beschnitten wurde, bis sich dann in der Folge des Investiturstreits vier Adelsfamilien gegenüberstanden, die den Herzogtitel für sich reklamierten. Anders als die Auseinandersetzungen zwischen den Welfen und Rheinfeldern betrafen diejenigen zwischen Staufern und Zähringern das Gebiet der späteren Ostschweiz sehr direkt und zentral. Nach dem Ausgleich im Jahre 1098, als Berthold II. von Zähringen zugunsten der Staufer auf die Herzogsrechte verzichtete und dafür u. a. Zürich, »die vornehmste Stadt Schwabens«, erhielt, standen sich aber nicht zwei geschlossene Territorien, sondern einander vielfach überschneidende Herrschaftsstrukturen gegenüber. Vor allem in der zweiten Hälfte des 12. Jahrhunderts versuchten dann die Zähringer mittels Städtegründungen ein geschlossenes, bis in die Zentralalpen hineinreichendes Herrschaftsgebiet zu arrondieren und damit die immer wichtigeren Alpenpässe ebenso sicher zu beherrschen, wie dies den Savoyern im Westen zwischenzeitlich weitgehend gelungen war. Auf die Situation nach dem Aussterben der Zähringer (1218) und ihrer kyburgischen Nachfolger (1264) und den Aufstieg der Habsburger brauchen wir hier ebensowenig einzugehen wie auf die zahlreichen lokalen Potentaten, die sich in und zwischen den skizzierten Territorien kleine Herrschaftsgebiete zu schaffen und zu erhalten suchten. Manche von ihnen werden wir bei der Besprechung der einzelnen Bauwerke als Stifter kennenlernen.

Aber nicht nur politisch war das Gebiet der Schweiz in zahllose Herrschaftsgebiete unterteilt, auch religiös war man nach verschiedenen Zentren ausgerichtet, trafen hier doch nicht weniger als sechs Kirchenprovinzen aufeinander: Die Bistümer Basel und Lausanne gehörten zur Erzdiözese Besançon, Genf zu Vienne, Sion zu Tarentaise, Chur und Konstanz – dem die ganze Zentral- und die Ostschweiz unterstanden – zum Erzbistum Mainz, während das Tessin aufgeteilt war zwischen dem Erzbistum Mailand und der Diözese Como, die zum Patriarchat von Aquileia gehörte. So wundert es nicht, in unserem auch morphologisch stark gegliederten Gebiet unterschiedliche künstlerische Entwicklungen und Paradigmen vorzufinden. Die verschiedenen Landesteile werden in diesem Buch in vier Hauptregionen zusammengefaßt, die im wesentlichen den einzelnen Sprachgebieten entsprechen, wie sie sich im späteren Frühmittelalter herausgebildet hatten. Einzig im romanischen Alpengebiet hat sich die Sprachgrenze seither stetig und spürbar zugunsten des Deutschen verändert. Die größte Germanisierungswelle durch die Walserwanderungen datiert aber ins Spätmittelalter und liegt damit bereits außerhalb der uns hier interessierenden Zeit.

Gemeinsam ist allen Regionen, daß sie am Rande großer Zentren der romanischen Kunst lagen. Das Tessin, Graubünden, aber auch die Ostschweiz bis Zürich und die Zentralschweiz bis zum Thunersee orientierten sich hauptsächlich an Italien, d. h. der Lombardei, während Schaffhausen und die Nordostschweiz zum süddeutschen Raum und Basel zum Oberrhein gehörten. Die Westschweiz wiederum war Teil Burgunds. Gerade dort läßt sich aber wiederholt beobachten, daß bei Bedarf aufgrund spezieller historischer Konstellationen auch künstlerische Anregungen aus entfernteren Gegenden bis hin zur Auvergne bezogen wurden. Diese Bauten sind es auch, welche die Ausnahmen von einer allen Landschaften gemeinsamen Regel bilden, die besagt, daß größere Bauten mehrschiffig sind und dem basilikalen Schema mit belichtetem Obergaden folgen. So prägend die regionalen Besonderheiten sonst auch sind, so kann man doch vor allem in Gebieten, in denen verschiedene Regionen zusammentreffen, auch interessante Mischformen und Synthesen beobachten. Eindrücklich ist das Beispiel der Prioratskirche von Rüeggisberg: Der erste Cluniazenserbau im deutschsprachigen Raum folgte im Bautyp weitgehend der von Abt Majolus (954–994) errichteten zweiten Abteikirche von Cluny, wurde aber offensichtlich von lombardischen Bauleuten ausgeführt, wie das im weiteren Umkreis des Thunersees für größere Kirchen bereits Generationen zuvor – und damit natürlich formal anders – üblich war. Schon daran zeigt sich, daß wir uns von der Vorstellung starrer, quasi vorgegebener Kunstlandschaften lösen und die Aufmerksamkeit eher darauf richten sollten, worauf die Gemeinsamkeiten der sich verändernden Regionen jeweils beruhen, d. h. wie sich solche Gruppierungen überhaupt konstituierten. Gemeinsame Zugehörigkeit zu einem Bistum oder auch zu einem Orden, miteinander verbundene oder eben gerade konkurrierende Auftraggeber, politische oder kirchliche Abhängigkeiten etc. sind neben geographischer Nähe nur ein paar von einer Vielzahl möglicher Faktoren. Daß Nachbarschaft übrigens auch über Gebirge hinweg empfunden wurde, ist ein weiteres Faktum, das sich – wie bereits angedeutet – auch in der romanischen Kunst niederschlägt. Trotz der Beschwerlichkeit der Alpenübergänge sind die künstlerischen Verbindungen oft sehr eng: Die Lage an einer Transitstrecke knüpfte mehr Kontakte als scheinbar nähere Verbindungen ins Hinterland. Aber nicht nur Kontakte wurden geschaffen, sondern auch Verdienstmöglichkeiten, die letztlich dazu führten, daß wir nicht nur in größeren Transitzentren wie Chur, sondern auch in kleinen Paßorten wie Zillis betont anspruchsvolle Kunstwerke vorfinden. Das Gebiet der Schweiz – so willkürlich dessen Begrenzung auch erscheinen mag – ermöglicht uns damit, künstlerisch artikulierte Beziehungen zwischen verschiedenen Regionen zu beobachten.

Gleichsam als Klammer zwischen der Romandie und dem deutschsprachigen Gebiet der späteren Schweiz ist die Verehrung der Thebäischen Legion zu nennen. Sie hat mit ihren Reliquien die mittelalterliche Sakrallandschaft in unserem Gebiet geprägt wie keine anderen Heiligen. Neben St-Maurice als Verehrungszentrum, das architektonisch bis in die Spätantike zurückverfolgt werden kann, ist auch in Zurzach unter der gotischen Verenakirche bereits ein frühmittelalterlicher Bau beim verehrten Grab nachgewiesen. Zwei weitere Thebäer, Urs und Victor, scheinen ebenfalls schon im 5. Jahrhundert in Solothurn vermutlich in

St. Peter verehrt worden zu sein, bevor dann die burgundische Prinzessin Selebauda die Victor-Reliquien in ihre Kirche St-Victor nach Genf überführte und Ursus in Solothurn an den Ort der heutigen Kathedrale transloziert wurde, deren romanischer Vorgängerbau archäologisch nachgewiesen werden konnte. In Zürich werden die Thebäer Felix und Regula spätestens seit karolingischer Zeit verehrt und bilden Nukleus und Patrone des bedeutenden Großmünsterstifts. Schließlich ist an die Mauritiuskirche in Amsoldingen zu erinnern. Ursusreliquien wiederum sind unter anderem im Schaffhauser Allerheiligenmünster, in den Klöstern Muri und Engelberg sowie – ebenfalls bereits in romanischer Zeit – in der Laurenzenkirche in St. Gallen bezeugt.

Schon ein Blick auf die genannten Kirchen weist auf einen weiteren Faktor, den es vorauszuschicken gilt: die unterschiedliche Überlieferung mittelalterlicher Kunstwerke in den reformierten und den katholischen Gebieten der Schweiz; Bezirke, die zuweilen ganze Landesteile umfassen, manchenorts aber auch kleinräumig einander ablösen. Während in den protestantischen Orten die mittelalterlichen Großbauten meistens noch erhalten, aber ihrer Ausstattung weitgehend beraubt sind, wurden die Kirchen des alten Glaubens sehr oft durch Barockisierungen erneuert oder gar vollständig ersetzt. So ist der Churer Dom die einzige der hochmittelalterlichen Kathedralen, die bis heute Bischofssitz geblieben ist. Die Kathedrale von Sitten wurde am Ende des Mittelalters – unter Einbezug des romanischen Turms – neu gebaut, die von St. Gallen in der Barockzeit. Die Bischofskirchen von Basel, Lausanne und Genf wurden zu reformierten Stadtpfarrkirchen, während sich die exilierten Bischöfe in Solothurn und Arlesheim neue Barockdome bauten bzw. in Fribourg die gotische Stadtkirche in Besitz nahmen. Zahlreiche Klöster wurden im Gefolge der Reformation (weitere in der napoleonischen Ära oder im »Kulturkampf« des 19. Jahrhunderts) säkularisiert und oft bis auf das als Pfarrkirche genutzte Gotteshaus abgebrochen.

Dennoch sind mit St-Maurice, Disentis und Einsiedeln drei große Benediktinerkonvente aus dem Mittelalter bis auf den heutigen Tag als religiöse und kulturelle Zentren lebendig, wenn auch in mehrfach veränderter baulicher Gestalt. Durch archäologische Forschungen sind wir aber über die Entwicklung dieser drei Anlagen im Mittelalter gut unterrichtet. In St-Maurice und Disentis sind überdies bedeutende Reste der frühmittelalterlichen Anlagen konserviert. Einzigartig ist das Beispiel des Benediktinerinnenklosters von Müstair, das nicht nur auf eine praktisch ungebrochene Kontinuität seit der Gründung zur Zeit Karls des Großen zurückblickt, sondern bis heute die Gottesdienste in der Kirche des Gründungsklosters mit ihrer ursprünglichen Ausmalung feiert.

Müstair ist das Paradebeispiel einer nicht unbeträchtlichen Gruppe vorromanischer Kirchen, die sich in der Schweiz erhalten haben. Neben dem frühchristlichen Baptisterium in Riva San Vitale am unteren Ende des Luganersees haben sich vor allem in den Alpentälern Graubündens mehrere Kirchen über tausend Jahre lang der Zerstörung oder dem völligen Umbau entziehen können. Es sind fast durchwegs einfache Saalbauten, von denen die größeren mit drei Apsiden schließen, einer Chorform, die wohl aus dem adriatischen Raum nach Rätien eingeführt und dort für karolingische Bauten geradezu typisch wurde. Die reiche Wirkung, die auch ein solch einfacher Raum mit entsprechender Bemalung erzielen konnte, läßt sich erahnen, wenn man gedanklich die Kirchen von Mistail und Müstair kombiniert: während in St. Peter in Mistail der Dreiapsidensaal unverbaut erhalten ist, zeigt die Johanneskirche in Müstair, wie ein flächendeckendes Dekorationssystem den Raum gleichsam in einen Schrein verwandelt. Außen sind die vorromanischen Kirchen, wenn überhaupt, durch flache Lisenen und einfache Blendbogen, z.T. um dezente Architekturmalereien bereichert, gegliedert.

Zum Forschungsstand

Auskunft über das einstige Spektrum an Bautypen und Grundrißformen sowie Hinweise auf die Verbreitung der Kirchen im Frühmittelalter geben landesweit die zahlreichen archäologischen Grabungen. Ein Blick in den »Katalog der vorromanischen Kirchenbauten« zeigt, wie dicht und intensiv in den letzten Jahrzehnten archäologisch geforscht wurde. Heute ist die Mittelalter-Archäologie in der Schweiz auf hohem wissenschaftlichen Niveau fest etabliert und bereichert unsere Kenntnisse nicht nur zum vorromanischen, sondern zum gesamten mittelalterlichen Kirchenbau sowie zur Siedlungsentwicklung dieser Zeit. So ist das bekannte Material auch zur romanischen Architektur derart angewachsen, daß eine Gesamtdarstellung im hier vorgegebenen Rahmen nicht möglich ist. Unsere Beispiele sollen die wichtigsten romanischen Monumente vorstellen und dabei – ausgehend vom einzelnen Objekt und dem aktuellen Stand der Forschung – Einblick in die Vielfalt der Formen, Interpretationen und Forschungsansätze vermitteln. Wer sich tiefergehend informieren will, wird anhand der aufgeführten Literatur weiterkommen. Für einen umfassenden Überblick über die romanische Kunst der Schweiz wird man – ungeachtet manch überholter Details – weiterhin Adolf Reinles Überarbeitung des ersten Bandes von Joseph Gantners Kunstgeschichte der Schweiz zu konsultieren haben. Auch die Reihe *Ars Helvetica* kann dieses Standardwerk nicht ersetzen, obwohl Heinz Horats Band zur sakralen Baukunst über manche Zusammenhänge von Liturgie und Architektur einen vor allem in der diachronen Betrachtung interessanten Überblick vermittelt. Ähnliches gilt von

Christoph und Dorothee Eggenbergers Band in derselben Reihe zur mittelalterlichen Malerei; in dieser Sparte ergänzen einige jüngere Studien das inzwischen mehr als dreißigjährige Werk von Beat Brenk. Einen wichtigen Beitrag lieferte jüngst Hans Rudolf Sennhauser; ausgehend von den mittelalterlichen Kirchen Solothurns analysierte er zusammenhängend die romanischen Stiftskirchen und Langchorbauten der Schweiz. Zu nennen ist schließlich noch das nun ebenfalls beinahe dreißigjährige Standardwerk Virgilio Gilardonis zum *Romanico* im Tessin, in dem die romanische Kunst wenigstens einer Region der Schweiz in einem Corpus dargestellt wurde, der für die Südschweiz noch immer grundlegend ist. Wenn auch der romanische Baubestand nicht im ganzen Land die Dichte des Tessins aufweist, so läßt dieser sechshundertseitige Band doch erahnen, welchen Umfang ein Gesamtverzeichnis beanspruchen würde. Der notwendige Mut zur Lücke erlaubt uns daher auch, unsere Einführung auf einige ausgewählte Aspekte zu beschränken.

Aufgaben, Bautypen und Vorbilder im Wandel der Zeit

Überblicken wir die Baudaten der besprochenen Kirchen, so fällt auf, daß die Kathedralen sowie die meisten anderen vor allem städtischen Großbauten erst im fortgeschrittenen 12. Jahrhundert entstanden bzw. damals ältere Vorgängerbauten ablösten. Die Gründe dafür liegen hauptsächlich im Aufschwung der Städte, in dessen Folge Mittel erwuchsen, größere und »modernere« – und das heißt nicht zuletzt gewölbte – Kirchen zu errichten und damit dem allgemein gestiegenen Anspruchsniveau zu genügen. Die sogenannte Spätromanik erhält dadurch in unserer Darstellung ein großes Gewicht. Gegen Ende des 12. Jahrhunderts läßt sich dann allmählich die Rezeption gotischer Formen und Techniken feststellen, wobei sich die östlichen Landesteile als resistenter und länger in alten Traditionen verhaftet erweisen. In der Westschweiz wurden dagegen die wichtigsten Bauten in einem eigentlichen Übergangsstil errichtet. Neben den Stiftskirchen von St-Ursanne und Neuenburg sind die Sittener Valeria sowie die Genfer Kathedrale zu nennen. Während sich bei letzterer die älteren Bauteile auf das Langhaus konzentrieren, wurde umgekehrt in Neuenburg und Sion der Chor jeweils noch im alten, das Schiff hingegen bereits im »modernen« Stil erbaut. Läßt sich daraus in diesen Beispielen primär die Richtung des Bauvorgangs ablesen, so kann man andernorts eher programmatische Gründe für das Beibehalten eines alten Sanktuariums als Zeuge für die *Vetustas*, die Altehrwürdigkeit der Kirche, feststellen. So behielt beispielsweise die Stadtkirche in Winterthur ihr spätromanisches Altarhaus trotz mehrfacher Erneuerung des Schiffs bis heute. Umgekehrt kennen wir freilich auch zahlreiche Fälle, in denen stets der Chor zuerst veränderten Ansprüchen angepaßt wurde. Während in die Sittener Valeria und die Genfer Bischofskirche im Laufe der Bauzeit zunehmend Elemente der burgundischen Gotik einflossen, hat man die spätromanischen Münster in Chur, Zürich und Basel trotz zum Teil langer Bauzeiten und Planänderungen im wesentlichen im einmal gewählten Formenvokabular vollendet. Entstanden sind ausgesprochene Individuen, die dennoch in der jochweisen Überwölbung mit gebusten Kreuzrippengewölben und den dadurch bedingten massigen Pfeilern, die Platz für skulpturalen Schmuck bieten, Gemeinsamkeiten aufweisen.

Sind es im fortgeschrittenen 12. Jahrhundert die Bischofs- und großen Stiftskirchen, die das Gesamtbild prägen, so waren es im 11. Jahrhundert (bis in die ersten Dekaden nach 1100) die Bauten der Reform-Orden. Dabei zeigt sich die unterschiedliche Ausrichtung in den verschiedenen Landesteile besonders deutlich. San Nicolao in Giornico als wichtigster Bau des Tessins wird nicht nur von der Piemonteser Abtei Fructuaria aus reformiert, sondern wohl auch von dortigen Bauleuten geplant, in der Ausführung dann aber maßgeblich vom lokalen Baumaterial geprägt. In der Nordostschweiz andererseits ist die Kirche des der Hirsauer Reform verpflichteten Allerheiligenklosters zwar trotz ihrer Größe betont schlicht gehalten, aber ohne größere Abhängigkeiten von Hirsau zu zeigen. Auch der – in Schaffhausen sogar erst sekundäre – flache Chorschluß ist wohl weniger reformbestimmt, als daß er dem ottonischen Altarhaus der Konstanzer Bischofskirche folgt, das in der Ostschweiz bis ins 13. Jahrhundert zahlreiche Nachfolger fand. In der Westschweiz wird das Bild im 11. Jahrhundert klar von den Prioratskirchen der Cluniazenser bestimmt: Romainmôtier und Payerne sind gewiß die wichtigsten frühromanischen Bauten der Schweiz überhaupt. Doch auch hier: was heißt cluniazensisch? Zweifellos gehörten die zweite und die dritte Abteikirche von Cluny zu den form- und typenbildenden Bauten des Burgund und die – freilich unterschiedlichen – Längstonnen in Romainmôtier und Payerne belegen, daß man sich am Mutterkloster orientierte. Allerdings wissen wir nicht, ob z. B. die Vorkirche von Romainmôtier wirklich dem verlorenen Vorbild von Cluny II folgt oder ob nicht die ansonsten ja auch eigenständige Abteikirche von Tournus hier prägend gewirkt hat. Payerne wiederum läßt nicht nur bereits Reflexe der hochaktuellen dritten Kirche des Mutterklosters erkennen, sondern vor allem in der für den Raumeindruck wichtigen plastischen Durchmodellierung der Stützen auch Anklänge an den salischen Dom von Speyer. Damit zeigt der Bau nicht nur, daß mit dem Begriff »Ordensbaukunst« die festgestellten Phänomene nicht erklärbar sind, sondern er tendiert auch zur Loslösung vom »Primat der landschaftlichen Kunstübung« (Matthias Untermann). Unter bestimmten historischen Bedingungen kann dieses durchbrochen werden; so haben wir bereits erwähnt, daß sich in der Romandie Bauformen fernerer Provenienz finden, die überwiegend mit Interessen der Auftraggeber zu erklären sind: Grandson wurde aufgrund territorialer Streitigkeiten des Stifters mit der cluniazensischen Filiale Romainmôtier nicht Cluny, sondern einer auvergnatischen Reformabtei unterstellt. Der Bautyp läßt darauf schließen, daß in der Folge auch die verantwortlichen Handwerker aus dem baufreudigen Mutterkloster La Chaise-Dieu (Dep. Haute Loire) zugezogen sind. Auch in St-Pierre-de-Clages ist man geneigt, den Hallentyp und das Binnenquerschiff mit dem des Mutterklosters St-Martin d'Ainay in Lyon in Verbindung zu bringen, zumal mit dem von Charles Bonnet ergrabenen und nurmehr in den Grundmauern konservierten St-Jean in Genf ein zweites Westschweizer Kloster, das dieser berühmten Abtei unterstand, ein Binnenquerschiff aufwies.

Andererseits ist längst erkannt, daß Formen der großartigen und aufsehenerregenden neuen cluniazensischen Mutterkirche weit über den Orden hinaus rezipiert wurden. So treffen wir beispielsweise in St-Pierre-de-Clages – wo, anders als in Grandson, keine Animositäten mit Cluny überliefert sind – einen oktogonalen Vierungsturm an, der ohne Zweifel die ebenfalls achteckigen Türme von Cluny III voraussetzt. Deuten die hochkant versetzten Verkleidungsplatten der Walliser Prioratskirche andererseits auf lombardische Bauleute wie bei der Cluniazenserkirche von Rüeggisberg, wo wir eine ähnliche Mauertechnik beobachten können? Schon diese wenigen Beispiele zeigen, daß wir zumindest bei anspruchsvolleren Bauten, hinter denen mächtige Orden oder ambitionierte Stifter stehen, schon im späten 11. und frühen 12. Jahrhundert mit vielfältigen Interaktionen rechnen müssen, welche die Gestalt eines Bauwerks beeinflussen konnten. Einfache monokausale Erklärungsmuster dürften an der Realität meistens vorbeizielen.

Wie die in jüngster Zeit sehr fruchtbare Zisterzienserforschung zeigt, gilt dies selbst für die Zisterzienser. Deren normative Verordnungen mit ihrem geradezu formbestimmenden Funktionalismus geben dem Begriff »Ordensbaukunst« am ehesten einen gewissen Sinn. Gemeinsamkeiten auch ferner Filialen mit den burgundischen Primärabteien sind daher offensichtlich. Als schweizerisches Zeugnis für das nach dem großen Abt von Clairvaux benannte »bernhardinische Schema« ist die Kirche von Bonmont zu nennen. Auch die etwa gleichzeitig begonnene Klosterkirche von Hauterive (Kt. Freiburg) zeigt einen sehr ähnlichen Grundriß. Dieser wird selbst noch ganz am Ende des 12. Jahrhunderts für das erste Kloster von St. Urban (Kt. Luzern) gewählt, obwohl dessen Mutterkloster Lützel (Dep. Haut-Rhin) eine abweichende Variante vertrat und zwischenzeitlich auch Morimond und die andern Primärabteien durchwegs zukunftsweisend umgebaut worden waren.

Folgt man schließlich Jürg Goll und sieht in den schmalen Proportionen von St. Urban einen Reflex von Cluny II, so wird vollends deutlich, daß selbst bei den Zisterziensern nicht einfache Filiationen, sondern nicht zuletzt spezifische Auftraggeberinteressen für die Auswahl der Formen aus einer großen Palette an Möglichkeiten verantwortlich waren.

Stifter, Auftraggeber und Künstler

Etliche dieser Auftraggeber und Stifter der vorzustellenden Bauten sind namentlich bekannt. Neben dem lokalen Adel sind es zum Teil auch höchst prominente Persönlichkeiten, die allerdings meist vor den heute noch stehenden romanischen Bauwerken als Gründer der kirchlichen Institutionen in Erscheinung traten: Sigismund, der Gründer des Klosters St-Maurice und spätere Burgunderkönig, oder die hochburgundischen Königinnen, die Romainmôtier und Payerne der Abtei Cluny übertrugen; stets wurden diese gekrönten Häupter zur Zeit der dann meist von den Klöstern selber getätigten romanischen Um- und Neubauten als bereits legendäre Ahnen verehrt. Ein spätmittelalterlicher Chronist hat den burgundischen Rudolfingern dann auch zwölf frühromanische Kirchen am Thunersee zugeschrieben, die er aufgrund gemeinsamer »lombardischer« Dekorationsmotive als Gruppe zusammenfaßt. Die tatsächlichen Gründer zumindest eines dieser Gotteshäuser, des frühmittelalterlichen Urbaus von Einigen, hat man inzwischen zwar nicht namentlich, dafür aber *corporaliter* entdeckt, ließ sich doch das Gründerpaar in einem Wandgrab in der Südmauer ihrer Stiftung beisetzen.

    Manche Stifter wurden auch in oder an der von ihnen bedachten Kirche in Bildwerken dargestellt. Nur sporadisch sind aber dank Namensinschriften oder Wappen die Protagonisten auch zweifelsfrei zu identifizieren; allzuoft werfen solche »Stifterbilder« mehr Fragen auf, als daß sie Antworten bereithalten. Denn vor allem Großbauten sind selten – und im Laufe der Romanik zunehmend weniger – das Werk einer einzigen initiativen und begüterten Person, sondern beruhen zumindest in Städten meistens auf dem Konsens und der Mitwirkung vieler. Inhaltlich wie personell weitgehend problemlos sind die Darstellungen der Nellenburger in Schaffhausen und der Toggenburger und Rapperswiler Grafen in Bubikon. Letztere sind aufgrund der Wappen identifizierbar, dargestellt bei der *traditio in festucam*, der durch ein Bäumchen versinnbildlichten Übergabe des Grundbesitzes an den Klosteraltar. Dieser Rechtsakt wird auch in der Grabanlage der Nellenburger in Schaffhausen visualisiert, wobei dort mit der »Memorialplatte« ein zweites Denkmal an die Klostergründung erinnert. Auch im Kloster Schöntal ließen sich die Gründer und Erbauer – dort ist es die Grafenfamilie der Frohburger – plastisch darstellen. Erhalten hat sich eine Dame, die sich fürbittend der Madonnenstatue zuwendet, das Ganze in einer plastisch hervortretenden Nische an der Fassade. Wohl nicht zuletzt aufgrund der guten Sichtbarkeit waren die Portale auch bei größeren städtischen Bauten – die, wie gesagt, das Produkt vieler Zuwendungen waren – beliebte Objekte der Stiftung und ihrer Kommemoration. Vom Apostelportal der Collégiale in Neuenburg ist die Inschrift eines Stifterpaares nurmehr indirekt überliefert, wogegen die Stifter der Basler Galluspforte noch zu sehen sind, wie sie dank ihrer frommen Zuwendung Einlaß ins Himmelreich erhoffen. Die Namen des Paares bleiben aber genauso unbekannt wie die der beiden Herren, die im Innern des Basler Münsters im sogenannten »Baumeisterrelief« dargestellt sind. Der Inschrift auf der Tafel können wir zwar entnehmen, daß sich die beiden beim Münsterneubau himmlische Meriten erworben hätten, doch bleibt unklar, ob sie dies als Planer, Baumeister oder eben Geldgeber taten.

Sie bleiben damit ebenso anonym wie praktisch alle Künstler und Handwerker, welche die romanische Kunst in der Schweiz schufen. Nur einige wenige Bildhauer haben ihre Namen hinterlassen – ein GVIDO in Neuenburg, vielleicht RODO in Schöntal -, ohne daß wir von ihnen mehr wüßten. Von AZZO, der im Auftrag Bischof Norberts den Kreuzfuß des Churer Stiftsschatzes schuf, ließ sich zumindest das Kloster, in dem der kunstfertige Mönch lebte, mit einiger Wahrscheinlichkeit eruieren. Daß wir nicht mehr über die Erbauer unserer romanischen Kirchen wissen, hat freilich kaum etwas mit der vermeintlichen Anonymität des mittelalterlichen Kunstschaffens zu tun, sondern dürfte hauptsächlich überlieferungsbedingt sein. Zwar scheinen monumentale Inschriften, in denen Bildhauer und Architekten ihr Können und ihre Gelehrsamkeit preisen, im 12. Jahrhundert auf einige Regionen Italiens beschränkt zu sein, aber daß auch bei uns Baumeister angesehene Personen waren, zeigt nicht nur das Relief am Basler Münster, sondern auch die mit den Berufswerkzeugen verzierten Grabmäler, welche sich aus dieser Zeit in Basel und in St. Johannsen (Saint-Jean de Cerlier) erhalten haben.

Grab- und Bauplastik

Das Gründungsbild in Bubikon und die Stifterin FRIDERVN in Müstair sind gemalt, die übrigen Stifterdarstellungen sind plastische Bildwerke, die sich zahlreicher erhalten haben. Unter ihnen befinden sich Monumente von höchster kunsthistorischer Bedeutung, da sie am Anfang der entsprechenden Gattungsgeschichte stehen. Die Grabmäler der Nellenburger in Allerheiligen in Schaffhausen gehören nach der Merseburger Grabplatte König Rudolfs von Rheinfelden und neben den

Stuckplatten der Quedlinburger Äbtissinnen mit zu den ältesten bekannten Beispielen figürlicher Grabplastik des Mittelalters. Und die fast lebensgroße Stuckstatue Karls des Großen in Müstair dürfte – zumal wenn sie schon in der Frühzeit der Karlsverehrung im 11. Jahrhundert entstanden sein sollte – zu den frühesten vom Grabkontext gelösten monumentalen Denkmälern gehören. Durch seine bildliche Präsenz versicherte sich das Kloster seiner legendären Gründergestalt – und den wohl damit verbundenen Ansprüchen und Privilegien.

Neben der Betrachtung dieser Monumente von internationaler Bedeutung lohnt sich ein Blick auf die Bauplastik, die nicht nur häufig die besten Datierungshinweise für das entsprechende Bauwerk liefert, sondern wohl eines der prägnantesten, ja konstituierenden Charakteristika der romanischen Kunst bildet und dank ihrer Häufigkeit weiterführende Beobachtungen erlaubt. Vor allem die figürliche Kapitellplastik erlebte in den beiden hier interessierenden Jahrhunderten ihre eigentliche Blüte. Noch immer grundlegend hierfür ist das Werk von François Maurer, selbst wenn man dessen entwicklungsgeschichtliche Prämissen nicht mehr ohne weiteres zu teilen vermag. Am Anfang der romanischen Kapitellplastik steht das Würfelkapitell, das im ottonisch-salischen Reich zuerst auftritt und in unserem Gebiet entlang des Rheins weite Verwendung fand. Die frühen »lombardischen« Bauten etwa am Thunersee kennen dagegen noch keine eigentlichen Kapitelle. Im weiteren Verlauf des 11. Jahrhunderts sind es dann einerseits burgundische, andererseits lombardische Anregungen, welche die figürliche Bauskulptur in unserem Gebiet einführen. Einen ersten Höhepunkt stellen die unübersehbar Cluny III reflektierenden Chorkapitelle in Payerne dar. Für die Ostschweiz bleibt auch im 12. Jahrhundert Oberitalien bestimmend; erst allmählich scheint sich am Oberrhein eine regionale Schule gebildet zu haben, die sowohl lombardische wie burgundische Elemente aufgegriffen hat. Um 1200 findet dann auch die narrative Kapitellplastik bereits wieder ihr Ende und wird von ausschließlich pflanzlichen Kapitellen abgelöst, bevor sich dann in der Spätgotik das Kapitell überhaupt als entbehrlich erweist.

Fragt man nicht nur nach der Chronologie und Ikonographie, sondern nach dem Ort der romanischen Bauplastik, so gewahrt man fast stets eine bewußte Plazierung mit dem Ziel, den Raum hierarchisch zu gliedern. Nur spärlich kommt Bauplastik in Romainmôtier zum Einsatz: Am Außenbau haben einzig die Schallarkaden des Vierungsturms Kapitelle, im Innern beobachtet man eine vertikale Steigerung von den sehr einfachen Stützen zu den Konsolen der Gewölbe; an prominentester Stelle im Chor griff man sogar auf römische Spolien zurück. Ob die Apsiden skulptural ausgezeichnet waren, läßt sich nicht mehr feststellen; in Payerne jedenfalls sind diese Teile innen und außen am reichsten dekoriert (was freilich auch chronologische Gründe haben mag). Zuweilen stehen Innen- und Außenbau auch in bewußtem Kontrast: Sowohl auf der Valeria in Sitten wie an der Kathedrale von Chur ist der skulpturale Schmuck am Außenbau äußerst reduziert und beschränkt sich auf die jeweils sehr einfach und weitgehend unfigürlich gehaltenen Portale. Innen finden wir aber beide Male ein narratives Kapitellprogramm, das in Chur eine eindeutige, auch qualitative Hierarchie vom Eingang zum Sanktuarium beobachten läßt. Nicht nur dort, sondern auch in Grandson und Genf heben die Kapitelle formal und ikonographisch auch das Mittelschiff von den Seitenschiffen ab. Nicht weiter erstaunen kann auch die in St-Ursanne und Schöntal zu machende Feststellung, daß die zum öffentlichen Raum gerichteten Portale sehr viel aufwendiger gestaltet waren als die konventseitigen Kircheneingänge. Mit dem Zürcher Großmünster und der Basler Bischofskirche haben wir schließlich zwei städtische Großbauten, die das ganze Instrumentarium an Bauplastik aufbieten. Auch hier ergießt sich der Dekor aber nicht gleichmäßig über den ganzen Bau, sondern dient der Auszeichnung ganz spezieller Glieder wie den Portalen, der Fassade (in Zürich) oder dem Chor (Basel).

Wenn von Bauplastik die Rede ist, sollte man das liturgische Mobiliar nicht vergessen, das aufgrund mehrfach veränderter liturgischer Gebräuche bis auf wenige Reste verloren gegangen ist, ursprünglich den Innenraum der Kirchen aber entscheidend mitprägte. In Giornico hat sich ein figürlich verziertes Taufbecken erhalten, in Basel blieben zwei Reliefplatten höchster Qualität bewahrt, die vermutlich zu einer Schrankenanlage gehörten. Eine eindrückliche Vorstellung davon, wie die Kanonikerchöre abgetrennt waren, gibt der frühgotische Stucklettner in der Valeria in Sion. In der Churer Kathedrale war der Eingang zum Chor mit einem aufwendigen Lettner ausgezeichnet, dessen Bühne auf vier an oberitalienische Monumentalplastik erinnernde Apostelsäulen auflag. Lombardischer Tradition entspricht in Chur auch der erhöhte Chor mit der darunter sich weit zum Mittelschiff öffnenden Krypta; Giornico und Muralto wären als Beispiele aus der Südschweiz zu nennen. Da mit Ausnahme der singulären stützenlosen Krypta von Spiez alle romanischen Krypten der Schweiz Hallen sind, findet sich in diesen Räumen ein reicher Bestand an Kapitellplastik. Oft sind es verhältnismäßig frühe Skulpturen, so daß etwa in Schänis, Muralto oder Giornico ausgesprochen archaische Lösungen zu bestaunen sind. Sämtliche romanischen Krypten in der Schweiz gehören übrigens zu Stiften und stiftsähnlichen Kirchen, d.h. zu Bauten mit einer größeren Klerikergemeinschaft, so daß es naheliegt, ihre Funktion eher im Kult als im Pilger- oder Bestattungswesen zu vermuten.

Ein paar Worte schließlich noch zu den Portalen. Schön läßt sich am

Schweizer Material die Entwicklung vom unskulptierten Eingang (»Thunerseekirchen«) über das einfache Schulterbogenportal mit figürlich verzierten Kragsteinen (Sitten, Valeria) – später auch mit Sturz (Schöntal) – zum plastisch dekorierten Tympanon (Rheinau als frühes Beispiel) und schließlich reich figurierten Kastenportal verfolgen, wobei stets landschaftliche Besonderheiten mit zu berücksichtigen sind. So verfügt beispielsweise einzig Giornico über baldachinartige Vorbauten, wie sie an romanischen Portalen der Lombardei gang und gäbe sind. Die besondere Lage am Schnittpunkt zwischen Deutschland und Frankreich war auch mitentscheidend, daß mit der Basler Galluspforte erstmals ein vielfiguriges Säulenportal im deutschen Sprachraum faßbar wird. Es reflektiert mit Sicherheit französische Anregungen im Gefolge der Westportale von Chartres. Allerdings entstand daraus nicht einfach eine provinzielle Variante, sondern eine durchaus eigenständige Lösung, die ihrerseits wieder eine Wirkung entfaltete. Nicht nur das 1830 zerstörte Portal der Klosterkirche Petershausen bei Konstanz stand in der Nachfolge der Basler Galluspforte, sondern mit dem Südportal in St-Ursanne und der Portail St-Pierre an der Collégiale in Neuenburg auch Werke im burgundisch-französischsprachigen Raum. Die aus dem unmittelbaren Portalzusammenhang gelösten Nischen in Schöntal ließen sich wiederum in der Nachfolge von St-Ursanne verstehen, wenn auch die – in jeder Beziehung entferntere – Kirche St-Pierre-de-Clages zeigt, daß portalbegleitende Nischen bereits eine ältere Tradition haben.

Betrachtet man Kunstgeschichte nicht nur als »Gänsemarsch der Stile«, so bietet die romanische Kunst der Schweiz gerade durch ihre Vielfalt reichlich Anschauungsmaterial, das zum Verständnis dieser fernen, aber für unsere Kultur doch grundlegenden Epoche beiträgt. Je mehr man sich auf die einzelnen Monumente einläßt, desto mehr öffnen sie einem die Augen für ihre Schönheit und für die Fähigkeiten der Menschen des 11. und 12. Jahrhunderts, ihren Vorstellungen und Ansprüchen, ihren Hoffnungen und Ängsten eine adäquate Gestalt zu geben.

Es bleibt die angenehme Pflicht zu danken: Wertvolle Informationen zu einzelnen Bauten steuerten Renaud Bucher, Jürg Goll und Hans-Jörg Lehner bei. Manche Einsicht verdanke ich Gesprächen mit François Maurer-Kuhn. Albert Dietl und Carola Jäggi bin ich für fruchtbare Kritik und anregende Diskussionen vor vielen Objekten außerordentlich verpflichtet. Schließlich sei Marianne Jäggi für das sorgfältige Lektorat, Dom Angelico Surchamp von Zodiaque und Elisabet Petersen von Echter Würzburg für die stets liebenswürdige Zusammenarbeit gedankt.

ROMANISCHE SCHWEIZ

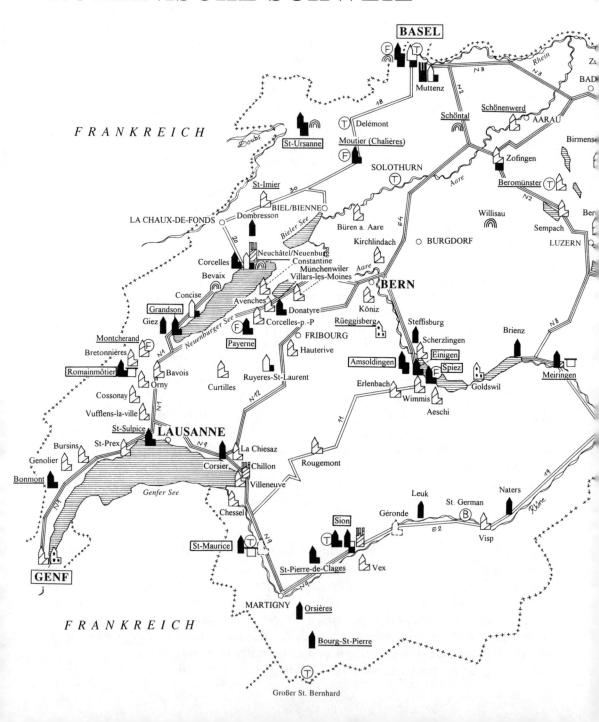

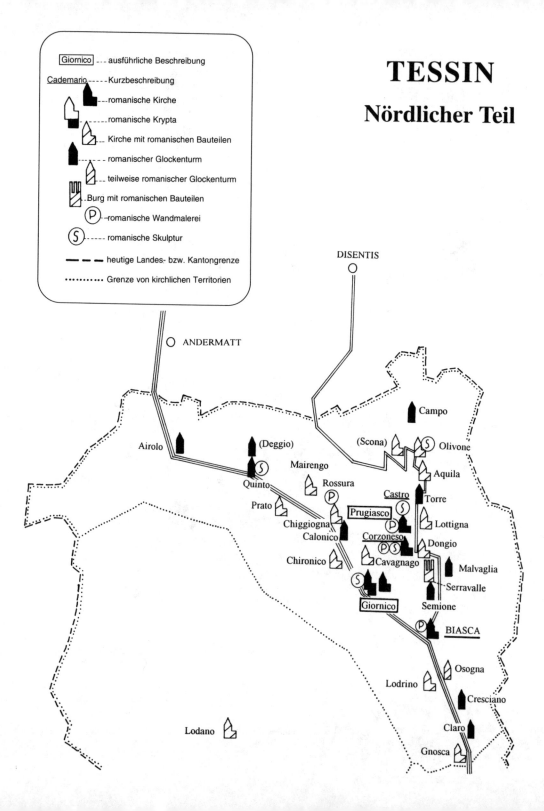

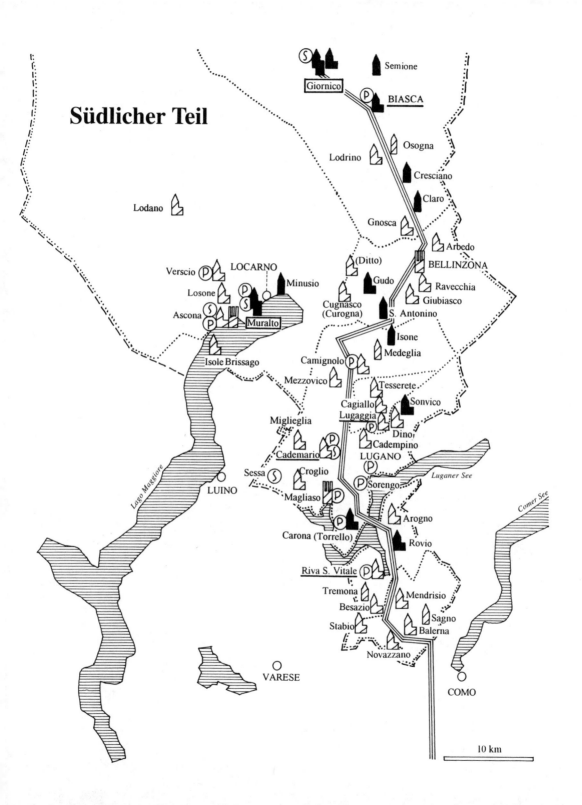

Graubünden

Müstair. Das Kloster St. Johann

Unweit der Grenze zum italienischen Südtirol schließt das Kloster St. Johann das nach ihm benannte Dorf Müstair (*monasterium*) gegen Osten ab und markiert damit gleichsam den östlichsten Siedlungspunkt der Schweiz (Bild II). Während die einzige Verbindung ins Engadin und von da in die übrige Schweiz über den Ofenpaß führt, ist das Münstertal zum Vintschgau und damit zu einem alten Alpentransitgebiet hin geöffnet. Trotz dieser (von der Schweiz her gesehenen) Randlage ist das Kloster Müstair eines der zentralen Monumente der mittelalterlichen Kunst unseres Landes und – zusammen mit der Altstadt von Bern und dem St. Galler Stiftsbezirk – als einziges Schweizer Denkmal in das Verzeichnis der UNESCO-Weltkulturgüter eingetragen. Dies vor allem dank der karolingischen Fresken, welche die Klosterkirche fast vollständig auskleiden. Müstair birgt aber auch bedeutende romanische (und manche kostbaren jüngeren) Kunstwerke.

Der lokalen Überlieferung zufolge soll das Johanneskloster von Karl dem Großen gegründet worden sein. Zumindest die Gründungsz*eit* dürfte die Legende damit korrekt wiedergeben, wenn auch kaum der Frankenherrscher selber, wohl aber der von ihm eingesetzte Churer Bischof den Anstoß zum Bau des Klosters gegeben haben wird. Es galt damit, wichtige Gebiete am Fuß des Ofenpasses und im Zugangsbereich zum Reschen, d.h. auch die Verbindung zwischen Rätien und dem langobardischen Venetien für die fränkische Zentralmacht zu sichern. Erstmals genannt wird das Kloster im ersten Viertel des 9. Jahrhunderts im Verbrüderungsbuch der Abtei Reichenau. Als fünftes Kloster der Li-

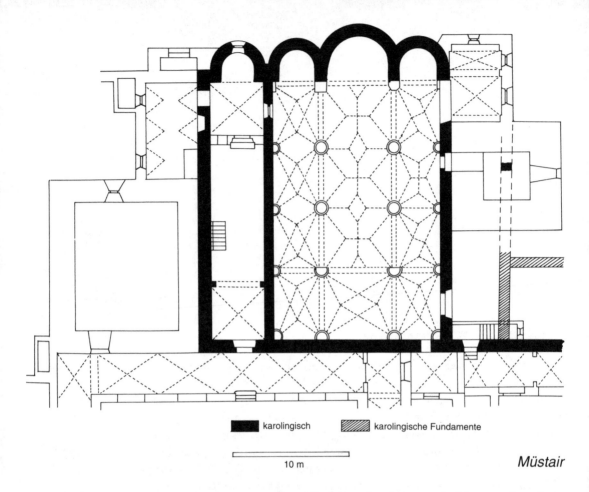

■ karolingisch ▨ karolingische Fundamente

10 m

Müstair

ste erscheint es unter dem Titel *Nomina fratrum de Monasterio qui uocatur Tuberis*. Aus dem St. Galler *Liber Vitae* wissen wir dann, daß das Kloster Mitte des 9. Jahrhunderts von 45 Mönchen bewohnt war, während es am Ende des gleichen Saeculums nur noch deren acht waren. Spätestens im 12. Jahrhundert wandelte man das einstige Männerkloster in einen Nonnenkonvent um, der bis 1810 von einer Äbtissin geleitet wurde und dem seither eine Priorin vorsteht.

Dank der archäologischen Forschungen, die seit mehr als 20 Jahren die sorgsamen Restaurierungen des Klosters begleiten, wissen wir, daß das spätere Klostergelände bereits in der Bronzezeit besiedelt war und daß an dieser Stelle auch in spätrömischer und frühmittelalterlicher Zeit gewohnt wurde. Archäologie und Bauuntersuchungen liefern auch ständig neue Erkenntnisse zur baulichen Entwicklung des Klosters, so daß bis zur Schlußauswertung dieser Forschungen alle Aussagen nur provisorischen Charakter beanspruchen können. Immerhin besteht in Müstair die glückliche und einzigartige Situation, daß mit der Kirche der

Hauptbau des karolingischen Klosters noch vollständig erhalten ist. Sie bildet den östlichen Abschluß der Anlage, aus der drei hohe, von Lisenen gegliederte Apsiden hervortreten (Bild 1). Eine weitere, niedrigere Apsis im Norden gehört zu einem Annexraum, der die Kirche in ihrer ganzen Länge flankiert. Das südliche Pendant mußte im 15. Jahrhundert dem mächtigen spätgotischem Turm weichen und ist nurmehr archäologisch bezeugt. Neben Kirche und Glockenturm bestimmt der weiter nördlich folgende Plantaturm mit seinem markanten Pultdach und den Zinnen die Silhouette der Anlage. Er trägt den Namen der 1478–1509 regierenden Äbtissin, die sich hier – wie man neuerdings weiß – auf älteren Fundamenten eine repräsentative Wohnung schuf. Ganz im Süden, entlang der Straße steht die doppelgeschossige Heiligkreuzkapelle (Bild II). Es handelt sich um einen mit Lisenen gegliederten, hohen Dreikonchenbau, der, wie jüngst entdeckte Malereien vermuten lassen und die neusten archäologischen Befunde bestätigen, nicht aus früh-, sondern aus vorromanischer, vermutlich spätkarolingischer Zeit stammt. Man weiß inzwischen auch, daß dieser Bau wohl nicht immer frei stand, denn die heutige Außenmauer, welche den Klosterkomplex nach Osten abschließt, war ursprünglich die westliche Innenwand eines hier angrenzenden romanischen Baukörpers.

Heute umschließen die Klosterbauten drei Höfe: in der Verlängerung der Kirche nach Westen trennt eine Gebäudegruppe, die u.a. Küche und Refektorium enthält, einen nördlichen, an den Plantaturm grenzenden Hof vom Südhof. Der Gebäudetrakt, der diese beiden Gevierte nach Westen begrenzt, bildet gegen den großen Wirtschaftshof hin eine durchgehende Fassadenflucht mit den Eingängen zum Kloster und zum Museum. Von der Straße her betritt man den Wirtschaftshof durch einen zinnenbekrönten Torturm aus der Zeit der Äbtissin Planta, der mit einem Wandbild der verkehrten Welt – ein junger Adliger und ein dudelsackblasender Esel – und den barocken Holzstatuen der Muttergottes zwischen den Ordensgründern Benedikt und Scholastika geschmückt ist. Ein ähnliches, aber weniger repräsentatives Pendant bildet am andern Ende des Hofes den Durchgang nach Norden.

Die aktuelle Klosteranlage ist hauptsächlich von spätmittelalterlichen und barocken Gebäuden geprägt. Diese enthalten aber noch beachtliche hochmittelalterliche Substanz, so daß die heutige Grundstruktur aus romanischer Zeit zu stammen scheint. Das karolingische Kloster wich in der Verteilung der Baukörper etwas davon ab: Der nördliche Haupttrakt verlief auf der Flucht des Nordannexes der Kirche und schloß damit große Teile des Nordhofes in die Bebauung ein, während der Südhof schon einen karolingischen Vorgänger gehabt zu haben scheint. Der karolingische Westtrakt wiederum lag westlich des heutigen im Bereich des Wirtschaftshofes.

Die Farbbildseiten

Müstair

I *Karolingische Fresken der Nordwand: Flucht nach Ägypten.*
II *Ansicht des Klosters von Osten.*
III *Klostermuseum, abgelöste Fresken der Apsis: Christus.*
IV *Klostermuseum, abgelöste Fresken der Apsis: Petrus und Paulus besänftigen die Hunde des Simon Magus.*
V *Klostermuseum, abgelöste Fresken der Apsis: Petrus und Paulus im Disput mit Simon Magus.*
VI *Apsisfresken: Die Apostelfürsten im Gebet.*
VII *Klostermuseum, abgelöste Fresken der Apsis: Eine der klugen Jungfrauen.*

I

III

V

VI

Die Malereien der Klosterkirche

Der Besucher betritt die Kirche von Süden; bereits früher scheint hier der Eingang gelegen zu haben. Heute wird das Erscheinungsbild des Innenraums durch die spätmittelalterlichen Einbauten bestimmt. Im letzten Jahrzehnt des 15. Jahrhunderts ließ die baufreudige Angelina von Planta Gewölbe einziehen, die von hohen mächtigen Rundpfeilern getragen werden und schuf so einen dreischiffigen Hallenraum (Bild 5), in dessen westlichstem Joch gleichzeitig eine Nonnenempore errichtet wurde. Denkt man sich diese Einbauten weg, so hat man die vollständige karolingische Kirche vor sich: einen weiten und sehr hohen stützenlosen Dreiapsidensaal mit einem sämtliche Wände einbeziehenden malerischen Dekorationssystem, das in der Mitte unseres Jahrhunderts wieder freigelegt wurde (und seither größte konservatorische Probleme bereitet). Bereits fünfzig Jahre zuvor hatte man über den gotischen Gewölben Reste figürlicher Malerei entdeckt, diese teilweise abgenommen und sie nach Zürich ins Schweizerische Landesmuseum überführt.

Gewiß entstanden diese Fresken im frühen 9. Jahrhundert; Stil und Dekorationssystem lassen eine oberitalienische Werkstätte vermuten. Nord- und Südwand sind mit einem Rastersystem überzogen, in dem girlandenumkränzte Rundstäbe jeweils fünf Register mit acht rechteckigen Bildfeldern rahmen. In einer stark von Ocker- und Grautönen sowie von Weiß geprägten Farbigkeit waren im obersten Register Szenen aus dem Leben König Davids als alttestamentlicher Vorfahre Christi und Vorbild Kaiser Karls des Großen dargestellt. Darunter folgt ein Register mit Darstellungen der Geburt und der Jugend des Gottessohnes (Bild I), während die nächsten zwei Reihen die Taten und die Passion Jesu, die unterste vermutlich die Martyrien der Apostel zeigten. Als einzige Darstellung sprengt die Kreuzigung (im zweiten Register, über der Tür in der Nordwand) das Rastersystem und nimmt den Raum zweier Felder ein, was an die frühchristliche Ausmalung von Alt-St. Peter in Rom erinnert. An der Westwand sind im obersten Register ebenfalls David-Szenen dargestellt, darunter folgt ein großes Jüngstes Gericht, die älteste erhaltene Darstellung dieses Themas. Es ist in drei Bildstreifen eingeteilt, deren Zentrum ein Kreis mit dem thronenden Weltenrichter – umgeben von einem Engelkranz – bildet. Flankiert wird er von den Aposteln, die unter Arkaden sitzen. Im Register darüber erkennt man Christus in der Mandorla sowie die seltene Darstellung zweier Engel, die das Firmament einrollen; rechts darunter auferweckte Tote, die aus ihren Gräbern auferstehen. Der unterste Bildstreifen ist durch den Emporeneinbau weitgehend zerstört; man erkennt nur noch einige Engel, die sich Menschengruppen zuwenden. Über den Apsiden war – wie Reste im Landesmuseum zeigen – eine Kombination von Himmelfahrt und

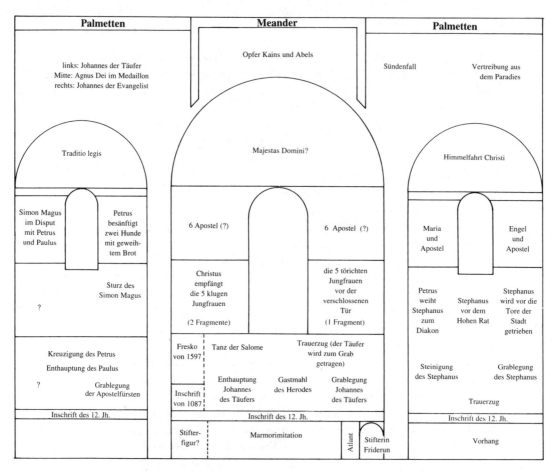

Müstair, St. Johann. Romanische Wandmalereien in den Apsiden und auf der Apsisstirnwand

Pfingsten zu sehen, in der Kalotte der Nordapsis die *Traditio legis*, d.h. die Amtseinsetzung der Apostelfürsten, in der mittleren Kalotte die *Majestas Domini* mit Christus in der Mandorla, umgeben von Engeln und den vier Evangelistensymbolen (Bild 4). In der südlichen Apsiskalotte erscheint Christus im Zentrum eines Gemmenkreuzes, dessen Enden mit Medaillons von Petrus, Paulus, einem Engel und der wohl als *Ecclesia* die Kirche personifizierenden Maria geschmückt sind. Um diese sind in größeren, aber unverzierten Medaillons erneut die vier durch Bücher als Symbole der Evangelisten ausgewiesenen Wesen der Ezechielvision dargestellt, hier aber im seltenen und sonst lediglich in Handschriften der Aachener Palastschule belegten Bildtypus mit den Büchern auf dem Rücken. Was in den Rundungen der Apsiden an karolingischen Fresken sichtbar ist, zeigt, daß die Nordapsis den Apostelfürsten Petrus und

Paulus, die mittlere dem Kirchenpatron Johannes dem Täufer und die südliche dem Erzmärtyrer Stephanus gewidmet und die jeweiligen Altäre wohl auch entsprechend geweiht waren.

In den Apsiden sind die karolingischen Malereien nicht vollständig freigelegt, wurden sie doch gegen Ende des 12. Jahrhunderts von einem romanischen Zyklus übermalt, der zum Teil noch *in situ* erhalten, zum Teil abgelöst und ins Klostermuseum überführt worden ist. Anders als die in erdigen Grundtönen gehaltenen karolingischen Malereien leuchten die romanischen in fröhlicher Buntheit. Auch in den Proportionen und der Gestik der Figuren, in der Malweise und vor allem in der Behandlung des Inkarnats lassen sich in Müstair die prinzipiellen Unterschiede zwischen der frühmittelalterlichen Malerei, die noch Anklänge an die spätrömische zeigt, und der neuen Malkunst der Romanik sehr anschaulich und bequem nachvollziehen. Aufschlußreich ist auch die Gegenüberstellung der Programme, soweit sich das durch die partielle Abnahme der romanischen Schichten überprüfen läßt. Es ist interessant zu beobachten, wie die Künstler und Programmentwerfer des ausgehenden 12. Jahrhunderts auf die damals fast vierhundertjährigen Malereien reagierten: wo sie das Thema beibehielten und nur zeitgemäß übermalten, wo sie es hingegen variierten und welche Darstellungen sie sogar – da entweder nicht mehr aktuell oder aber nicht mehr verständlich – völlig ignorierten und durch neue Entwürfe ersetzten.

Die im Landesmuseum in Zürich aufbewahrten Reste der Apsisstirnwand zeigen eine breite karolingische Himmelfahrt, die im 12. Jahrhundert mit drei in der romanischen Malerei recht häufigen Szenen – das Lamm Gottes zwischen den beiden Johannes, das Opfer Kains und Abels, der Sündenfall und die Vertreibung aus dem Paradies – übermalt wurde. Das Thema der Nordapsis, die legendäre Passio von Petrus und Paulus, wurde dagegen beibehalten, wobei allerdings die Szenen umgestellt wurden. Im Klostermuseum sind aus dem obersten Register der Disput der beiden Apostel (Bild V) mit Simon Magus sowie die Besänftigung seiner Hunde mit geweihtem Brot erhalten (Bild IV). Vom mittleren Register kann man unter dem Apsisfenster noch das Gebet der Apostel (Bild VI) und links davon dessen Wirkung erkennen: die Höllengeister verlassen den Magier, der darauf zu Tode stürzt und vor den Augen Kaiser Neros wie eine Statue am Boden zerschellt. Darunter folgt die bewegte Szenerie der Martyrien der Apostelfürsten. Petrus wird kopfüber ans Kreuz gebunden, Paulus enthauptet. Auf nicht minder dramatische Weise ist in der Südapsis die Steinigung, der Leichenzug und die Grablegung von Stephanus dargestellt. Auch hier behielt man also das Gesamtthema bei, stellte aber ebenfalls die Szenenfolge um. Die Weihe zum Diakon ist im mittleren und nicht mehr im obersten Register wiedergegeben, ihr schließen sich die Anklage vor dem Hohenpriester und die Vertreibung aus der Stadt an. Die abgenommenen Fresken der obersten Zone – Maria, Apostel und ein Engel – gehören nicht mehr zum Stephanuszyklus, sondern zum Thema der Kalotte, in der das abstrakte karolingische Thema mit den Medaillons der *crux gemmata* durch eine Himmelfahrt Christi ersetzt worden ist.

Mit welchen Themen in romanischer Zeit die obere Hälfte der Mittelapsis bemalt worden war, wissen wir nicht sicher. Im mittleren Register war beiderseits des Fensters die Parabel der klugen (Bild VII) und der törichten Jungfrauen dargestellt, die von Christus empfangen bzw. eben durch die verschlossene Türe abgewiesen werden (Bild III). Das untere Register nimmt mit der Passion des Titelheiligen wieder das Thema des karolingischen Zyklus auf. In einer synoptischen, d.h. die einzelnen Szenen miteinander verknüpfenden Erzählweise werden von links die Enthauptung des Johannes, der akrobatisch dargestellte Tanz der Salome und in der Folge ihre Präsentation des Täuferhauptes am Gastmahl des Herodes geschildert (Bild 5). Es folgt der Trauerzug und schließlich die Grablegung des Heiligen. Unter dieser letzten Szene wird die Marmorimitation der durch einen perspektivischen Mäanderfries abgetrennten Sockelzone von einem Stifterinnenbild und einem Atlanten, der den Mäander stützt, unterbrochen. Die unter einer Arkade stehende Stifterin ist inschriftlich als FRIDERVN bezeichnet, die zu Ehren des Johannes ihre Geschenke darbringe. In ihrer Rechten hält sie ein Kissen, in ihrer Linken eine stolaähnliche Stoffbahn. Sind diese Textilien die MVNERA, welche Friderun dem Johanneskloster schenkte? Oder sind diese nur *pars pro toto* für eine größere Gabe, die auch die Neubemalung einschloß und der Stifterin deshalb zu dieser prominenten Darstellung verhalf? Leider läßt sich auch nicht mehr feststellen, ob gegenüber eine ähnliche Darstellung einer weiteren Stifterpersönlichkeit gemalt war. Einzig der Ansatz eines zweiten Atlanten ist noch erhalten, der Rest dürfte beim Einbau des spätgotischen Sakramentshäuschens oder mit dem Wandbild von 1597 zerstört worden sein. Im Bogenzentrum wird der Mäanderfries von einer Inschrift unterbrochen, die jedoch unsere Fragen nach den Stiftern und der Datierung der *romanischen* Fresken nicht beantwortet. Zwar wird ein Datum 1087 und der Churer Bischof Norbert als Stifter genannt, doch beziehen sich diese Angaben eindeutig nicht auf die Malereien derselben Verputzschicht. Reste des gleichen Textes – der im übrigen nochmals in einer spätmittelalterlichen Chronik überliefert ist – wurden in einem Inschriftenfeld unter den neuzeitlichen Malereien derselben Apsis auf einem Verputz freigelegt, der zwischen der karolingischen und der romanischen Malschicht liegt. Nach einem Brand in frühromanischer Zeit dürfte also, wie der Restaurator Oskar Emmenegger postuliert, Bischof Norbert 1087 die karolingischen Fresken restauriert haben. Rund hundert Jahre später erneuerte man die Apsiden dann umfassend, d. h. sie wurden neu übermalt, wobei man interessanterweise die Donations- bzw. Restaurierungsinschrift des 11. Jahrhunderts kopierte. Die aktuellen Geldgeber erwähnte man da nicht – ein Grund mehr, sie in Friderun und ihrem wahrscheinlichen Pendant zu vermuten. Bischof Norbert werden aufgrund der prominenten Inschrift noch weitere Maßnahmen im Klostertrakt, vor allem der bischöfliche Palasttrakt, zugeschrieben; auf sie wird unten noch einzugehen sein.

Die Karlsstatue und das Taufrelief

Vorerst gilt es aber noch, zwei plastische Bildwerke aus der Klosterkirche zu betrachten, deren Datierung in romanische Zeit freilich umstritten ist. Denn manche Forscher sehen auch im Stuckrelief mit der Taufe Jesu und in der Karlsstatue karolingische Werke. Nur mit dem Hinweis auf die Andersartigkeit der karolingischen Schrankenplatten und Marmorgebälkstücke, die teils in der Kirche, teils im Museum zu bewundern sind, läßt sich diese Datierung nicht übergehen, kannte doch auch die karolingische Kunst je nach Anspruch, Funktion und Material unterschiedliche Stilmodi.

Das 156 x 130 cm große Stuckrelief, das in eine zugesetzte Arkade in der Nordwand eingemauert ist, zeigt Christus frontal segnend im Jordan, über ihm die Taube des Heiligen Geistes (Bild 3). Zu seiner Rechten im Dreiviertelprofil Johannes der Täufer, zur Linken ein Engel mit dem Gewand des Täuflings. Das Ganze wird von zwei gegenläufigen Spiralsäulen mit Blattkapitellen gerahmt, die einen abschließenden Architrav mit Pflanzenornament tragen. Von der einstigen Farbfassung des Reliefs sind nur noch spärliche Reste erhalten. Gewiß sind manche Motive und Stilelemente des Reliefs mit solchen aus karolingischer Zeit – u. a. mit Elfenbeinarbeiten – vergleichbar. Auch mag das Haupt Christi Gemeinsamkeiten mit den karolingischen Fresken zeigen; nur sind solche Bezüge zwischen der Entstehung der Fresken und ihrer teilweisen Übermalung – die ja auch beweist, daß die Bilder als nicht mehr zeitgemäß empfunden wurden – jederzeit möglich. Und da im ganzen gesehen das Relief von Müstair dem Ziborium in S. Pietro al Monte bei Civate (Como) doch deutlich näher steht als den karolingischen Stuckfragmenten aus Disentis oder Mals, können wir es mit einiger Sicherheit in spätottonisch-frühromanische Zeit, d. h. wohl ins 11. Jahrhundert datieren. Schwieriger als die Datierung scheint mir die Antwort auf die Frage nach der einstigen Funktion. Weder der Vorschlag eines Altarantependiums – dafür ist es zu hoch – noch der eines Altarretabels – in dieser Zeit ist nicht mit so massiven Altaraufbauten zu rechnen – vermögen zu befriedigen. Maße und tektonischer Aufbau des Rahmens lassen am ehesten an eine Schranke denken, die möglicherweise den Bereich des Johannesaltars abgrenzte.

Ausgesprochen prominent postiert ist die 187 cm große Stuckstatue eines fränkischen Königs, in der man zu Recht den legendären Klostergründer Karl den Großen erkennen will (Bild 2). Sie steht in einem spätgotischen Steintabernakel an der Stirnwand zwischen der Mittel- und der Südapsis und blickt frontal ins Kirchenschiff. Die Füße und ein Teil der Beinpartie wurden im Spätmittelalter beschädigt und in Tuffstein repariert, auch die Hände mit dem Szepter in der Linken und dem Reichsapfel in der Rechten scheinen von dieser Reparatur zu stammen. Der Kaiser trägt eine Spangenkrone, eine Tunika und einen Reitermantel, der auf der rechten Schulter mit einer Fibel zusammmengehalten wird. Eine stilistische Datierung der Figur fällt schwer, und weder die Argumente für eine Entstehung im Zusammenhang mit der Klostergründung noch diejenigen, die die Statue mit der Heiligsprechung Karls auf Betreiben Friedrich Barbarossas um 1165 zusammenbringen wollen, vermögen zu überzeugen. Parallelen in der Kopf-, Haar- und Bartgestaltung mit dem Johannes des Taufreliefs und in der Gewandbehandlung mit den Engeln der (allerdings ebenfalls undatierten Ulrichskapelle) legen auch hier eine frühromanische Datierung ins 11. Jahrhundert nahe, ohne freilich Gewißheit zu schaffen. Die hervorgehobene Plazierung Karls erinnert an die (gemalten) Stifterbilder der karolingischen Benediktskirche im nahen Mals, wo die Apsisnische von den Bildern eines gleichfalls frontal dargestellten weltlichen Stifters und eines Klerikers mit dem Kirchenmodell flankiert wird. Hatte vielleicht auch das Stuckbildwerk in Müstair einen gemalten karolingischen Vorgänger? Ist diese einzigartige Karlsstatue ein posthumes Stifterbild, das damit quasi eine der Wurzeln für plastische Denkmäler bilden würde?

Die einstige Bischofsresidenz mit der Ulrichskapelle

Wir erwähnten bereits als weitere Stuckplastiken die Engel in der Ulrichskapelle. Diese gehört zu einem als romanische Bischofsresidenz identifizierten Gebäudekomplex in der Nordwestecke des Nordhofes. Ein Teil dieser Anlage ist heute im Klostermuseum zugänglich, weitere Räume sollen es nach der Konservierung und Restaurierung werden. Die bischöfliche Anlage bestand aus einem turmartigen Wohnbau mit angefügtem Saal und einer zweigeschossigen Kapelle, die über den einstigen Kreuzgang hinaus in den heutigen Nordhof hineinragt. Erstmals erwähnt wird dieser Residenzbau im 12. Jahrhundert, doch nimmt man – nicht zuletzt aufgrund der oben erwähnten Inschrift in der Nordapsis

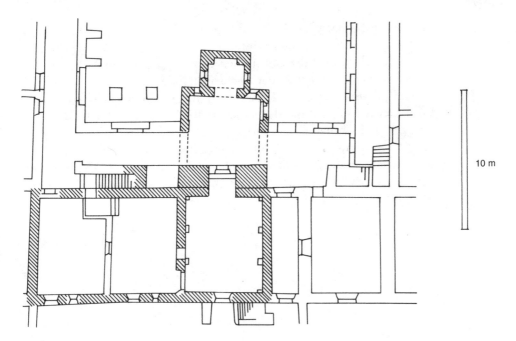

Müstair
Die romanische Bischofsresidenz mit der Doppelkapelle

der Kirche – im allgemeinen den Churer Bischof Norbert (1079–1088) als Bauherrn an. Nach ihm ist auch das Erdgeschoß des Saalbaus benannt, in dem sich frühromanische Wandmalereien mit der Darstellung eines Passionszyklus erhalten haben. Weitere romanische Wandmalereien – nun profanen Inhalts mit Nereiden und anderen Meerwesen – schmücken den Chorbogen der Ulrichskapelle. Diese bildet das Erdgeschoß der für herrscherliche Privatanlagen typischen Doppelkapelle. Das Gewölbe des Altarraums ist mit einer Stuckdekoration überzogen, zu der die erwähnten Engel gehören (Bild 6). Die Bögen der Eingangs- und der Fensternischen sind mit vegetabilen Ornamentfriesen verziert, ebenso die Gewölbegrate, deren Stuckdekor im Zenith ein Rundmedaillon ausscheidet. In den Ecken und in der Mitte der Bögen sind bedeutende Reste von Engeln erhalten, die als antikisch gekleidete Brustbilder mit weit ausgebreiteten Flügeln frontal auf den Betrachter hinabblicken und diesen in Grußgesten anzusprechen scheinen. Die Figuren in den Bogenscheiteln halten Lilienszepter, diejenigen in den Ecken Bücher oder Schriftrollen. Trotz der Beschädigungen offenbart sich eine hohe plastische Qualität von Figuren und Ornamenten. Wiederum ist eine exakte stilistische Datierung mangels Vergleichsmonumenten nicht möglich, doch macht die Nähe zu den Stuckfiguren in Civate eine Entstehung im späteren 11. Jahrhundert wahrscheinlich, zumal die Proportionen und das Relief der antikischen Gewänder der ottonischen Kunst näherzustehen scheinen als der hochromanischen.

Das Johanneskloster in Müstair, das durch seine Lage in einem eher abgelegenen Alpental und durch die eindrückliche Geschlossenheit seiner Anlage noch heute die topographische und wirtschaftliche Bedeutung eines mittelalterlichen Klosters erahnen läßt, birgt somit neben Kunstschätzen, die jedermann erfreuen, noch manches Rätsel, mit dem sich die kunstwissenschaftliche Forschung wohl noch länger beschäftigen wird.

Chur. Die Kathedrale

Auf einem markanten, nach Süden steil zur Plessur abfallenden Hügel dominiert der bischöfliche Hof mit der Kathedrale Mariae Himmelfahrt die Altstadt von Chur. Erstmals im Jahre 451 wird mit Asinio in einem Brief der Mailänder Synode ein Churer Bischof genannt, der wohl bereits an dieser Stelle, wo in spätrömischer Zeit vermutlich ein Kastell errichtet worden war, residierte. Jedenfalls werden die halbkreisförmige Apsis und das unmittelbar anschließende breite Querhaus, die 1921 bei einer Teilgrabung im Innern der Kathedrale als ältester Kirchengrundriß erfaßt wurden, als Reste der Kirche Bischof Asinios gedeutet. Aus dieser Frühzeit stammen überdies Spolien und Funde, die 1943 bei der Untersuchung des Hochaltars zutage traten und auf die bei der Besprechung des Domschatzes zurückzukommen ist.

Eine weitere frühchristliche Kirche wurde in den 1950er Jahren beim Bau der Kantonsschule östlich des Hofes am Hang des Mittenbergs entdeckt. Es handelt sich um die STEPHANSKIRCHE, deren Reste auf dem Schulareal im wenig ansprechenden Ambiente eines Betonkellers zu besichtigen sind. Unter dem Kirchensaal, in dessen halbrunder Apsis eine von Bodenmosaiken umgebene Priesterbank frei stand, befand sich ein gewölbter Grabraum, in dem sich neben sekundären Grablegen mehrere Reihen von *formae* – in den Boden eingelassene Grabstätten – fanden. Diese Kammer war einst reich dekoriert, wovon noch Reste von gemalten Weinranken und Vögeln im Gewölbe sowie sechs Togafiguren – man denkt an Apostel – und Spuren eines sekundären Mosaiks an der Ostwand zeugen. Wohl zu Recht vermutet man in diesem anspruchsvoll ausgestatteten Bau die Grablege der Churer Bischöfe des Frühmittelalters.

Mit dem Zerfall des merowingischen Reichs erlangte Rätien weitgehende Autonomie, die andauerte, bis Karl der Große sein Reich nach Italien ausdehnte und die Alpenübergänge fest in fränkischer Hand wissen wollte. Chur wurde stärker ans Reich gebunden, was sich auch darin äußerte, daß die Diözese nun nicht mehr dem Erzbistum Mailand, sondern dem von Mainz unterstand. Geprägt hatte die vorangehende Epoche der Selbständigkeit die Familie der Viktoriden, die in der Regel sowohl den Bischof von Chur als auch den *Praeses* als weltlichen Herrscher gestellt hatte. Bischof Tello, dessen 765 verfaßtes Testament eine der zentralen Quellen für das rätische Frühmittelalter darstellt, vereinte die beiden Ämter gar in seiner Person. Ihm wird traditionellerweise auch ein Neubau der Kathedrale zugeschrieben, von dem die genannte Grabung eine hufeisenförmige Apsis aufdeckte. Zahlreiche skulptierte Marmorplatten, Säulchen- und Stuckfragmente zeugen noch vom reichen Mobiliar dieser Kirche in karolingischer Zeit. Dabei ist interessant zu beobachten, daß die Formensprache der Ornamentik noch ganz in spätrömischer Tradition steht und sich allein schon durch die meist streng symmetrische Komposition grundlegend von vielen andern Reliefplatten der Zeit (so auch von denen in Müstair) unterscheidet. Auffällig ist auch der weiße, zuckerige Marmor mancher Werkstücke, der dadurch – wie es auf der Grabplatte des Präses Victor auch explizit genannt wird – seine Herkunft aus Laas im Vintschgau und damit ein weiteres Mal die engen Verbindungen von Chur ins Südtirol bezeugt. Zum Teil werden diese Reste heute im Rätischen Museum aufbewahrt, teilweise sind sie auch noch als Altarverkleidungen in der Kathedrale wiederverwendet. Hier ist vor allem der Laurenzenaltar in der südlichen Seitenkapelle zu beachten, auf dessen Mittelplatte ein prächtiges Flechtwerkkreuz von Wirbelrosetten und zwei sehr antikisch gezeichneten schreitenden Löwen flankiert wird.

Die heutige Kathedrale

In der zweiten Hälfte des 12. Jahrhunderts nahm man dann einen Neubau der Kathedrale in Angriff, der sich bis weit ins folgende Jahrhundert hineinzog. Zwar ist 1178 eine erste Weihe des Chores bezeugt, deren Aussagekraft für den Neubau allerdings nicht sehr groß ist, handelte es sich doch um eine Gelegenheitsweihe anläßlich eines Besuchs des Wendenapostels Bischof Berno in Chur. Mit Sicherheit begann man den Neubau aber im Osten mit dem Chor, der außerhalb der alten karolingischen Kirche liegt. Auf diese Weise konnte der liturgisch wichtigste

Teil des neuen Gotteshauses schon ziemlich weit gebaut werden, während der Altbau immer noch für den Gottesdienst zur Verfügung stand – ein Verfahren, dem wir noch mehrfach begegnen werden. Bis zur Schlußweihe der neuen Kathedrale im Jahre 1272 dauerte es dann nochmals beinahe ein Jahrhundert. Wie die meisten anderen großen und wichtigen romanischen Kirchen der Schweiz ist also auch die Churer Kathedrale ein später Bau am Übergang zur Gotik. Nur wurde diese in Rätien noch zaghafter rezipiert als andernorts, so daß am Bau selber wenig von den technischen und ästhetischen Neuerungen der Zeit kündet.

Damit zusammenbringen mag man die hohen Strebepfeiler, welche an der Westfassade die mit Quadern aus sogenanntem Scälarstein gemauerte Mittelschifffront von den Seitenschiffen trennt. Auch die durchgehenden Sockel- und Kämpferzonen des Stufenportals und die zum Teil freilich noch figürlich ausgestalteten Knospenkapitelle der jeweils sechs eingestellten Säulen verraten veränderte Vorstellungen, die man als frühgotisch bezeichnen kann. Bemerkenswert – und vielleicht beeinflußt von Reformvorstellungen – ist das weitgehende Fehlen figürlicher Bauplastik am Außenbau. Einzig der Türsturz wird von zwei kauernden Männerfiguren getragen (das hübsche Lünettengitter mit den Blechfiguren der Patrone Maria, Luzius und Florinus stammt aus dem 18. Jahrhundert). An der Nordostecke des Chores ragt überdies eine archaisch-expressive Löwenplastik aus der Wand hervor. In den äußersten Rahmenwulst des großen Mittelschiffensters sind Säulenschäfte aus weißem Vintschgauer Marmor eingelassen, die wohl von einer Altaranlage des Vorgängerbaus stammen und hier als Spolien verbaut wurden; sie sollten vermutlich nicht nur zieren, sondern auch an die ehrwürdige Tradition der Kathedrale erinnern. Die farbige Dekoration der ansonsten schmucklosen Archivolten des Portals ist in dieser Form modern; wie das Beispiel des Südportals der Collégiale in St-Ursanne zeigt, ist aber eine ähnliche Akzentuierung für die Romanik gut vorstellbar. Während außen an der Fassade mit diesen Portalbögen und dem großen Fenster der Rundbogen dominiert, wird der einheitlich wirkende Innenraum von Spitzbögen geprägt, was auch hier weniger mit einem Stilwechsel Romanik–Gotik als vielmehr mit dem gezielten Einsatz der Formen zu tun hat: Am betont schlichten Außenbau wählte man den Rundbogen, im reicheren Innenraum den Spitzbogen (Bild 8). Der basilikale Bau ist dreischiffig mit drei leicht querrechteckigen Mittelschiff- und längsoblongen Seitenschiffjochen, die alle von gebusten Gewölben gedeckt werden, deren schwere Bandrippen ziemlich tief, nämlich auf der Höhe der Arkadenscheitel ansetzen, was dem Mittelschiff den Eindruck einer Kuppelhalle verleiht. Ohne Querhaus schließt ans Mittelschiff in gleicher Breite der quadratische Hochchor an, über dem sich einst ein Turm erhob. Den östlichen Abschluß bildet ein stark eingezo-

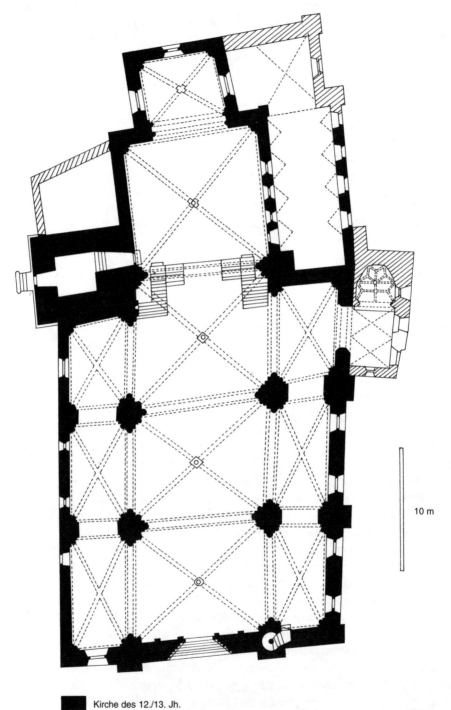

■ Kirche des 12./13. Jh.

▨ Erweiterungen des 15. und 17. Jh.

Chur Kathedrale

genes Altarhaus. Unter der Ostpartie erstreckt sich über gleichem Grundriß eine zweiteilige Krypta, deren Räume jeweils über eine Mittelstütze verfügen (Bild 7). Der Grundriß der Churer Kathedrale ist stark verzogen, und vor allem die zweimalige Abknickung der Längsachse nach Norden fällt im Innern des Baus auch dem ungeübten Auge auf. Ursache dafür dürften Anpassungen an den Geländeverlauf, gepaart mit einer nicht eben sorgfältigen Vermessung, gewesen sein.

Ganz offensichtlich orientierte man sich im Bautyp und in den Bauformen an lombardischen Vorbildern. Seit dem späten 11. Jahrhundert hatte man in Oberitalien zahlreiche Dome (etwa in Modena) und andere wichtige Gotteshäuser in ähnlichen Proportionen mit hohen Mittelschiffen mit annähernd quadratischen Jochen und gebusten Kreuzrippengewölben, schmalen Seitenschiffen und ohne Querhaus, dafür mit direkt ans Langhaus anschließendem Hochchor und weit geöffneter Krypta errichtet. In Chur stellt man eine Reduktion der Gliederung fest, fehlen doch (wie beispielsweise auch in San Savino in Piacenza) die Emporen. Verzichtet wurde außerdem auf eine Unterteilung der Joche im Sinne des quadratischen Schematismus. Gänzlich fremd ist den Bauten Oberitaliens dagegen der gerade Chorschluß, den man in Chur zusammen mit der schmucklosen Fassade als Zeichen nach außen gerichteter Demut verstehen kann.

Die Kapitelle

Wiederum in die Lombardei weist die Bauplastik der Churer Kathedrale. Vom Eingang zum Chor und von den Seitenschiffen zum Mittelschiff wird der Kapitellschmuck zunehmend reicher, so daß nicht zufällig die qualitätvollsten Kapitelle im Chor zu finden sind. Sie wurden von einem nach der Darstellung am Südpfeiler des Chorbogens »Daniel-Meister« genannten Bildhauer geschaffen (Bild 14). Da das namengebende Kapitell eine sehr weitgehende motivische Parallele an der Fassade des Domes San Donnino in Fidenza hat, bringt man diesen Hauptmeister mit dem Kreis um Benedetto Antelami, den wichtigsten der oberitalienischen Bildhauer der Zeit um 1200, zusammen. Tatsächlich lassen sich in der Ausbildung der Köpfe, den weiten konzentrischen Gewandfalten über der Brust und den parallelen Volantfalten der Beinkleidung auch einige stilistische Übereinstimmungen mit den Skulpturen in Fidenza beobachten. Allerdings sind die Unterschiede vor allem in der Gliederdurchformung der Nebenfiguren – man beachte etwa die gummiartigen, gelenklosen Extremitäten – so groß, daß es schwerfällt, an einen von Fidenza zugewanderten Bildhauer aus der Werkstatt Antelamis zu glauben. Die gleiche Frage stellt sich erneut im Zusammenhang mit dem plastischen

Hauptwerk der Churer Kathedrale, den Apostelsäulen, doch sind vor ihrer Betrachtung noch einige Hinweise und Bemerkungen zu den übrigen Kapitellen angezeigt. Die Werkstatt des »Daniel-Meisters« schuf, wie erwähnt, die Chorkapitelle. Im Altarhaus zeigen diejenigen, die in den Ecken die Rippen abfangen, je einen Engel, der – gewissermaßen als christianisierte Karyatide – die Deckplatte stützt (Bild 15 und 16). Am Eingangsbogen zum Sanktuarium wird das Tragmotiv wiederholt; auf den Schultern der Engel lastet eine Konsole, auf der – getrennt durch den vegetabil dekorierten Abakus – quasi die Rippe ruht. Diese beiden Engel werden jeweils von einem Ritter begleitet, die wohl nicht nur das Sanktuarium schützen, sondern als Streiter für Christus auch den Zusammenhang mit den damals aktuellen Kreuzzügen herstellen sollen. Die äußeren Kapitelle dieses Durchgangs zum Allerheiligsten sind dreiseitig mit Arkaden gegliedert. Auf der Nordseite thront in der Mitte die Madonna mit dem Kind, unter den seitlichen Bögen erkennt man Josef und Eva mit der Frucht vom Baum der Erkenntnis. Da auch das Christuskind einen Apfel hält, wird die typologische Beziehung zwischen Maria als neuer Eva und der Urmutter deutlich: Marias Frucht erlöst die Menschheit von der Ursünde, die ihr mit Evas Griff zum Apfel aufgebürdet wurde. Das äußere Kapitell des Südpfeilers nimmt ebenfalls Bezug auf die thronende Madonna, sind doch dort die Heiligen Drei Könige dargestellt, die dem Gottessohn ihre Gaben darbringen. Der große Chorbogen steigt auf der Südseite vom bereits genannten qualitätvollsten Kapitell auf, in dessen Zentrum Daniel zwischen zwei gezähmten Löwen thront. Über den chorseitigen Diensten sitzt König CYRVS, der den Propheten einsperrte, zwischen einem Teufel und dem Götzen Bel, während sich von der Schiffseite Habakuk nähert, um Daniel Nahrung in sein Verlies zu bringen. Hinter Habakuk blicken zwei Engel und zwischen ihnen ein Bischof ins Mittelschiff der Kirche. Gegenüber auf dem Chorbogenkapitell der Nordseite sind Menschen dargestellt, die von Wesen des Bösen bedroht und in den Abgrund gerissen werden. Unregelmäßigkeiten an diesem Bündelkapitell, die sich am leichtesten am Wechsel des Abakus-Dekors offenbaren, zeigen, daß die Kapitelle vorgefertigt und beim Versetzen dann der Pfeilerstruktur genau angepaßt wurden. Die deutlich schwächeren Arbeiten im Langhaus sollen hier nicht einzeln besprochen werden; erwähnt seien noch die beiden Löwen, die am Aufgang zum Chor aus der Wand ragen und hier das Presbyterium gleichsam bewachen. Bemerkenswert ist überdies eine Eigenart der Basen der Langhauspfeiler: anstelle der Ecksporne erscheinen teilweise Schnecken und Tierköpfe, darunter auf der Nordseite – wie Adolf Reinle treffend formulierte – »als eine Verneigung vor dem Genius loci, die drollige Halbfigur eines Murmeltieres«, m.W. ein Unikum in der an Bildthemen wahrlich nicht armen romanischen Plastik.

Die Apostelsäulen

Am Eingang zur Krypta stehen vier Säulen, aus denen nahezu vollplastische bärtige Statuen von ungefähr 1,5 m Höhe herausragen (Bild 9 bis 13). Die Schäfte ruhen auf den Rücken von kauernden Löwen, die zwischen ihren Pranken Menschen oder Tiere halten. Die Säulen selber tragen Kapitelle, von denen zwei rein vegetabil dekoriert sind; bei den beiden anderen aber tragen Engelfiguren auf zum Teil expressiv anschauliche Weise die auf den Deckplatten lagernde Last. Der gleiche Meister schuf auch die Mittelstütze der vorderen Krypta, bei der zwischen den hier polygonalen Säulenschaft und den Sockellöwen eine kauernde Trägerfigur gesetzt ist (Bild 7). Weitere Lastenträger auf dem Kapitell sind auch hier von der Schwere ihrer Last gezeichnet.

Die Figuren der vier Säulen am Krypteneingang stehen auf abgeschrägten Plinthen. Alle sind mit einem Nimbus ausgezeichnet; drei von ihnen halten geschlossene Bücher, die vierte eine Schriftrolle in den zum Teil verhüllten Händen. Die eine Figur ist durch Schlüssel, die sie mit der rechten Hand emporhält, als Petrus gekennzeichnet (Bild 9), weshalb auch die andern als Apostel angesprochen werden, zumal Bücher für sie ein gängiges Attribut sind. Aufgrund des Kopftyps wird die Figur mit der Schriftrolle oft als Paulus identifiziert (Bild 10), die beiden anderen bleiben unbenennbar. Interessanter als diese letztlich auch unerhebliche Identifizierungsproblematik sind die Fragen nach der Funktion und der Herkunft dieser doch singulären Skulpturen.

Die Ähnlichkeit der säulentragenden Löwen mit ihren Artgenossen oberitalienischer Portalvorbauten führte dazu, daß man auch in den Churer Säulen Teile einer Portalanlage vermutete und sie bis zu Beginn unseres Jahrhunderts entsprechend plazierte, bevor man sie zum Schutz ins Innere der Kathedrale verlegte. Erika Doberer konnte dann 1959 den ursprünglichen Zweck der Figurensäulen als Stützen eines Pulpitums – einer vom Chor über den Krypteneingang hinausragenden Lesetribüne – plausibel rekonstruieren. Dagegen sind die Meinungen über die Herkunft des Meisters noch immer geteilt: Bereits Wilhelm Vöge hat auf die stilistische Nähe der Churer Apostel zu den Figuren an der Fassade von Saint-Trophime in Arles hingewiesen. Die italienische Forschung hingegen betont die Gemeinsamkeiten mit der »Scuola campionese« bzw. dem Umkreis von Benedetto Antelami, einer Kunst, der man ihrerseits Anregungen aus der Provence zuschreibt. Eine eindeutige Klärung des Problems scheint kaum möglich, zumal die Churer Apostel – nicht zuletzt aufgrund des Gesteins – von einer unvergleichlich kantigen Härte geprägt sind. Dagegen finden sich sowohl für die strähnige Darstellung

weiter Seite 73

Die Bildseiten

Müstair

1 Klosterkirche und Planta-Turm von Osten.
2 Stuckstatue Karls des Großen.
3 Stuckplatte mit der Taufe Christi.
4 Apsisfresko: Majestas Domini.
5 Blick zur Hauptapsis der Klosterkirche.
6 Ullrichskapelle mit Resten der Stuckdekoration.

Chur

7 Kathedrale, Mittelstütze der Krypta.
8 Blick von Südwesten durchs Langhaus.
9 bis 12 Apostelsäulen am Krypteneingang.
13 Detail einer Apostelsäule.
14 Kapitell auf der Südseite des Chorbogens: Daniel in der Löwengrube.
15 und 16 Kapitelle im Chor: Karyatidenengel.
17 Domschatz, Kreuzfuß.
18 Luziusschrein (Detail).
19 Frühmittelalterliches Tragreliquiar.
20 St. Luzi, karolingische Ringkrypta.

2

3

6

COIRE

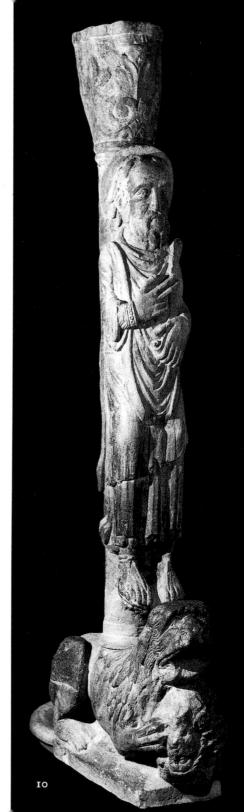

9
10

11 12

13

14

15

16

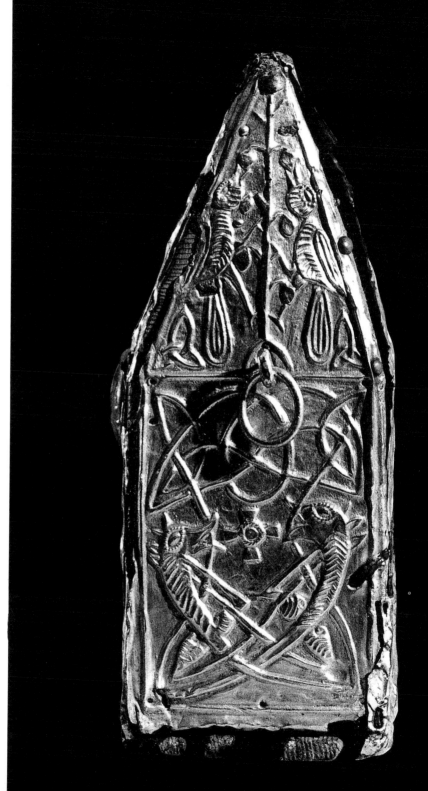

der Haare, die strengen Gesichtszüge mit den markant herausgearbeiteten Nasen, den prägnanten Augenbrauen und den bohrenden Augen als auch für die stoffreichen Gewänder mit den zahlreichen Parallelfalten Vergleiche sowohl in Arles wie in Oberitalien. Dort ist es wiederum San Donnino in Fidenza, wo manche Figuren auch Schneckenlocken ähnlich denen am Haupt des Churer Petrus zeigen, andere – wie die des sogenannten Maestro dei Profeti – eine vergleichbar strenge Miene mit sorgenvoll in Falten gelegter Stirn. Zieht man ferner die säulentragenden Löwen, die Karyatidenengel und nicht zuletzt die geographische Lage Churs in Betracht, liegt die Idee, der Churer Bildhauer sei in Oberitalien angeregt, vielleicht gar ausgebildet worden, näher als die Provence-Theorie. Wie dem auch sei, die Bedeutung der Churer Apostelfiguren hängt nicht primär davon ab, von welchem Zentrum der südalpinen Bildhauerkunst der Meister stilistisch profitierte; sie liegt auch darin, daß hier die an Portalen entwickelten Säulenfiguren ins Innere der Kirche geholt wurden. Damit erfuhr die bis auf Konstantins Apostelkirche zurückreichende Tradition der Verbindung von Säulen mit den Aposteln eine neue Ausformung. Zugleich konnte so in Chur das Konzept der Schlichtheit des Außenbaus mit der figürlichen Pracht im Innern eindrücklich umgesetzt werden.

Letztere erfuhr dann im Laufe der Jahrhunderte zusätzliche Bereicherung, von der hier nur auf die Fresken des sogenannten »Waltensburger-Meisters«, des bedeutendsten schwäbisch geschulten Malers der Gotik in Graubünden, und die spätgotischen Schnitzaltäre aufmerksam gemacht sei.

Der Domschatz

Die bis in frühchristliche Zeit ununterbrochene Kontinuität der Churer Bischofskirche wird am Domschatz deutlich, von dem sich aus der Mitte des 10. Jahrhunderts und aus dem Jahre 1240 Schatzverzeichnisse erhalten haben. Heute wird er in einem kleinen Museum in der Unteren Sakristei aufbewahrt und birgt Preziosen aus eineinhalb Jahrtausenden christlichen Kults in Chur und dem übrigen Rätien. Aus dem 1943 geöffneten *Sepulchrum* des Hochaltars stammt ein kleines Marmorreliquiar in Sarkophagform, das wohl noch für die erste Kathedrale des 5. Jahrhunderts geschaffen worden war. Es enthielt ein spätrömisches Arzneikästchen aus Elfenbein, auf dessen Schiebedeckel der antike Gott der Medizin, Aeskulap, dargestellt ist. Außerdem fanden sich zahlreiche frühmittelalterliche Textilien, die teils als Reliquienhüllen dienten, teils – wie die Partikel von der Manipel des heiligen Augsburger Bischofs Ulrich († 973) – selber Reliquiencharakter hatten. Ein weiterer, etwas größerer Marmorsarkophag, der im Dommuseum ausgestellt ist, kommt nicht aus Chur, sondern aus der Domleschger Kirche St. Lorenz bei Paspels (siehe S. 92). Ihm entnahm man unter anderem eine vor- oder frühkarolingische Pyxis aus Hirschhorn mit der ungelenken, aber dennoch reizvollen Ritzzeichnung einer Kreuzigung (?) sowie ein silbernes Reliquienkästchen, dessen Medaillonverzierung abwechselnd das Kreuz und die griechischen Buchstabenkombinationen Chi-Rho (für Christus) und Alpha und Omega einfassen. Zum Schutz von Reliquien diente wohl auch der sogenannte »Simsonstoff«, ein spätantikes Seidengewebe aus dem Osten. Vor dunkelrotem Grund ist in einem gegenständigen Rapport jeweils Simson als jugendlicher Kämpfer dargestellt, wie er mit bloßen Händen den Löwen zerreißt. Vom gleichen Gewebe finden sich weitere Fragmente in mehr als zehn europäischen Sammlungen.

Von den zahlreichen Kultgeräten des Domschatzes seien hier nur einige früh- und hochmittelalterliche Werke genannt. Ein kleines Eucharistiekästchen in Hausform dürfte aus dem 8. Jahrhundert stammen (Bild 19). Der Holzkern ist mit vergoldetem Kupferblech überzogen, dessen Flechtwerkdekor Gestaltungselemente des frühmittelalterlichen Tierstils zeigt. In den Giebeln picken gegenständig angeordnete Vögel die Früchte eines sehr einfachen Lebensbaums. Eine Palmettenranke an der einen Längsseite stammt von einer Reparatur in romanischer Zeit. In dieser Epoche wurde auch ein Beinreliquiar mit abgeflachtem Walmdach und Randleisten mit Kreisaugenflechtbändern geschaffen. Die dazwischen montierten Reliefplättchen sind durchbrochen gearbeitet und zeigen neben Blattranken Vogelpaare und drachenähnliche Ungeheuer.

Ein romanischer Kreuzfuß verrät uns in einer Inschrift am unteren Abschluß sowohl seinen Auftraggeber als auch den herstellenden Künstler (Bild 17): NORTPERTVS DEI GRAT(ia) PRAEPOSITVS HOC IMPETRAVIT OPVS AZZO ARTIFEX. Man vermutet ein vom hl. Norbert, dem Gründer des Prämonstratenserordens, veranlaßtes und von Azzo, einem Mönch des von Norbert gegründeten Klosters Gottesgnaden an der Saale, gefertigtes Geschenk an den Churer Bischof Konrad I. († um 1145), während dessen Episkopat sich die Prämonstratenser in St. Luzi in Chur (s. unten) niederließen. Ein stilistisch etwas älteres, aber ikonographisch identisches Gegenstück aus Lüneburg im Landesmuseum in Hannover untermauert die These einer mitteldeutschen Provenienz des Churer Fußes. Im Zentrum des Sockels entströmen aus vier Urnen die Paradiesflüsse, deren Wasser an den Ecken durch Löwenköpfe fließt. Diese dienen zugleich den vier Evangelisten als Sitzgelegenheit. Im Aufsatz, in den das (verlorene) Tragkreuz gesteckt werden konnte, entsteigt von Engeln flankiert Adam seinem Grab. Eine weitere Inschrift erklärt programmatisch den Zusammenhang mit Christus, dem neuen Adam, dessen Opfertod die Sünden des alten tilgt:

+ECCE RESVRGIT ADAM CVI DAT DE(us) IN CRVCE VITAM
(Siehe, Adam, dem Gott am Kreuz das Leben schenkt, steht wieder auf).

Ebenfalls in Beziehung mit dem Prämonstratenserstift St. Luzi steht der ältere der beiden vergoldeten Reliquienschreine, barg er doch, wie eine Inschrift besagt, die Gebeine des Titel- und Bistumsheiligen Luzius. Dieser wurde – immer nach der Inschrift – am 9. Oktober 1252 von Bischof Heinrich in diesen Schrein transloziert. Ohne dieses Datum würde man den Schrein gewiß älter schätzen, stehen doch die getriebenen Figuren in ihren schweren Rundbogenarkaden noch ganz in romanischer Tradition (Bild 18), was insbesondere im Vergleich mit dem nur eine Generation jüngeren sogenannten Florinusschrein augenfällig wird. Der Luziusschrein hat heute – wohl infolge einer umfangreichen Reparatur – die Form einer halben Giebeltruhe; auf der Dachfläche sind beiderseits des Kruzifixes Maria und Petrus sowie Johannes und Jakobus, an der Front die sechs Heiligen Nikolaus, Florinus, Luzius, Stephanus, Andreas und Gregor dargestellt und jeweils auf den Arkadenbögen beschriftet (wobei die beiden letzten Figuren vertauscht sind). Die frei zwischen den Arkaden schwebenden Figuren mit ihren wenig differenzierten, birnenförmigen Köpfen sind außerordentlich archaisch gestaltet. Der einfache Charme dieses provinziellen Werks kann nicht darüber hinwegtäuschen, daß der Goldschmied mit seinem retardierenden Stil kaum auf der Höhe seiner Zeit war. Allein die Buchstabentypen der Inschrift und einige ikonographische Details – allen voran das Kruzifix mit dem geneigten Haupt Christi und den gekreuzten Beinen – zeigen Bezüge zur aktuellen Kunstproduktion des 13. Jahrhunderts.

Die Madonnenstatue im Schweizerischen Landesmuseum in Zürich

Nicht mehr in Chur, sondern im Landesmuseum in Zürich wird eine 87 cm hohe Holzplastik der thronenden Muttergottes aufbewahrt, die aus dem Dom der rätischen Hauptstadt stammen soll. Brigitta Schmedding datiert die Figurengruppe anhand von Stilvergleichen ins frühe 12. Jahrhundert. Die rechte Hand und die Füße mit dem Sockel fehlen, außerdem dürfte die Sitzgruppe mehrfach übermalt worden sein. Maria trägt ein langes Kleid mit einer plastisch hervortretenden Mittelborte, darüber eine am Hals verzierte *Paenula* und einen auf beiden Schultern umgeschlagenen Schleier. Die straff gespannte Kleidung unterstreicht die kompakte Körperlichkeit der Figur mit den sanft gleitenden Übergängen, die ihr ein kegelähnlich geschlossenes Volumen verleihen. Dennoch strahlt die Gruppe eine ansprechende Lebendigkeit aus, die von einer sanften Bewegung nach links ausgeht. Die leichte Abwendung des Kopfes von Maria, ihr Blick und die Bewegung des Kindes sind dabei kaum merklich aufgefächert. Obwohl das Gesicht des Knaben und das der Mutter nach demselben Schema gefertigt sind, wirkt der Kleine, nicht zuletzt dank des Sitzmotivs, tatsächlich auch kindlich. Dazu trägt der feste Griff Mariens bei, der den segnenden Christusknaben vor dem Abgleiten von ihrem Schoß zu bewahren scheint. So setzt diese Plastik, trotz der scheinbar hermetischen Geschlossenheit der Gesamtform, die innige Verbundenheit der Muttergottes mit ihrem Sohn auf lebendige und überzeugende Weise bildlich um.

Weitere frühmittelalterliche und romanische Kirchen in Chur

Unweit östlich der Kathedrale und südlich von St. Stephan befindet sich im heutigen Priesterseminar die Kirche ST. LUZI. In der um 800 verfaßten und in der Stiftsbibliothek St. Gallen aufbewahrten *Vita beatissimi Lucii confessoris* werden Brüder erwähnt, die den Tag des Heiligen feierten. Möglicherweise ist damit eine Klerikergemeinschaft am Ort der Kirche gemeint, deren Krypta mit Sicherheit karolingisch ist. Dabei handelt es sich um eine Ringkrypta, wie sie um etwa 600 von Gregor dem Großen in St. Peter in Rom eingebaut worden war und dann in karolingischer Zeit eine weitverbreitete Nachfolge gefunden hat (Bild 20). Aus einer dreischiffigen romanischen Vorkrypta betritt man den polygonal gebrochenen Ringstollen, an dessen Scheitel nach Osten ein Nebenraum anschließt, während nach Westen ein breiter Mittelgang zum Heiligengrab führt. Eine (mehrfach renovierte) *Fenestella* schuf die Verbindung von hier zum Vorraum. In karolingischer Zeit erhob sich über der Krypta ein Dreiapsidenchor, der nach der Übergabe der Kirche an die Prämonstratenser (vgl. S. 74) zum romanischen Hochchor mit rechteckigem Altarhaus umgebaut wurde. Reste von Wandpfeilern und Schrägdiensten verraten noch die Wölbung des romanischen Ostbaus, während die Gewölbeansätze im Langhaus auf einen gotischen Umbau zurückgehen.

Auch die reformierte Pfarrkirche ST. MARTIN am Fuße des Hofes hatte einen dreiapsidialen Saalbau als karolingischen Vorgänger. Von ihm sind noch Teile der Südwand erhalten und in den Nachfolgebau integriert. Diese Partien sind leicht erkennbar an den hohen, schlanken Blendarkaden. Die heutige Kirche wurde – wie viele Stadtkirchen im süddeutschen Raum – im späten 15. Jahrhundert erbaut. Die Höhe des Turms verrät die Konkurrenz zum Dom, verursachte aber offenbar bauliche Probleme, so daß der Rat 1534 ein Gutachten einholte, weil er selber fand, der Turm sei »etwas hoch gebuwen«.

Zillis. Die Bilderdecke in St. Martin

Will man von Chur über den San Bernardino ins Tessin oder über den Splügen nach Chiavenna, so führt der Weg seit jeher durch die noch heute sehr eindrückliche und einst ebenso gefährliche *Via-mala*-Schlucht. Oberhalb dieses Engpasses öffnet sich ein Hochtal, dessen erster und wichtigster Ort Zillis somit an einer Schlüsselstelle einer wichtigen und bereits in prähistorischer Zeit begangenen Alpentransversale liegt. Funde in einer jüngst entdeckten Höhle belegen, daß hier schon vor der Etablierung des Christentums Reisende nach erfolgreicher Passage der tosenden Schlucht bzw. in der Hoffnung auf eine glückliche Reise Opfer darbrachten. Das möglicherweise gewaltsame Ende dieses Dienstes an einer wohl orientalischen Gottheit erfolgte in der Zeit um 500, als wenige hundert Meter von der Kulthöhle entfernt ein römisches Gebäude zu einer ersten Kirche umgebaut wurde. Dieser Bau wurde später von einem karolingischen Dreiapsidensaal abgelöst, dessen Chorschluß gerade hintermauert war. 831 taucht diese *ecclesia plebeia* (d.h. Pfarrkirche) auch erstmals in den Schriftquellen auf. 940 schenkte sie Kaiser Otto I. dem Bistum Chur, und 1357 wurde sie dem Domkapitel zugesprochen. In den dreißiger Jahren des 16. Jahrhunderts wurde mit St. Martin die Hauptkirche des Schams reformiert. Grabungen in den Jahren 1938–40 legten die Grundmauern der Vorgängerkirchen frei und bezeugen damit die bis in die Spätantike zurückreichende christliche Ortstradition.

Die heutige Martinskirche besteht aus einem einfachen rechteckigen Saal aus Bruchsteinmauerwerk mit Eckquadern, einem polygonalen

Chor sowie einem südlich ans Schiff angefügten Turm. Dessen Lisenen- und Blendbogengliederung läßt sich unschwer ins 12. Jahrhundert datieren. Aus derselben Zeit stammt auch das Langhaus, während der Chor 1509 einen rechteckigen romanischen Vorgänger ablöste.

Das Juwel der Zilliser Kirche und der Grund für ihre Bekanntheit ist die romanische Holzdecke, die in 153 bemalten Feldern das ganze Kirchenschiff überdeckt (Bild 22). Sie ist nicht nur eine der ganz wenigen erhaltenen Bilderdecken aus romanischer Zeit, sondern mit ihrer Entstehung um die Mitte des 12. Jahrhunderts zumindest nördlich der Alpen auch das älteste überkommene Beispiel. Die großflächiger bemalte Decke von St. Michael in Hildesheim entstand erst im 13. Jahrhundert, ebenso die Felderdecken zweier Säle vornehmer Privathäuser in Metz, deren Reste im dortigen Museum aufbewahrt werden. Nurmehr aus Schriftquellen wissen wir von älteren figürlich bemalten Decken: So sollen laut einem Gedicht von Purchart schon kurz vor 1000 im Kreuzgang der Reichenau historische Darstellungen auf eine Holzdecke gemalt worden sein. Weitere figürlich verzierte Holzdecken aus romanischer Zeit sind etwa aus den Klosterkirchen von Petershausen bei Konstanz und St. Emmeram in Regensburg oder aus den Domen von Freising und Merseburg bezeugt. Schon aus diesen wenigen Beispielen wird ersichtlich, daß diese Gattung einst zahlreicher und weiter verbreitet war. Zugleich dürfte es aber kein Zufall sein, daß es durchwegs anspruchsvolle Bauten vornehmer Besitzer waren, die mit solchen Decken ausgestattet wurden. Wie die doch eher bescheidene, nur etwa 20 m lange Martinskirche in Zillis zu einer solch vornehmen Dekoration kam, bleibt uns verschlossen; auch wenn wir der Talgemeinde nicht unbeträchtliche Einkünfte aus Säumerdiensten und Spenden furchtsamer und dankbarer Reisender zugestehen, ist doch ein einflußreicher Auftraggeber hinter diesem Werk zu vermuten.

Die Decke im Zilliser Langhaus besteht aus 17 Reihen zu je neun ungefähr quadratischen Feldern (Bild 21). Sie folgt damit dem Prinzip bemalter Kassettendecken, wie es seit der Spätantike bekannt ist. Die einzelnen Tafeln, die – wie verlaufene Tropfen belegen – auf der Staffelei und nicht an der Decke bemalt wurden, setzen sich aus jeweils mehreren Brettern zusammen, denen nicht selten ein Farbwechsel des Streifenhintergrundes entspricht (Bild X und XI). Auf diese Bretter ist auch der ornamentale Rahmen jedes Bildfeldes gemalt, der als flächiges Band von den Figuren oft überschnitten wird (Bild IX). Den eigentlichen plastischen Rahmen der Felder bilden die durchgehenden Leisten, die sich zum Raster fügen, in den die Tafeln eingehängt sind. Die jeweils mittlere Bahn in der Längs- und Querrichtung ist von doppelten Leisten gerahmt, woraus sich eine kreuzförmige Figur ergibt, die über die ganze Decke gelegt ist und die beiden anderen Ordnungssysteme – ein kosmologisches und ein historisches – sinnreich unter dem Kreuzzeichen vereint.

Die 48 Randfelder werden mittels durchlaufender Wellen zusammengefaßt und dem maritimen Bereich zugewiesen. Diese Felder sind nicht wie diejenigen im Innern der Decke zum Chor hin orientiert, sondern zur jeweils angrenzenden Wand. Dort antwortet ihnen ein Mäanderfries, der von sechs heute noch sichtbaren Rechteckfeldern unterbrochen wird. Von diesen zeigen zwei Kronreife, die übrigen vier jeweils eine Frauenbüste, die seit Erwin Poeschels grundlegender Arbeit zu Zillis als Sibyllen gedeutet werden. Die Deckentafeln der Randfelder sind überwiegend mit aquatischen Fabelwesen besetzt: doppelschwänzige Nereiden mit Musikinstrumenten, Pferde-, Löwen- und Elefantenvorderteile mit Fischschwänzen und andere Mischwesen, die bereits in der Spätantike auf Bodenmosaiken auftauchen und sich in der Romanik in Malerei und Plastik großer Beliebtheit erfreuten. Abweichend davon sind im Nordosten drei Tafeln mit Fischerszenen eingefügt, und die vier Eckfelder werden von den posaunenblasenden Engeln der Apokalypse eingenommen. Zugleich markieren sie die Weltecken und stehen für die Kardinalwinde, die aus diesen Ecken über die Welt hinwegfegen. Denn offensichtlich stellen diese Randfelder der Zilliser Decke die Randzonen der Welt dar, die man sich als rechteckige Scheibe vorstellte, deren Ränder von den Meeren bedeckt und von seltsamen Mischwesen besiedelt waren. Dazu passen auch die Fischerszenen, derer man sich im Mittelalter nicht selten zur Veranschaulichung der Meere bediente.

Dieser kosmologische Rahmen umgibt das Innere der Welt, in der sich die Geschichte abspielt. Diese besteht in Zillis aus zwei Zyklen, einem christologischen und einem mit Szenen aus der Vita des Kirchenpatrons Martin. Der Heiligenzyklus ist dabei sehr viel kürzer und umfaßt einzig die sieben Tafeln der westlichen, letzten Reihe vor der Randzone. Der Ritterheilige Martin eifert in seinen Taten den Werken Christi nach und fordert damit hier beim Eingang den Gläubigen auf, es ihm gleichzutun. Anfang und Ende der Christusvita werfen zahlreiche, kontrovers diskutierte Fragen auf. So ist es ungewöhnlich, daß sie mit dem Bild der Dornenkrönung abbricht und das zentrale Ereignis der Kreuzigung Jesu nicht mehr darstellt. Man hat daraus auf die Unvollständigkeit der Decke geschlossen: Der Abschluß der Passion sei entweder im Chor dargestellt gewesen oder in der letzten Reihe des Schiffes, und die Martinstafeln wären dann als Reste eines Heiligenzyklus im Chor sekundär an die Stelle der verlorenen Passionstafeln versetzt worden. Möglich ist freilich auch, daß die Kreuzigung als plastische Gruppe in der Kirche präsent war und deshalb in der Decke nicht wiederholt

weiter Seite 85

Die Farbbildseiten

Zillis

VIII   *Detail der Holzdecke: Geburt Jesu und Anbetung der Könige.*
IX   *Detail der Holzdecke: Versuchung Jesu und Austreibung der Dämonen des Besessenen von Gerasa.*
X   *Detail der Holzdecke: Abendmahl.*
XI   *Detail der Holzdecke: Judaskuß.*

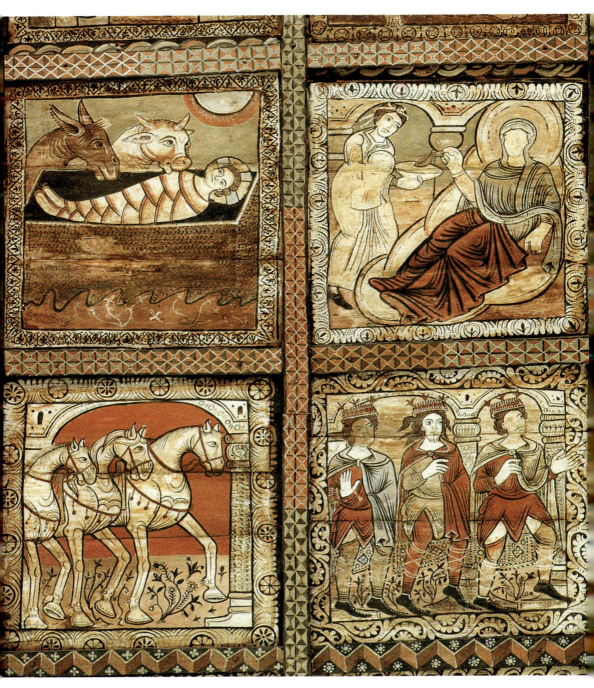

VIII

IX

XI

wurde. Denn ob sich die Bilderdecke einst im romanischen Chor fortsetzte, ist ungewiß; allzusehr paßt die Vorstellung, sie habe stets 153 Felder umfaßt, zu den 153 großen Fischen, die Simon Petrus nach Joh 21,11 an Land gezogen hat. Sie würden den Darstellungen der Randzone eine zusätzliche Bedeutung verleihen.

Auch die Probleme am Anfang des Innenzyklus hängen mit Unsicherheiten über die mehrfach – zuletzt 1938/40 und 1971 – veränderte Reihenfolge der Tafeln zusammen. In den ersten drei Feldern thront jeweils ein König unter einer Arkade. Alle drei tragen auffälligerweise ein Messer in ihrer Linken. Während Susanne Brugger-Koch glaubt, diese Bilder seien falsch plaziert und gehörten zur tatsächlich sehr ausführlich dargestellten Dreikönigsgeschichte, identifiziert man seit Poeschel die drei Herrscher üblicherweise als die königlichen Vorfahren Christi, wie sie am Anfang des Matthäus-Evangeliums aufgezählt werden. Diese Deutung als Ausschnitt aus dem Stammbaum Jesu bildete nicht nur eine gewisse Parallele zur Darstellung der Wurzel Jesse in der Hildesheimer Holzdecke, sondern würde vor allem auch eine Verbindung zu den weissagenden Sibyllen des Wandfrieses schaffen. Die Messer, zu denen sich diejenigen des thronenden Josef in der Geburt Jesu und des träumenden Gemahls Mariens beim Befehl zur Flucht gesellt, werden als Opfer- und Beschneidungsmesser des Alten Bundes gedeutet. Seltsam ist dann nur, daß ausgerechnet bei der Darbringung im Tempel, die ja im Zusammenhang mit der Beschneidung Jesu steht, kein Messer abgebildet ist. Denkbar ist daher auch eine andere Deutung, und zwar als mittelalterliche Rechtssymbole: Als sichtbares und rechtskräftiges Zeichen eines Besitzwechsels konnte außer einem Stab, Ring oder Bäumchen (vgl. die Grabplatte Burkhard von Nellenburgs im Allerheiligenkloster Schaffhausen) auch ein Messer ausgetauscht werden. Im Kontext der Vorfahren Christi wäre damit wohl das Königtum der Juden gemeint, das von David, Salomon und Rehabeam schließlich über Josef auf Christus überging.

Die eminente Bedeutung des Königtums im Zilliser Christuszyklus wird angesichts der 15 Tafeln deutlich, die der Dreikönigsgeschichte gewidmet sind. Sie beginnt am Anfang der dritten Reihe mit dem Engel, der den drei hintereinander reitenden Herrschern den Stern und damit den Weg nach Bethlehem weist, setzt sich fort mit den Königen vor Herodes und schließlich in der Anbetung vor der Heiligen Familie (wobei als origineller Einfall jeweils die drei wartenden Pferde in einem separaten Bildfeld dargestellt sind; Bild VIII). Am Schluß reiten die drei Könige, wiederum von einem Engel geleitet, von dannen. Bedenkt man, daß auch der Einzug in Jerusalem, dessen Darstellung sich über fünf Tafeln erstreckt, das Königtum Christi betont und den herrscherlichen Triumphzug paraphrasiert, so dürfte angesichts dieses schon rein numerisch großen Gewichts von Königsszenen der Abschluß des Christuszyklus mit der Dornen*krönung* kaum mehr Zufall sein, zumal damit eine Brücke zu dessen Anfang mit den königlichen Vorfahren geschlagen wird.

Die epische Breite in der Darstellung der Dreikönigsgeschichte hat bereits Christoph Simonett und zuletzt erneut Huldrych Blanke mit dem Triumph Kaiser Friedrich I. Barbarossas über Mailand im Jahre 1162 zusammengebracht. In dessen Folge wurden die Dreikönigsreliquien aus S. Eustorgio entwendete und durch Barbarossas Kanzler Rainald von Dassel nach Köln überführt. Leider tat uns der Kölner Erzbischof nicht den Gefallen, die erbeuteten Reliquien über die Bündner Alpenpässe an den Niederrhein zu führen. Dennoch leuchtet ein, daß dieses Ereignis für den Zilliser Zyklus zumindest einen Datierungshinweis ergibt. Denn erst mit und nach dieser »Translation« entfaltete sich ein eigentlicher Dreikönigenkult, dessen Existenz man aus unserer Bilderdecke ablesen zu können glaubt.

Damit gewinnt die These, die Decke sei im Episkopat des Churer Bischofs Egino (1160–70), eines Parteigängers des deutschen Kaisers, entstanden, an Gewicht. Dem steht die dendrochronologische Datierung der jüngsten gemessenen Jahrringe ins Jahr 1113 nur scheinbar entgegen. Denn nur ein kleiner Teil der Bretter wurde bisher dendrochronologisch untersucht, und bei keinem konnte die Waldkante, d.h. der äußerste, das eigentliche Fälljahr anzeigende Jahrring, gemessen werden. Schließlich ist auch mit der Lagerung des Holzes oder gar der Wiederverwendung von bereits anderswo verarbeiteten Brettern zu rechnen. Einzig die von Florens Deuchler postulierte Frühdatierung der Decke ins 11. Jahrhundert kann aufgrund der Jahrringanalyse endgültig ausgeschlossen werden. Die von ihm vorgebrachten Argumente sind freilich nicht gänzlich zu vernachlässigen, denn es dürften zum Teil ottonische Werke vor allem der Kleinkunst gewesen sein, welche den Zilliser Malern als Vorlagen dienten. Die Streifenhintergründe etwa finden sich erstmals in der Reichenauer Buchmalerei der Zeit vor und um 1000, doch entwickelten sie sich bald zu einem zeitlich und örtlich weit gestreuten Gestaltungsmittel, dem wir etwa in den Apsisfresken von Chalières wiederbegegnen werden. Peter Wiesmann und Beat Brenk haben überdies auf oberitalienische Handschriften des früheren 12. Jahrhunderts aufmerksam gemacht, in denen man stilistische Vorstufen der Zilliser Deckenmalerei erkennen kann. In all diesen Beispielen sind die Körper freilich gelängter und zeigen nicht die gedrungene Kompaktheit, die ein Kennzeichen der Zilliser Figuren ist. Fast scheint es, als ob die Proportionen der Figuren dem quadratischen Bildfeld angepaßt und darauf konzipiert sind, dieses gleichmäßig auszufüllen. Es fragt sich auch, ob die konsequente Beibehaltung eines ungefähr gleichen Figurenmaßstabes mit Rücksicht auf die Distanz der Bilder vom Betrachter zu erklären ist: Zwar mußte (bzw. konnte) man aus diesem Grund vielfigurige Szenen auf mehrere Tafeln verteilen, doch kommt das der Lesbarkeit der klar komponierten Bilder außerordentlich entgegen. Interessant ist in diesem Zusammenhang auch die in den 1970er Jahren experimentell gewonnene Erkenntnis, daß die ursprünglich kleineren Fenster den Kirchenraum zwar weniger beleuchteten, zugleich aber die Sicht- und Lesbarkeit der Bilder begünstigten.

Charakteristisch für die Zilliser Maler sind die großen schweren Köpfe mit den oft etwas starken Unterkiefern. Fast durchwegs sind die Häupter der Figuren im Dreiviertelprofil wiedergegeben. Abweichungen von dieser Regel sind stets inhaltlich bedingt: Im Vollprofil erscheint der Teufel in den Versuchungsszenen sowie Judas beim Abendmahl und beim verräterischen Kuß (Bild IX – XI), deutliche Belege dafür, daß die Profildarstellung, in der eben nur die eine Hälfte des Gesichts sichtbar ist, in der romanischen Kunst fest mit dem Bösen und Schlechten verbunden wurde. Genauso selten sind andererseits die Köpfe, die *en face* gemalt sind: es ist die Madonna auf der Flucht nach Ägypten, ferner Christus in der Verklärung auf dem Berg Tabor und im abschließenden Bild der Dornenkrönung. Ähnlich den Kultbildern werden die zentralen Figuren durch diese Darstellungsweise aus dem szenischen Kontext isoliert und zu visionären Einzelfiguren, die den Betrachter eindringlich fixieren.

Unser Ziel war es nicht, die Zilliser Bilderdecke umfassend zu besprechen oder auch nur im Überblick zu erklären. Für die Beschreibung der einzelnen Szenen und die Korrelation mit den biblischen Texten sei auf die unter anderem bei *Zodiaque* edierte Spezialliteratur verwiesen. Es ging hier darum, für eines der Hauptmonumente romanischer Kunst in der Schweiz und eines der frühesten Beispiele mittelalterlicher Tafelmalerei überhaupt einige Hinweise auf wichtigste Ordnungs- und Gestaltungsprinzipien zu geben. Damit läßt sich auch zeigen, daß trotz der zuweilen etwas derben Zeichnung die Zilliser Malereien nicht als Produkt provinzieller »Volkskunst« mißzuverstehen sind. Schon anhand weniger ausgewählter Fragestellungen wurde deutlich, daß hinter der Zilliser Decke ein überlegtes und klar umgesetztes künstlerisches Konzept steckt. Wer auch immer die Auftraggeber waren: ein solch hoher Anspruch legt zugleich beredtes Zeugnis für die Bedeutung des Ortes und damit für die Wichtigkeit der Alpenübergänge ab.

Kurzbeschreibungen weiterer frühmittelalterlicher und romanischer Werke in Graubünden

ST. MARTIN IN CAZIS. Die ehemalige Pfarrkirche St. Martin erscheint erstmals 1156 in den Quellen, als ihr Patronat an das Caziser Kloster St. Peter und Paul überging. Die West-, die Nord- und Teile der Südwand stammen aber sicher aus dem Frühmittelalter, wenn auch für die geläufige Datierung in die Zeit um 700 wenig sichere Hinweise vorliegen. Der einfache Bau darf als typisches Beispiel eines frühmittelalterlichen Baus ohne besondere Ansprüche gelten. Der gerade Chorschluß und der Turm gehören zu einer wohl romanischen Erneuerung, bei der für die Ostmauer die ursprüngliche Wandgliederung aufgegriffen wurde. Diese besteht im Westen aus drei, im Norden aus fünf Blendarkaden mit stärker vortretenden Lisenen, die in einem Sockel enden, der ungefähr mit dem Außenniveau korrespondiert. Am Bogenansatz kragen die Lisenen kapitellartig vor und sind zum Teil mit einfachen Ornamenten verziert. Darüber setzen die sich als schmälere Vorlagen fort, die heute blind enden. Noch im Westbau von Romainmôtier werden wir ein ähnliches Prinzip verschieden breiter Lisenen im Erd- und Obergeschoß wiederfinden. In Cazis war das weitgehend lagig, zum Teil im Fischgräten-Verband versetzte Bruchsteinmauerwerk schon ursprünglich mit einem Verputz geschützt, vermutlich einem sogenannten *Rasa-pietra*, bei dem der Mörtel so über den Rand der Steine verstrichen wird, daß die Mittelpartie jeweils unverputzt sichtbar blieb. Die Bedeutung von St. Martin in Cazis liegt im Unspektakulären: Dieser Bau vermittelt eine Vorstellung, wie wir uns eine einfache Dorfkirche im ausgehenden ersten Jahrtausend vorstellen können.

DISENTIS. DIE FRÜHMITTEL-ALTERLICHEN KLOSTERKIRCHEN. Die Benediktinerabtei St. Martin in Disentis war und ist das bedeutendste Kloster Graubündens. Es wurde um die Mitte des 8. Jahrhunderts vom Churer Bischof Ursizinus über den Gräbern der Heiligen Sigisbert und Plazidus gegründet, die sich um 700 aus dem Kloster Luxeuil hierher in *Desertina* (daher der Name des Ortes, der romanisch einfach *Mustèr*, Kloster, heißt) zurückgezogen hatten. Die heutige Kirche wurde im 18. Jahrhundert im sogenannten »Vorarlberger Barockschema« als Wandpfeilerbasilika errichtet. Von der frühmittelalterlichen Anlage konnten drei Kirchen mit jeweils mehreren Bauphasen archäologisch untersucht und teilweise konserviert werden. Ihre Patrozinien sind 765 im Testament Bischof Tellos als (von Norden nach Süden) St. Maria, St. Peter und St. Martin überliefert. Auf die komplizierte Baugeschichte kann hier nicht im Detail eingegangen werden, doch gilt es festzuhalten, daß auf den rechteckigen Gründungsbau nördlich von diesem eine dreischiffige monoapsidiale Kirche folgte, die wohl um 800 von einem ersten, um 1000 von einem zweiten Dreiapsidensaal abgelöst wurde, dessen Reste heute in der Krypta der neuen Marienkirche von 1895–99 erhalten sind. Auch die Martinskirche im Süden war um 800 ein Dreiapsidensaal; ihm war ein Saalbau mit hufeisenförmiger Apsis, die sekundär ummantelt wurde, vorausgegangen. Von diesem ist innerhalb der Dreiapsidenkirche im Klosterhof die einstige Winkelgangkrypta mit einem sekundär angefügten runden Annex konserviert.

Als bedeutendste Reste der frühmittelalterlichen Kirchenausstattung sind im Klostermuseum bemalte Fragmente von Figuren, Ornamentfriesen und architektonischen Rahmenelementen aus Stuck ausgestellt. Neben anderer mittelalterlicher Plastik beherbergt das Museum auch eine 55 cm hohe Madonna aus Obercastels, die aufgrund von Vergleichen mit dem Freudenstädter Lesepult ins mittlere 12. Jahrhundert datiert wird. Bei einer Restaurierung im Schweizerischen Institut für Kunstwissenschaft konnte 1964 die Originalfassung wieder freigelegt werden. Auch Teile des Kirchenschatzes, über dessen ältesten Bestand ein Verzeichnis aus der Zeit um 940 Auskunft gibt, werden im schön eingerichteten Museum gezeigt.

MESOCCO. BURG UND KIRCHEN. Zu den größten und eindrücklichsten Burganlagen Graubündens gehört das Kastell von Mesocco im italienischsprachigen und allein vom Tessin aus leicht erreichbaren Misox am Südfuß des San Bernardino-Passes. Allerdings geht der heute noch sichtbare Bestand der Burg überwiegend auf Ausbauphasen am Ende des Mittelalters zurück. Allein der noch etwa 8 m hoch erhaltene Hauptturm in der Ostecke der Kernburg mit Teilen der angrenzenden Umfassungsmauer sowie die ruinöse Burgkapelle SAN CARPOFORO mit ihrem Campanile stammen aus romanischer Zeit. Die Kapelle ist ein verzogener Rechteckbau, dem ein durch Schranken unterteilter Saal mit leicht eingezogener Hufeisenapsis eingeschrieben ist. Seine Ostwand wird außen von tiefen Lisenen gegliedert, die aus einem Sockel aufsteigen. Der schlanke Glockenturm steht frei und ist gegenüber der Kapelle leicht achsenverschoben; zwischen kräftigen Ecklisenen wird das Grundgeschoß von

Blendarkaden abgeschlossen, darüber öffnen sich fünf Geschosse mit gekuppelten und einfach abgetreppten Rundbogen. Im Innern der Burgkapelle konnten als Reste eines frühmittelalterlichen Vorgängers die Grundmauern eines nicht eingezogenen Apsidensaales freigelegt werden. Sie bestätigen die aus der historischen und topographischen Situation genährte Vermutung, daß sich hier bereits im Frühmittelalter ein Kastell befand. So findet sich denn auch ein gleicher Kapellengrundriß in Grepault bei Truns, einem anderen der sogenannten Kirchenkastelle Rätiens.

Wie der mit San Carpoforo gut vergleichbare, allerdings in jedem Geschoß mit Blendbogen gegliederte Campanile der MARIENKIRCHE nördlich unterhalb der Burg von Mesocco nahelegt, dürfte auch dieser Bau aus der Romanik stammen. Vermutlich um 1100 sind der Turm und wohl große Teile des sehr breiten Langhauses erbaut worden, dem 1627 der polygonale Chor und etwa 50 Jahre danach die quadratische Sakristei angefügt wurden. Aus dem Visitationsprotokoll von 1583 geht hervor, daß die Kirche damals noch mit zwei gewölbten, halbrunden Apsiden schloß, wie das auch für ihre Filialkirche Santi Pietro e Paolo und für diejenige im benachbarten Soazza bezeugt ist, womit im Misox eine auffallende Häufung dieser seltenen früh- und hochmittelalterlichen Chorform vorliegt. Das Innere der Marienkirche wird von der barocken Holzdecke und dem interessanten Freskenzyklus geprägt, den 1469 die vor allem im Tessin tätige Werkstatt der Seregnesi ausführte, einer etwas provinziell und retardierend, aber durchaus erfolgreich malenden oberitalienischen Familie.

MISTAIL. ST. PETER. Auf einem Felsplateau über der Albulaschlucht liegt etwa einen Kilometer von Tiefencastel entfernt die Kirche St. Peter des ehemaligen Frauenklosters Mistail, dessen Name – wie Müstair und Mustèr/Disentis – sich aus dem lateinischen *monasterium* (Kloster) ableitet. Während aber die beiden anderen Klöster bis heute in ihrer angestammten Funktion existieren, wurde Mistail, das 926 zusammen mit dem ebenfalls dem hl. Petrus geweihten Frauenkloster von Cazis erstmals genannt wird, bereits 1154 aufgehoben und dient seither als Kapelle. Trotz dieser untergeordneten Funktion erlebte die Kirche aber am Ende des 14. Jahrhunderts eine neue Blüte, als nach 1397 wohl Bewohner des Dorfes Alvaschein die Mittelapsis und Teile der Nordwand neu ausmalen ließen. Einer von ihnen, der sich dabei vermutlich besondere Verdienste erworben hatte, stellte sich sogar im Bild der Kirchweihe als Stifter dar.

Die architekturgeschichtliche Bedeutung von Mistail liegt hauptsächlich darin, daß von den, wie wir sahen, einst zahlreichen karolingischen Dreiapsidensälen nur diese eine Kirche unverbaut erhalten blieb. Hier läßt sich der Raumeindruck und die Volumetrie dieses einfachen aber prägnanten Bautyps eindrücklich erleben. Aus dem weißgetünchten Kubus, in den sich im Süden, Westen und (heute vermauert) Norden je zwei hochgelegene Fenster öffnen, wölben sich im Osten über einem Sockel drei gekoppelte Apsiden, deren mittlere etwas breiter ist. Oberhalb ihrer Steindächer zeichnen sich die ursprüngliche, flachere Dachlinie der Kirche und die Reste eines Dachreiters ab. Der heutige Turm stammt wie die beiden südlichen Anbauten erst aus dem Spätmittelalter.

Die karolingische Kirche stand allerdings nicht isoliert und war auch nicht der älteste Sakralbau an diesem Ort. Südlich der heutigen Kirche wurden die Fundamente eines mehrphasigen Rechteckbaus ergraben, in dessen östlichem Raum eine eingestellte Apsis oder Priesterbank festgestellt werden konnte. Während von diesem Gebäude nichts mehr sichtbar ist, sind die Reste einer gleich orientierten kleinen Grabkammer in einem Schutzbau konserviert. Dieses frühmittelalterliche Mausoleum wölbte sich einst über einem kreuzförmigen Grab, das in den Fels eingetieft worden war. Archäologisch nachgewiesen sind außerdem ein westlicher Vorbau und im Norden des Dreiapsidensaals ein Annex, der – ähnlich wie in Müstair – über eine Apsis verfügte.

Im Innern der Kirche wird der ursprüngliche Raumeindruck etwas verfälscht, weil die interessante barocke Hängedecke etwa 80 cm unter der karolingischen Deckenhöhe liegt. In den gegenüber dem Schiff um drei Stufen erhöhten Apsiden stehen noch immer die hohen karolingischen Blockaltäre. Ein breites Fundament im westlichen Drittel der Kirche dürfte die Trennmauer zwischen dem Laienraum und dem wesentlich größeren Nonnenchor getragen haben, von dem eine Türe zu den im Norden gelegenen Konventbauten führte. Die gotischen Malereien wurden bereits kurz erwähnt; interessant sind die Stil- und Qualitätsunterschiede zwischen den im »weichen«, »internationalen« Stil gehaltenen Fresken der Mittelapsis sowie des Christophorus an der Nordwand und den auf dieselbe Schicht wie das Christophorusbild gemalten sehr provinziellen Einzelbildern des hl. Gallus, der Kirchweihe durch Petrus und des »Feiertagschristus«. Letzteres ist ein in ländlichen Gebieten im 14. und frühen 15. Jahrhundert häufiger Bildtypus, der zur Sonntagsheiligung mahnt: Jedes der dargestellten landwirtschaftlichen Arbeitsgeräte würde, wenn damit am Sonntag gearbeitet wird, gleich wie die ebenfalls dargestellten biblischen Marterwerkzeuge Christus neue Wunden zufügen. Von der karolingischen Erstbemalung sind dagegen nur noch wenige Fragmente in der Südapsis und an der Westwand sichtbar; dort war – wie in Müstair – ein monumentales Weltgericht dargestellt.

ST. LORENZ BEI PASPELS. Nördlich des Dorfes Paspels thront unmittelbar an der Kante einer steil abfallenden Felswand hoch über dem Hinterrheintal die Kirche St. Lorenz. 1237 wird sie erstmals in den Quellen als Hauptkirche des Domleschg erwähnt; sie reicht aber – wie die in Chur aufbewahrten Funde aus dem Altar (S. 74) und Gräber unter den heutigen Kirchenmauern zeigen – weit ins Frühmittelalter zurück. Am jetzigen Bau lassen sich zwei Bauphasen unterscheiden, die beide in romanische Zeit fallen. Der aufgrund der topographischen Lage im Süden und nicht im Westen errichtete Eingangsturm und der leicht eingezogene Rechteckchor wurden zu Beginn des 13. Jahrhunderts dem frühromanischen Schiff angefügt. Anschließend wurden das Altarhaus und der Triumphbogen bemalt, wobei sich der Künstler bemühte, ein Apsisprogramm sinnvoll auf die plane Chorwand zu projizieren. Vor einem Streifenhintergrund ist die *Majestas Domini* dargestellt, in deren Zentrum die Mandorla mit Christus allerdings nur mit Mühe über dem Mittelfenster eingefügt werden konnte. Eine vertikale Hilfslinie zeigt, wie der Maler hier eine symmetrische Komposition anstrebte, ein Prinzip, das dann für die Apostelreihen, die beiderseits der Evangelistensymbole folgen, aufgegeben werden mußte. Von links führt Petrus fünf auf die Nordwand gemalte Jünger heran, während gegenüber wegen eines Fensters in der Südwand neben Paulus ein weiterer Apostel bereits auf der Ostmauer erscheint. In der Fensterlaibung ist – wie beispielsweise auch in Degnau (Kt. Thurgau) – das Opfer Kains und Abels dargestellt. Die Malereien der Sockelzone und am Triumphbogen sind weitgehend zerstört, nur an der Südwand lassen sie sich zweifelsfrei als Martyrium des Titelheiligen Laurentius identifizieren.

Die Bedeutung von Paspels liegt aber weniger in den Chormalereien, deren Spätstil in der Forschung wenig Gefallen findet, als in der Architektur des frühromanischen Vorgängerbaus, der im Langhaus noch erkennbar und im Chorbereich archäologisch ergraben ist. Wandvorlagen und Gewölbeansätze zeigen nämlich, daß der Bau einst zwei Schiffe und drei Joche hatte, die kreuzgratgewölbt waren und in eine halbrunde Apsis mündeten. Ein sehr ähnlicher Bau, der topographisch vergleichbar – hoch über dem Seetal – liegt, hat sich in der Georgskirche in Berschis (Kt. St. Gallen) erhalten. Der eigenartige Bautyp findet sich aber ungefähr zeitgleich auch in Süditalien und in Westfalen, ohne daß daraus eine zusammenhängende Bautengruppe zu rekonstruieren wäre. Vielmehr werden es praktische Überlegungen – flache Wölbungen, einfache Zweiteilung des Schiffes z.B. nach dem Geschlecht der Kirchgänger, kein Bedarf an einem Mittelschiff als »Prozessionsstraße« – gewesen sein, die an verschiedenen Orten zu dieser Reduktionsform der Hallenkirche führten.

MUSEALE EINZELWERKE

Nachdem wir bereits bei der Churer Kathedrale eine Madonnenstatue vorgestellt haben, die – allerdings noch dem ursprünglichen Kontext zuweisbar – in einem Museum ausgestellt ist, und wir auf eine weitere solche Figur im Klostermuseum Disentis hingewiesen haben, soll nachfolgend eine dritte romanische Holzplastik der Muttergottes besprochen werden.

Die Madonna aus Obervaz im Kunstmuseum Basel. Das mit Rahmen 99 cm hohe Relief aus Lindenholz (Bild XII) kam 1901 in der vermauerten Fensternische eines Hauses in Obervaz (Graubünden) zum Vorschein. Die Statue gehört damit zu den acht (von insgesamt 26 von Brigitta Schmedding in der Schweiz katalogisierten) romanischen Madonnen, die ihr Überleben dem Umstand verdanken, daß sie irgendwann, als sie nicht mehr gebraucht werden konnten, an einem entlegenen Ort deponiert und erst in jüngerer Zeit wieder entdeckt wurden.

Mit der Obervazer Madonna, von deren ursprünglicher Farbigkeit nur mehr rote und grüne Spuren sichtbar sind, besitzen wir eine romanische Plastik, die nun zweifelsfrei ein byzantinisches Kunstwerk nicht nur reflektiert, sondern recht eigentlich kopiert. Der Künstler, der dieses Hochrelief schuf, muß eine byzantinische Madonna des Typs *Hodegetria* (vgl. das Flumser Madonnenfenster, S. 376) vor Augen gehabt haben und dieser Vorlage möglichst getreu gefolgt sein. Dennoch entstand ein Werk, das stilistisch ganz in der westlich-romanischen Kunst verankert ist: Anders als bei byzantinischen Darstellungen sind die Köpfe hier relativ groß und bei Mutter und Kind völlig gleich geschaffen. Auch die Hände sind größer und heben so die Gesten hervor, wie wir das auch in der romanischen Malerei oft beobachten können. Die im übrigen sehr enge Anlehnung an die Vorlage erschwert eine Datierung des Reliefs; aufgrund von Details der Gewandbehandlung schlägt Schmedding den Anfang des 13. Jahrhunderts als Entstehungszeit vor. Gerne wüßte man, wie unser Holzbildhauer zu einer Vorlage gekommen ist. Vermutlich handelte es sich eher um ein mittelbyzantinisches Elfenbeinrelief als um eine Steinikone, wie sie etwa an San Marco in Venedig angebracht wurde. Dafür spricht auch die Art, wie die frontale Figur auf Oberschenkelhöhe senkrecht abgeschnitten und dort auf den Rahmen gestellt ist, findet sich ein solcher Abschluß doch beispielsweise ebenfalls auf den in Bamberg aufbewahrten östlichen Elfenbeinen. Auch wenn die Vorlage folglich wohl aus der Kleinkunst kam, schuf der Meister der unter den romanischen Madonnen einzigartigen Obervazer Tafel doch letztlich ein Werk, das an die Reliefikonen gemahnt, die etwa zur gleichen Zeit in größerer Zahl aus Byzanz in den Westen importiert wurden.

Tessin

Prugiasco-Negrentino. Sant'Ambrogio Vecchio

Hoch über dem Bleniotal an einem alten Saumpfad, der über den Narapaß in die Leventina führt, liegt die früher dem Mailänder Bischof Ambrosius, dann Karl Borromäus geweihte Kirche, die mit dem Flurnamen Negrentino vor allem dank ihrer Fresken in die kunstgeschichtliche Literatur eingegangen ist. 1224 wird die Kirche erstmals erwähnt; im Spätmittelalter gehörte Prugiasco zur Leventiner Gemeinde Chiggiona, wurde also primär über den Paß und nicht vom Tal her erschlossen. Der Spärlichkeit der Schriftquellen steht der sprechende Bau mit seiner qualitätvollen Dekoration entgegen. Dem ursprünglich einfachen Saal mit weiter, halbkreisförmiger Apsis wurde im 12./13. Jahrhundert südseitig ein gleich geformter, wenn auch etwas kleinerer Bau und diesem später eine etwa quadratische Sakristei angefügt (Bild XV). So ist die Kirche heute biapsidial mit zwei unter einem Dach vereinten Schiffen, die sich mit weiten, nur von einer Stütze getragenen Arkaden zueinander öffnen. Wenig nördlich der Kirche steht frei der in spätromanischen Formen aus zum Teil bossierten Quadern errichtete Campanile, der dem vom Tal aufsteigenden Besucher von weitem das Ziel angibt. Rasch erkennt man die Mehrphasigkeit des Baus: Während die späteren Anbauten mit einer *Rasa-Pietra* verputzt sind, ist die Apsis des Urbaus heute weitgehend steinsichtig. Unterschiedlich große Quader variieren auch farblich und im Material: Mächtige dunkle Granitquader wechseln mit kleinteiligem hellem Kalkstein und bewirken ein bunt belebtes Bild. Anders als die Apsis der jüngeren Erweiterung ist die des Hauptbaus auch plastisch gegliedert: Schmale, von einem Schmiegesockel aufsteigende Lisenen, die

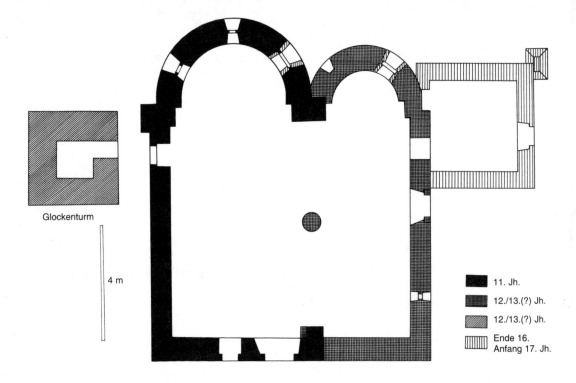

Prugiasco

in einem Rundbogenfries enden, unterteilen die Mauerflächen in drei unregelmäßige Felder, in denen sich je ein Fenster öffnet. Das noch originale Fenster im Scheitel der Apsis wird von einem flachen Pfauenrelief flankiert (Bild 23); ein allenfalls einst vorhandenes Gegenstück fehlt heute.

Bautyp und Dekorationsformen von Sant' Ambrogio Vecchio in Prugiasco-Negrentino sind in der Lombardei – zu der das Tessin kunstlandschaftlich gehört – geläufig und weisen den Bau ins fortgeschrittene 11. Jahrhundert. Auch daß die Kirche bald um einen Anbau mit zweiter Apsis erweitert wurde, ist gerade in den zum Bistum Mailand gehörenden »Tre Valli« nicht selten; Gilardoni nennt mehr als ein Dutzend weitere Beispiele. Davon zu unterscheiden – wenn auch vielleicht doch in einem weiteren Zusammenhang stehend – sind die selteneren Kirchen mit ursprünglichen Zwillingsapsiden, wie sie in vorromanischer Zeit vor allem im Gebiet des Comer Sees, in der Romanik mit Mesocco und Chironico dann auch in den südlichen Alpentälern vorkamen.

Die romanischen Fresken

Der Innenraum der Kirche von Negrentino ist mit der spätromanischen Erweiterung fast quadratisch geworden und wird durch die im späten 15. Jahrhundert entstandenen Fresken zu einer Einheit zusammengefaßt (Bild 25). Diese Malereien sind vorzüglich erhalten und werden größtenteils dem Kreis der Seregnesen zugeschrieben, dem wir bereits in Mesocco begegnet sind. Die Apsiskomposition wiederholt mit Christus in der Mandorla und den vier Evangelistensymbolen in der Kalotte, den Aposteln in der Wandzone und einer Vorhangmalerei im Sockelbereich ein schon im 12. und 13. Jahrhundert beliebtes Schema und dürfte vielleicht eine spätgotische Übermalung einer älteren Vorlage sein.

Von dieser romanischen Ausstattung der Nordkirche haben sich nurmehr Fragmente erhalten: Ein Drachenkopf hinter dem Altar kann zu den im oberitalienisch-adriatischen Raum beliebten Fabelwesen und Kampfdarstellungen romanischer Sockelvelen gehört haben, während wir dem Mäanderfries über der spätgotischen Verkündigung am Chorbogen an der Eingangswand wieder begegnen (Bild XIII). Dort ist der größte und wichtigste Rest der romanischen Malereien erhalten und sichtbar. Gleich neben dem bei der Kirchenerweiterung zur neuen Mittelachse hin versetzten Eingang gewahrt man die vermauerte alte Türe. Über deren Sturz, der mit einer Blattranke verziert ist, erscheint in einem Kreismedaillon die frontale Ganzfigur Christi (Bild 24), die in einem rotbraunen – gemeint ist das kaiserliche Purpur – Gewand einherschreitet, wie es Jesaja (Jes 63,1) in seiner Weltgerichtsvision prophezeite: »Wer ist's, der da von Edom herkommt, (...) in hochroten Kleidern, so prangend in seinem Gewand, einherschreitend in der Fülle seiner Kraft?« In seiner Linken hält Christus die Dornenkrone, die Rechte weist die Wundmale vor; flankiert wird er von der Lanze des Longinus und von Stephatons Ysop mit dem Essigschwamm. Die mächtig ausholende Geste, welche diese Leidenswerkzeuge wie zur Seite fallen läßt, weist den Herrn zugleich als *Christus victor* aus, als Überwinder des Todes.

Beidseits der Kreismandorla sind auf halber Höhe je sechs Apostel zu einer Gruppe zusammengefaßt (Bild XIII). Angeführt von Petrus und Paulus blicken sie akklamierend zu Christus empor. Jeder Apostel ist mit seinem Namen beschriftet.

Unter der stark verblichenen rechten Apostelgruppe erkennt man in einem von der Wand gelösten Bildfeld weitere Figuren, deren Deutung umstritten ist und zugleich die Gesamtinterpretation der Negrentiner Westwand bestimmt. Handelt es sich bei den von Flammen gepeinigten

weiter Seite 125

Die Bildseiten

Zillis

21 *Holzdecke.*
22 *Blick nach Osten (mit Holzdecke und Mäanderfries).*

Prugiasco-Negrentino

23 *Apsisfenster mit Pfauenrelief.*
24 *Fresken der Westwand (Detail): Christus.*
25 *Blick nach Osten.*

Castro

26 *Stuckfigur des Apostels Petrus.*

Muralto

27 *Krypta nach Osten.*
28 bis 32 *Kapitelle in der Krypta.*
33 bis 35 *Verzierte Basen der Kryptensäulen.*

Giornico, San Nicolao

36 *Blick auf Apsis und Chor.*
37 *Südportal.*
38 *Die Kirche von Nordwesten.*
39 *Detail des Südportals: Kapitell-Löwe und scheibentragende Konsolenfigur.*
40 *Detail des Westportals: Löwe des rechten Gewändes.*
41 bis 43 *Taufbecken aus San Michele.*
44 *Das Innere nach Westen.*
45 *Blick zum Chor.*
46 *Löwenrelief am Krypteneingang.*
47 *Hasenkapitell in der Krypta.*
48 *Krypta.*
49 und 50 *Kapitelle in der Krypta.*

PRUGIASCO - NEGRENTINO

MURALTO ▶

◀ CASTRO

28

29

30

31

33

34

GIORNICO ▶

41

42

46

47

49

50

nackten Körpern um Heilige in einer Martyriumsszene, oder haben wir die infernalische Strafe einer Höllendarstellung vor uns, der an der Stelle des heutigen Eingangs eine Paradiesesdarstellung entsprochen hätte? Die Malereien der Eingangswand wären dann als Jüngstes Gericht zu verstehen, was einer weitverbreiteten Bildtradition für Westwanddekorationen entsprechen würde. In unserem Gebiet ist an Müstair zu erinnern; aus der Entstehungszeit der Fresken wären etwa die Mosaiken von Torcello (Venedig) zu nennen, wo links des Portals das Paradies, rechts davon die Hölle dargestellt sind, oder die Fresken in Sant' Angelo in Formis (Capua), wo die Apostel den – allerdings thronenden – Christus in der Mandorla flankieren. So erscheint die Interpretation als Weltgericht plausibler als die etwa von Gilardoni vertretene Deutung, wonach in der unteren Zone ein Heiligenmartyrium und darüber die Auferstehung oder Himmelfahrt Christi dargestellt sei. Denn weder für die Maria noch für die im zweiten Fall doch wohl zu erwartenden Engel läßt sich innerhalb der vorgegebenen Komposition sinnvoll ein Platz finden.

Betrachten wir die Malereien der Westwand in Negrentino nochmals als Ganzes, so muß die ausgewogene Farbgebung auffallen. Es sind insgesamt warme, von bläulichgrün und bräunlichrot dominierte Farben, auf denen das Weiß der Höhungen und mancher Falten und Konturen aufleuchtet. Subtil variieren die Nimben, Ober- und Untergewänder der Apostel farblich; die gleichen Töne kehren im Mäander und schließlich im Regenbogenspektrum der Mandorla wieder. So ergänzt die Kolorierung die großartige Komposition. Die noch lesbaren Bildteile sind verschiedenen Realitätsebenen zugewiesen, die sich zur Gottesvision steigern: Während die Apostel durch Überschneidungen und Hintereinanderreihung einer räumlich und zeitlich definierten menschlichen Ebene zugehören, bleibt der darüber durchlaufende Mäander ornamental-abstrakt. In ihm öffnen sich fensterähnliche Felder, in denen wir Lämmer zur Mitte schreiten sehen. Alles wird überstrahlt von der Mandorla, die den Mäanderfries durchbricht und aus der Christus als triumphierender Weltenherrscher hervortritt.

Farbgebung, Zeichnung sowie die »byzantinischen« Elemente in Motivik und Technik, zu denen Beat Brenk die birnenförmigen Kopfumrisse und keilförmigen Nasenwurzeln sowie die Modellierung der Gesichter mit übereinanderliegenden Farbschichten von ocker über grün und rosa zu weiß zählt, verbinden Negrentino mit einer ganzen Gruppe oberitalienischer Malereien aus der zweiten Hälfte des 11. Jahrhunderts und der Zeit um 1100. In diesen Kreis gehören aus dem Tessin auch die mit Negrentino eng verwandten Wandmalereien in der Kirche Santa Maria Assunta in Sorengo sowie ein jüngst gefundenes Fragment aus San Pietro in Gravesano. Als Hauptmonument dieser ganzen Gruppe ist aber San Pietro al monte sopra Civate zu nennen, eine Kirche, die dank der Qualität und dem Erhaltungsgrad ihrer Stuckdekoration und ihrer malerischen Ausstattung als Schlüsselbau und zugleich Höhepunkt oberitalienischer Frühromanik gelten kann. Dagegen wirkt der romanische Bestand in Sant' Ambrogio Vecchio in Negrentino bescheiden, und doch vermittelt auch diese Kirche wegen ihrer abgeschiedenen Lage fern moderner Hektik und dank der Qualität ihrer Malereien ein selten schönes Bild romanischer Kunst.

Muralto. San Vittore

Als einziger romanischer Bau der Gegend von Locarno hat sich im nordöstlichen Vorort Muralto die Stiftskirche San Vittore erhalten. Hier lag in römischer Zeit das Zentrum der Siedlung, so daß wir an diesem Ort schon im Frühmittelalter eine Kirche vermuten dürfen. Bei San Vittore ist ein solcher Vorgängerbau allerdings bisher nicht nachgewiesen, im Gegensatz zur abgegangenen Stephanskirche, die auf einer Memorie im Gräberfeld am Rande des Vicus fußte. Auch die Schriftquellen zu San Vittore aus vorromanischer Zeit sind durchwegs zweifelhaft. Erstmals als Collegiata wird der Bau dann 1152 erwähnt; bis 1816 war sie zugleich Pfarrkirche von Locarno. Im 17. und im 19. Jahrhundert erfuhr die Kirche größere Umbauten; so wurde 1832–57 das Mittelschiff gewölbt.

Wenig glücklich war auch die 1932 erfolgte Erhöhung des Campanile, dessen Bau – 1524 begonnen – aber nach drei Jahren bereits eingestellt worden war. In den 1960er Jahren restaurierte man die Krypta, jüngst folgte das Schiff, wobei man die Mittelschiffwölbung wieder entfernte und am Obergaden die romanischen Fresken freilegte.

Leider wurden im frühen 20. Jahrhundert die Kanonikerbauten, die sich um San Vittore gruppierten, abgebrochen und die Kirche damit ihres räumlichen Kontextes beraubt. Der dreischiffige Bau ist aus sorgfältig verlegten Granitquadern unterschiedlicher Lagenhöhe gemauert; vereinzelte Marmorblöcke dürften Spolien sein. Lisenen und Blendbogenfries gliedern die basilikale Fassade; Rundbogenfriese umziehen auch die drei Apsiden. Die meisten Fenster sind gegenüber dem Ursprungsbau vergrößert. Der Innenraum der Basilika wird durch Pfeiler unter-

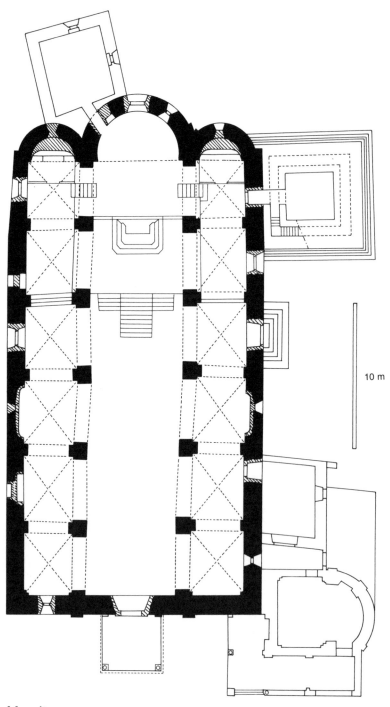

Muralto
San Vittore

teilt; die Seitenschiffe sind kreuzgratgewölbt, während das Mittelschiff einen offenen Dachstuhl zeigt. Wie viele lombardische Bauten hat auch San Vittore kein Querhaus, so daß die drei Schiffe direkt in halbrunden Apsiden enden. Ebenfalls lombardischer Gewohnheit entsprechend, ist der Hauptchor stark erhöht, während sich darunter eine Hallenkrypta weit zum Mittelschiff öffnet. In Muralto ziehen sich Hochchor und Krypta um ein ganzes Joch ins Langhaus hinein und beanspruchen so ein gutes Drittel der Schiffslänge. Auch die Seitenschiffe sind in diesem Bereich leicht erhöht, so daß die Raumaufteilung den Langchorbauten mit Chorflankenkapellen und damit dem auch nördlich der Alpen für Stiftskirchen üblichen Schema gleicht. Versucht man, San Vittore innerhalb der lombardischen Baukunst zeitlich zu situieren, so weist vor allem das nicht nur ungewölbte, sondern auf sämtliche jochbildende plastische Gliederung verzichtende Mittelschiff ins 11. Jahrhundert. Die Bauskulptur wird zeigen, daß wir dabei nicht allzuweit zurückgehen können, sondern mit einer Entstehung im letzten Jahrzehnt vor der Jahrhundertwende zu rechnen haben.

Die romanischen Fresken

Mit der Entfernung der Mittelschiffgewölbe bei der jüngsten Restaurierung wurde es möglich, die Reste der romanischen Fresken an der Obergadenwand freizulegen. Es handelt sich um einen ausführlichen Genesis-Zyklus, wie er in Rom und Mittelitalien für Langhausdekorationen auch im 11.- 13. Jahrhundert fast kanonisch war. Allerdings sind dort – wie bei den großen frühchristlichen Vorlagen in Alt-St. Peter und San Paolo fuori le mura – die Szenen in der Regel einzeln gerahmt, während hier in Muralto die Erzählung vor einem Streifenhintergrund kontinuierlich fortläuft (Bild XVI). Dieses Darstellungsprinzip erinnert an die großen Bilderbibeln karolingischer und romanischer Zeit. Näherliegend ist der von Christoph und Dorothee Eggenberger angeführte Vergleich mit den frühromanischen Fresken im Obergaden von Santi Pietro ed Orso in Aosta, wo wir ebenfalls einen oben mit weißem Band abschließenden, streifigen Grund beobachten können. In Muralto bietet dieser Streifen die Basis, aus der heraus die göttlichen Gestalten in das Geschehen eingreifen. Dabei wird kompositorisch geschickt die Bewegung der von oben agierenden Engel mit derjenigen der menschlichen Figuren verknüpft, wobei die eher stereotype Wiederholung relativ weniger Figurenschemata eine Rhythmisierung der ganzen Erzählung bewirkt. Ikonographisch ist am Zyklus in San Vittore auffällig, welch großes Gewicht den Kain- und Abel-Szenen beigemessen wird. So erscheint unter anderem das nach Rache schreiende Blut Abels (Gen 4,10), hier – ähnlich den Mosaiken in Monreale – personifiziert als rote Orantenfigur (Bild XVI).

Wie in Negrentino werden auch die Fresken von Muralto gegen oben mit einem Mäanderfries abgeschlossen, in dem Felder mit Tieren ausgespart sind. Dieses Motiv ist in der ottonischen und romanischen Wandmalerei beiderseits der Alpen freilich so weit verbreitet, daß ihm bezüglich Lokalisierung und Datierung keine weitere Bedeutung zukommt. So haben denn auch die Fresken in San Vittore mit denen in Prugiasco-Negrentino nichts weiter gemein, obwohl sie ungefähr in der gleichen Zeit – am Ende des 11. Jahrhunderts – entstanden sein dürften. Anders als der Meister in Negrentino griff derjenige in San Vittore die modernen »Byzantinismen« nicht auf, sondern orientierte sich weiter an den uns aus Aosta bekannten Prinzipien der Jahrtausendwende.

Die Krypta

Steigen wir vom Langhaus in die Krypta hinunter, so betreten wir einen der besterhaltenen Kryptenräume der Schweiz. Acht Frei- und vierzehn Wandsäulen teilen den langen, halbrund schließenden Raum in eine dreischiffige Halle mit fünf Jochen (Bild 27). Diese sind mit Kreuzgratgewölben gedeckt und werden durch Gurt- und Scheidbögen begrenzt, die, über dem Halbkreis errichtet, einen hohen Raumeindruck bewirken. Was sich beim Betreten der Krypta durch die Traubenranke, welche den rechten Eingangsbogen ziert, schon ankündigte, erfüllt sich

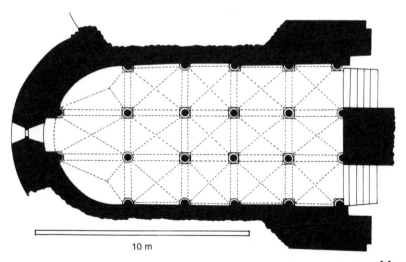

10 m

**Muralto
Krypta**

schließlich in der eigentlichen Krypta in reichem Maße: Sie beherbergt einen umfangreichen Bestand an Bauplastik. Alle Säulen sind mit Kapitellen geschmückt, und auch die attischen Basen verfügen zum Teil über dekorierte Wülste oder Sockel (Bild 35). Schnecken, Tierköpfe und Masken sorgen als Eck-Knollen für zusätzliche Vielfalt (Bild 33 und 34). Die kämpferlosen Kapitelle sind eher flach und weit ausladend, was François Maurer mit dem schönen Bild kommentiert, sie wirkten wie Körbe, deren »Wände vom Gewicht der Gewölbe etwas auseinandergetrieben werden«. Weiter glaubt er, daß die Grundstruktur dieser Kapitelle sich am Würfelkapitell orientierte (Bild 29), wobei die über eines der Wandsäulenpaare gesetzten Würfelkapitelle sofort zeigen, von welch altertümlichen Proportionen dabei ausgegangen wurde. Auffällig ist die außerordentliche Phantasie und Kombinationsfülle, mit der es dem Meister in Muralto gelang, höchste Vielfalt zu erzielen, indem keine zwei Kapitelle gleich gestaltet sind; größtmögliche *Varietas* hieß ganz offensichtlich das angestrebte und erreichte Ziel. Dabei werden Masken und Tierköpfe mit Voluten und Palmetten kombiniert (Bild 30 – 32), wechseln Vollblätter mit akanthusähnlichem Gefieder und Flechtranken mit Lilienblüten und Rosetten.

Diverse Fragmente im Museo Civico im Castello Visconteo in Locarno belegen, daß San Vittore einst noch reicher mit Bauplastik ausgestattet war. Es sind größtenteils mit Ranken oder Rosetten verzierte Platten-, Pfeiler- oder Gesimsfragmente. Eine mit Arkaden gegliederte und durch eine Spiralsäule halbierte Transennenplatte zeigt links ein Seepferdchen und eine Sirene über zwei Reihen Rosettenmedaillons, rechts der Mittelsäule neben einer Blütenrosette eine die Fläche in wilden Schlingungen füllende Blattranke, das Ganze wie kerbschnittartig geschnitzt. Auch die Platten mit gerahmten Löwen- und Greifenreliefs sind flach geschnitten und kaum plastisch modelliert; die Tiere bleiben im Steinblock verhaftet, bzw. scheinen aus dessen Oberfläche ausgestochen. Das gilt auch für die Reste eines Lesepults, auf dem zwei Oranten einen Engel flankieren. Maurer hat diese Reliefs zusammen mit jenen der Kryptenfront einem retrospektiven Meister zugeschrieben, der zur Stilstufe der Nordquerhausfassade von Rüeggisberg (Kt. Bern; um 1070) oder von Sant' Abbondio in Como gehört. Dagegen finden sich manche Eigentümlichkeiten der Kryptenkapitelle im Zürcher Großmünsterchor oder in der Krypta von Schänis wieder. Diese Plastik stammt damit aus jenem Kreis, der nördlich der Alpen im Gebiet der Ostschweiz die Grundlagen für die Bauskulptur des 12. Jahrhunderts legte.

Die Farbbildseiten

Basel, Kunstmuseum

XII   *Madonnenrelief aus Obervaz (Kt. Graubünden).*

Prugiasco-Negrentino

XIII   *Fresken der Westwand: Himmelfahrt oder Jüngstes Gericht.*
XIV   *Blick von Nordwesten ins Bleniotal.*
XV   *Blick von Nordosten.*

Muralto

XVI   *Fresken der Kirchensüdwand: Das Blut Abels fordert Rache.*
XVII   *Fresken der Kirchensüdwand: Kain erschlägt Abel.*
XVIII   *Fresken der Kirchensüdwand: Das Opfer Kains.*

XII

XIII

XVI

MURALTO

XVIII

Giornico. San Nicolao

Aus den Ruinen der Burg oberhalb Giornicos ragt die Kapelle Santa Maria del Castello hervor, ein romanischer Apsidensaal, der in spätromanischer Zeit um ein zweites Schiff mit Rechteckchor erweitert wurde. Die Fenster der beiden mit Lisenen und Blendbogenfriesen verzierten Altarhäuser blicken hinab in die Ebene, wo am Fuße des Burghügels, noch außerhalb des Dorfes, die ehemalige Klosterkirche San Nicolao liegt, die als bedeutendster romanischer Bau des Tessins gilt (Umschlagbild). Ihr Patrozinium mag mit der Lage am alten Paßweg zusammenhängen, war der heilige Nikolaus doch nicht nur Patron der Seefahrer, sondern auch der Reisenden und Kaufleute. Kirche und Kloster wurden 1210 erstmals erwähnt, wobei neben *Fratres* auch Konversen und Dienstleute genannt sind, der Konvent also bereits entwickelt gewesen sein muß. Aufgrund der Konversen glaubte man, auf eine cluniazensische Filiale schließen zu können, doch bezeugt eine Urkunde von 1298 die Abhängigkeit von der berühmten Piemonteser Benediktinerabtei Fructuaria. Wohl im 15. Jahrhundert dürfte sich die Gemeinschaft in Giornico aufgelöst haben, so daß die Eidgenossen, als sie hier 1478 die Mailänder besiegten und sich damit das Tessin sicherten, kaum mehr ein blühendes Kloster angetroffen haben. Seit den Restaurierungen in den 1940er Jahren, bei denen wohl nicht nur jüngere Anbauten, sondern auch die Reste des Klosters weggeräumt wurden, steht die Kirche isoliert.

Der Außenbau

So unhistorisch diese Situation ist, so leicht erlaubt sie, die einfachen und klaren Proportionen der Kirche zu erfassen (Bild 38). Sie sind es, die dem nicht sehr großen Bau eine gewisse Monumentalität verschaffen. Breite und Höhe stehen etwa im Verhältnis 1:1, und das Doppelte dieses Maßes ergibt ungefähr die Länge des Kirchenschiffs. Diesem Hauptvolumen sind drei ebenso einfache stereometrische Körper angefügt: der Chor mit seiner quadratischen Innenfläche und etwa doppelter Höhe, die eingezogene, halbrunde Apsis und – in Oberitalien insgesamt selten, in Paßorten aber öfter anzutreffen – der nicht freistehende Glockenturm, der hier aus der Nordostecke des Langhauses emporragt. Zusammengefaßt wird das Ganze durch das außerordentlich schöne Mauerwerk, das diesen Bau auszeichnet und ihn harmonisch in die Landschaft einbindet. Es besteht aus dem lokal anstehenden Granit, der in Lagen unterschiedlicher Höhe, die meist zwischen flachen Platten und stattlichen Quadern alternieren, aufeinandergeschichtet ist. Die Härte dieses Gesteins prägte – wie wir sehen werden – auch die Bauplastik in entscheidendem Maß. Die Westfassade wird durch vier Lisenen, die bis zur Giebelbasis laufen und dort durch jeweils zwei Rundbogen unter einem Gesims verbunden werden, in drei hohe Felder unterteilt. Im mittleren öffnet sich das exakt zwischen die Lisenen eingepaßte Hauptportal. In lombardischer Art sitzen an der Basis des Stufenportals zwei Löwen, die hier allerdings die Portalsäulen nicht wirklich tragen, sondern diesen vorgesetzt sind (Bild 40). Die sehr blockhaften Raubkatzen scheinen gebannt hinter dem Portalsockel zu verharren, um im nächsten Moment die beiden Kleintiere überfallen zu können, die sich am Gewändefuß nach außen wenden. Während am linken Gewände eine Art zweizoniges Blattkapitell die Säule abschließt, ist die rechte Seite figürlich dekoriert. Ein drachenähnliches Wesen klettert die Säule hoch und wird durch eine Platte von einer menschlichen Figur getrennt, über der Vögel schweben. Alles bleibt sehr im Block verhaftet; immerhin lassen die Vögel Versuche erahnen, zwei zur Ecke gewendete Tiere dort in einem Kopf zu vereinen, wie das in der lombardischen Plastik der Zeit um 1100 öfter zu beobachten ist. In der Mitte der beiden andern Wandfelder wächst knapp über dem Sockel jeweils ein weiteres blockhaftes Tier aus der Wand. In dem leicht über das Langhaus emporragenden Giebelfeld öffnet sich in der Mittelachse ein doppeltes Bogenfenster, darüber eine kreuzförmige Luke.

Gänzlich unabhängig von der Fassadendekoration ist die sehr viel einfachere des Langhauses. Die Lisenen werden nicht um die Ecke geführt, so daß der Rundbogenfries, der die Langhausseiten ziert, unvermittelt einsetzt. Im Süden zieht sich die Bogenreihe die ganze Flanke entlang, im Norden wird die Wand durch eine Mittellisene gegliedert; zwischen dieser und dem Turmansatz brechen die Blendbogen ab. Die Langhausmitte wird auch auf der Südseite hervorgehoben, öffnet sich doch unmittelbar östlich davon ein Seitenportal, durch das einst die Mönche den ihnen reservierten Ostteil der Kirche betraten (Bild 37). Es ist etwas einfacher gestaltet als das Westportal, wird aber durch eine hohe Ädikula hervorgehoben, die in der Tradition lombardischer Portalvorbauten steht. Wiederum sind die Kapitelle der Portalsäulen figürlich geschmückt: Links ein zurückblickender Vierbeiner, der über einem Blattkranz emporklettert (Bild 39), rechts ein Engel, der in der Diagonale des Blocks steht und damit eine – gegenüber den Figuren des Westportals – größere Autonomie aufweist. Während die Basen und Sockel am Südportal unverziert bleiben, sind die Kragsteine, die den Türsturz tragen, als aparte bärtige Köpfe gestaltet. Gänzlich ohne äußere Zier bleibt das Altarhaus, während sich unter der Apsistraufe wiederum ein Rundbogenfries entlangzieht. Wie bei den Konsolen des Langhauses sind auch hier einige mit Masken oder ornamentalen Mustern verziert.

Das Innere

Betritt man den schlichten, wohlproportionierten Saal, so steht man sofort im Banne der Ostpartie mit ihrem hochliegenden Chor (Bild 45). Unter diesem öffnet sich eine Hallenkrypta weit zum Kirchenschiff, in dem wir vorerst verweilen wollen. Sockelartige Wandbänke erstrecken sich entlang den ungegliederten Langhauswänden. Einzig die mit einem Kämpfer abgeschlossenen Wandpfeiler in der Mitte der Langseiten setzen eine Zäsur und zeigen auch im Inneren, daß einst nur die Westhälfte dem Volk zugänglich war (Bild 44). Eine Arkadenreihe oder eine Transenne wird hier den Raum geteilt haben. Unmittelbar westlich davon kam in der Mitte des Saales eine kleine unterirdische Kammer zum Vorschein, deren Deutung unklar ist, die aber wohl mit einem an dieser Stelle zu erwartenden Leutaltar in Zusammenhang gestanden haben dürfte. In der Nordostecke ragt der Glockenturm ins Schiff hinein; seinen Sockel hat man mit hohen schlanken Arkaden zweiseitig geöffnet. Glaubten Hans Reinhardt und Adolf Reinle noch, dafür letztlich nordalpine Vorbilder bemühen zu müssen, so hat Gilardoni auf mehrere Vergleichsbeispiele in der Gegend von Como und im Umkreis von Vercelli – wo das Mutterkloster Fructuaria liegt – aufmerksam gemacht.

Unter dem Turm setzt auch die eine Flanke der zum Chor hochführenden Bogentreppe an, die in dieser eleganten Form aus der Barockzeit stammen dürfte. Der Chor selbst wird von einem Kreuzgratgewölbe überdeckt, das mit der spätgotischen Darstellung des Lammes

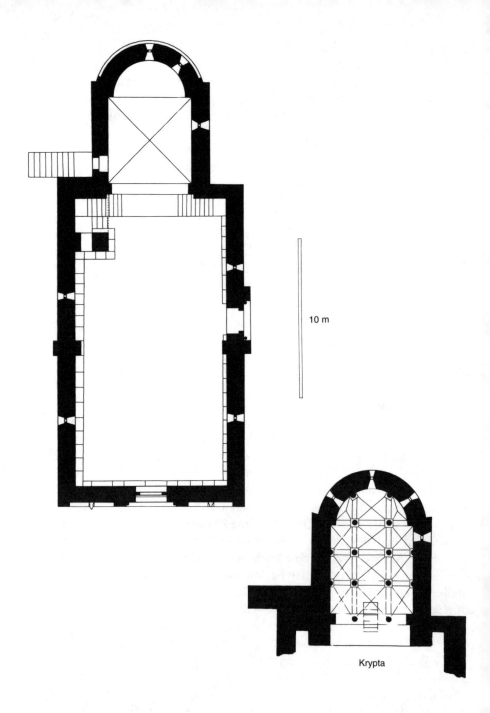

Krypta

Giornico

Gottes verziert ist. Vollständig bemalt ist die Apsis: In der Kalotte die *Majestas Domini*, darunter Heilige und eine Kreuzigungsgruppe, dazwischen über dem Fenster die Dreifaltigkeit. Unter dem südlichen Fenster sind die Fresken signiert und datiert: Wieder ist es einer der Seregnesen – Nicolao da Seregno – der einen romanischen Chor ausmalte. Ob das Datum 1478 zufällig mit dem der Schlacht bei Giornico zusammenhängt? Genauere Untersuchungen müßten die damalige Stellung von San Nicolao zu klären suchen.

Auch die älteren Malereireste im Kirchenschiff harren einer eingehenden Prüfung: An der Nordwand sind es Reste eines spätromanischen Abendmahls, dessen gedeckter Tisch einen interessanten Einblick in den Geschirrbestand der Zeit bietet. Gegenüber an der Südwand drei Heilige, von denen ein Bischof und ein Mönch noch gut erkennbar sind, und schließlich gleich neben dem Seitenportal die Reste eines mächtigen Christophorus – Fresken, die im Laufe des 13. Jahrhunderts entstanden.

Die Krypta

Ganz in oberitalienischer Tradition steht die Hallenkrypta unter dem Hochchor, die sich mit allen drei Schiffen zum Langhaus hin öffnet. Ähnlich muß einst der Zugang zur Krypta von Muralto gewesen sein, und ähnlich ist auch die an Italien orientierte Situation im Churer Dom. Entsprechend der quadratischen Chorform hat die Krypta von Giornico dreimal drei durch Gurt- und Scheidbogen getrennte und von Kreuzgraten überwölbte Joche, an welche die eingezogene Apsis mit drei verformten Jochen anschließt (Bild 48). Die Kapitelle der Wandpfeiler am Krypteneingang sind als kauernde Raubtiere geschaffen, die den Zugang bewachen (Bild 46); ein ähnliches Relief ist auch am Triumphbogen in die Wand eingelassen. Die Säulen des Krypteneingangs zieren dagegen Vollblattkapitelle, die mit ihren zwei Blattkränzen, den (allerdings bis in den Abakus angehobenen) Helices und den Abakus-»Blüten« den antiken Apparat erkennen lassen. Andere Blattkapitelle in der Krypta lösen sich hingegen völlig von diesem Schema und zeigen rein ornamentale Muster. So wird bei einem die ehemalige Volute zur Girlande, die an den Ecken befestigt scheint und deren Anordnung zu einer dem Würfelkapitell ähnlichen Struktur führt. Ähnliches läßt sich an den phantasievollen Tierkapitellen beobachten, die Maurer in zwei Gruppen unterteilt: »... die Tiere (stehen) entweder vor einer klar umgrenzten architektonischen Grundform als selbständige, körperhafte Wesen, oder aber sie werden selbst zum Steinblock, zum architektonischen Teilwesen« (Maurer 1971, S. 66). Letzteres wird beim »zweileibigen« Tier deutlich, dessen im Profil gegebenen Körper jeweils eine einander gegenüberliegende Kapitellseite bilden und in der Mitte der verbindenden Fläche in einem frontal dargestellten Kopf zusammenlaufen (Bild 50). Je ein Vorder- und ein Hinterbein eines Tieres markieren säulenartig eine Kapitellkante. Bei zwei anderen Kapitellen werden dagegen die Ecken durch Köpfe von Stein- oder Ziegenböcken akzentuiert (Bild 49). Körper fehlen hier ganz, die Köpfe scheinen der verlängerten Säule zu entwachsen, und nur die Hörner stellen die Verbindung zur Deckplatte und zu den benachbarten Köpfen her. Zur anderen Gruppe gehört der Löwe eines Wandkapitells, der aufzustehen scheint, dabei aber von der Deckplatte gehindert wird. Obwohl die Grundform des Blockes noch spürbar ist, löst sich das Tier doch weitgehend vom Hintergrund, den es größtenteils verdeckt und damit den Übergang vom Rundpfeiler zur Deckplatte verschleiert. Vollends aufgesetzt und ohne strukturellen Zusammenhang mit dem Kapitellblock ist dann der kauernde Hase über dem andern Wandpfeiler in der Apsis (Bild 47). Eine eigene Gruppe bilden schließlich die urtümlichen »Kapitelle« der Längswandvorlagen: Um diese irgendwie abzuschließen und von den Gurten zu trennen, ragen verzierte Steinblöcke aus der Wand hervor. Gerade der Vergleich mit ihnen läßt nachvollziehen, wie die Steinmetzen beim Übergang von der Säule zum Rechteck der Gewölbebasis trotz aller Eigentümlichkeiten elementare Grundlagen des Kapitells beibehielten.

Die Bauplastik von San Nicolao kennt keine direkten Vergleiche; allzusehr ist sie auch vom Material, von der Härte des Granits geprägt. Dennoch ist sie der chronologisch empfindlichste Teil des Baus; sie läßt sich am genausten datieren. Da gewisse Motive an Muralto, andere an das Langhaus von Payerne erinnern, scheint die von Maurer vorgeschlagene Datierung ins zweite Jahrzehnt des 12. Jahrhunderts plausibel. Die exakt proportionierten Baukörper, die äußerst sorgfältigen Quadermauern sowie der ins Langhaus hineingezogene Glockenturm machen wahrscheinlich, daß San Nicolao nicht in erster Linie das Werk örtlicher Bauleute war. Vielmehr liegt nahe, daß zumindest das Konzept und vermutlich auch die Bauleitung vom Mutterkloster San Benigno Canavese in Fructuaria kamen und wir ihm diese Zierde der Leventina zu verdanken haben.

Das Taufbecken aus San Michele

Seit der letzten Restaurierung steht im Schiff von San Nicolao ein sechseckiges Taufbecken, das mit der figürlich verzierten »vas amplum lapideum antiquum (dem großen alten Steinbecken)« identisch sein dürfte, das in Carlo Borromeos Visitationsbericht von 1567 in der dreischiffigen Friedhofskirche San Michele in Giornico erwähnt wird. Dieser nahe bei San Nicolao gelegene romanische Bau ist gänzlich verschwunden und in mehreren Etappen durch einen barocken Neubau ersetzt worden, der noch heute dem Erzengel geweiht ist.

Vier Seiten des Beckens sind mit Reliefs geschmückt (Bild 41 – 43), die beiden andern blieben leer und deuten damit auf einen ursprünglichen Standort des Beckens in Wand-, Pfeiler- oder Schrankennähe. Die Ecken werden durch unterschiedlich verzierte Pfeilerchen betont, die zugleich die Bildfelder rahmen. Gegen den Uhrzeigersinn zeigen diese ein als Steckkreuz ausgebildetes »Krückenkreuz« neben einer Rosette; im nächsten Feld dann dreimal drei flach reliefierte Rosetten, wobei die Blätter der mittleren kreuzförmig angeordnet sind. In den beiden übrigen Feldern sind in blockhaftem Relief Tiere dargestellt: im ersten eine Ziege, die auf einem Vogel steht, im folgenden ein gegenläufig angeordneter Hund. Eine Deutung dieser Figuren – etwa im Kontext der Taufsymbolik – steht noch aus. Auch eine exakte Datierung ist kaum möglich, so daß man es bei der allgemeinen Charakterisierung als romanisch bewenden lassen muß.

Lange Zeit wurde das Becken aufgrund seiner Größe von der Bevölkerung als Brunnentrog genutzt. Der Monolith ist 90 cm hoch und im Durchmesser zwischen 125 und 174 cm weit. Er ist damit ein weiterer Zeuge für das formale Beharrungsvermögen frühchristlicher Taufarchitektur in Oberitalien, wo noch im Hochmittelalter freistehende Baptisterien errichtet und Taufbecken geschaffen wurden, deren Dimensionen den altchristlichen Ritus des Eintauchens erwachsener Personen ermöglicht hätten.

Kurzbeschreibungen weiterer romanischer Werke im Tessin

BIASCA. SAN PIETRO. Biasca war Hauptort der drei ambrosianischen Täler Riviera, Blenio und Leventina, die seit 948 dem Mailänder Domkapitel gehörten. Bereits im St. Galler Verbrüderungsbuch von 830 sind Kleriker von »Aviasca« erwähnt, anfangs des 13. Jahrhunderts wird dann die Propstei S. Pietro explizit genannt. Die auf einer schräg abfallenden Terrasse über dem Tal gelegene Kirche ist gewiß älter als diese Nennung und in der Zeit um 1100 errichtet worden, dürfte aber bereits einen Vorgänger gehabt haben. Als einzige romanische Kirche der ambrosianischen Täler ist sie dreischiffig und verrät schon dadurch ihre Bedeutung. Es handelt sich um eine Stufenhalle, deren Mittelschiff die Seitenschiffe nur um einen schmalen, unbelichteten Mauerstreifen überragt. Ringsum gliedern Lisenen und Blendbogen die Wände; im Westen und Norden ist es die entwicklungsgeschichtlich ältere Form mit jeweils nur einem Bogen, an den übrigen Seiten, der halbrunden Apsis und am Turm, der in die Nordwestecke inkorporiert ist, sind es Rundbogenfriese, welche die Lisenen verbinden. Wie in Giornico öffnet sich auch hier im Giebelfeld der Fassade ein Zwillingsfenster und eine Kreuzluke; dazwischen verläuft ein flacher Blendbogenfries, der die leichte Erhöhung des Mittelschiffs an der Fassade hervorhebt und so den pseudobasilikalen Aufriß unterstreicht.

Über eine Freitreppe des 17. Jahrhunderts überwindet man den geländebedingten Fassadensockel und gelangt zum Eingang, der von einer offenen Vorhalle des 18. Jahrhunderts überhöht wird. Längsrechteckige Pfeiler mit einfach profilierten Deckplatten unterteilen den flach gedeckten Innenraum. Nach Osten steigt das Bodenniveau deutlich an; da sich zugleich das Mittelschiff verengt und die Raumhöhe abnimmt, führt dies zu einer starken optischen Sogwirkung zur Apsis. Daß diese direkt auf dem Felsen gründet, wird in der südlichen Nebenchorkapelle deutlich, wo das rohe Gestein sogar über das Bodenniveau herausragt. Das enorm schwierige Baugelände wurde so geschickt genutzt, um einen wirkungsvollen, physisch erlebbaren Aufstieg vom Dorf zur Kirche und in dieser zum Chor hin zu inszenieren und damit an das Wort Jesajas (Jes 2, 2–3) anzuknüpfen: »Und es wird geschehen in den letzten Tagen, da wird der Berg mit dem Hause des Herrn festgegründet stehen an der Spitze der Berge und die Hügel überragen; und alle Völker werden zu ihm hinströmen, und viele Nationen werden sich aufmachen und sprechen: ›Kommt, lasset uns hinaufziehen zum Berg des Herrn, zu dem Hause des Gottes Jakobs, daß er uns seine Wege lehre ...‹.«

Das Chorjoch und die flach schließenden Nebenchöre sind mit einem auf Konsolen ruhenden Kreuzrippengewölbe überdeckt. Im Mittel- und im nördlichen Seitenschiff sind diese mit einem unregelmäßigen Schachbrettmuster bemalt. Manche Felder sind nicht flächig koloriert, sondern mit Figuren und Tieren ausgefüllt, wobei angesichts der einfachen Strichtechnik hierfür einmal die Charakterisierung »volkstümlich« angebracht ist. Eine Datierung ist nicht möglich; trotz des zweifellos romanischen Formenschatzes ist auch eine wesentlich jüngere Entstehung nicht auszuschließen. Ähnliches gilt von den zwei Steinreliefs im linken Seitenschiff, deren Vierbeiner an die Plastik von Giornico gemahnen. In der ganzen Kirche wandteppichartig verteilt sind weitere Wandmalereien vom 13.–17. Jahrhundert, die San Pietro zu einer Galerie fast aller wichtigen Strömungen der Tessiner Malerei machen. Das einzige gesicherte (spät-)romanische Bild ist der Christophorus, der außen rechts von der Eingangstür einst von weitem sichtbar war, inzwischen aber sehr stark verblichen ist.

CADEMARIO. SANT' AMBROGIO. Wie die ehemals ebenfalls Ambrosius geweihte Kirche von Negrentino war auch diejenige von Cademario im Malcantone ursprünglich ein Rechtecksaal mit eingezogener Apsis, und auch sie wurde wohl im 13. Jahrhundert durch einen südlichen Anbau zu einer zweischiffigen Halle erweitert. In dieser Zeit dürfte im Nordwesten zudem der Campanile angefügt worden sein, während der gewölbte Rechteckchor, der die Ausrichtung der Kirche nach Norden wendete, aus der Barockzeit stammt. In der alten Apsis hat sich die malerische Dekoration aus der ersten Hälfte des 13. Jahrhunderts erhalten. In einer von ockergelb, blaugrau und dunkelrosa geprägten Farbigkeit ist hier gewissermaßen ein Standardprogramm für spätromanische Landkirchen abzulesen, wie wir es mit nur geringen Abweichungen auch in S. Vigilio in Rovio, S. Ambrogio in Camignolo, S. Materno in Ascona und S. Remigio in Corzoneso (s. unten) wiederfinden: In der Kalotte die *Majestas Domini* mit dem thronenden Christus in einer spitzovalen Mandorla, umgeben von den geflügelten Evangelistensymbolen, darunter in der Apsisrundung die Jünger Jesu. Zu ihnen gesellt sich in Cademario – wie übrigens auch in Rovio – die betende Maria, so daß die ganze Apsisdekoration zu einer Darstellung der Himmelfahrt Christi wird, der zusätzlich der Titelheilige beiwohnt. Die Apsisstirnwand wird von der Verkündigung an Maria geziert; von links schwebt der Engel heran, auf dessen Spruchband der marianische Gruß »AVE MARIA GRACIA PLENA ...« zu lesen ist; von rechts tritt die Angesprochene mit einem Buch unter dem Arm aus einer Tür. Ein heute verblaßtes Medaillon im Scheitel des Apsisbogens zeigte einst das Lamm Gottes. Die Eigentümlichkeiten des Malers von Cademario sind am deutlichsten am Engel Gabriel zu registrieren: Die Falten des stoffreichen Engelgewandes sind von jeder körperlichen Logik weitgehend gelöst und zu ornamentalen Wulsten und Bändern geworden. Die Zeichnung ist stark vereinfacht und folgt stets den gleichen Schemata, so daß auch die Köpfe der Figuren fast austauschbar sind. Diese Reduktion und die damit verknüpfte Ornamentalisierung führt dazu, daß die Figuren von Cademario auf eigentümliche Weise den gut vierhundert Jahre älteren in Naturns im Vintschgau gleichen.

Aus Sant' Ambrogio stammt des weiteren ein knapp 30 cm hohes romanisches Vortragekreuz aus Kupfer. Der Kruzifixus auf der gerahmten Vorderseite steht zwar noch auf einem Suppedaneum, folgt aber bereits der jüngeren Ikonographie des tot mit gesenktem Haupt dargestellten Christus. Auf der Rückseite sind in fünf Medaillons in ungelenker Weise das Agnus Dei und die Evangelistensymbole eingeritzt.

CASTRO. DIE STUCKFIGUR IN DER PFARRKIRCHE SAN GIORGIO. Die 1205 erstmals erwähnte Georgskirche südlich außerhalb von Castro im Bleniotal war einst zweischiffig und hatte eine bemalte Apsis. Allerdings wurde dieser Bau 1867 zugunsten eines klassizistischen Neubaus abgebrochen. Erhalten hat sich eine beachtenswerte romanische Stuckfigur, die in einem Nebenraum dieser neuen Kirche aufbewahrt wird (Bild 26). Die 90 cm hohe männliche Figur ist antikisch mit Tunika und Pallium gewandet, hält in der Linken ein Buch und hat die Rechte grüßend erhoben. Starr blickt der bärtige Mann geradeaus. Nicht nur aus dem Buch ist zu erschließen, daß der Dargestellte ein Apostel ist, sondern auch aus zahlreichen motivischen Parallelen mit andern romanischen Apostelfiguren. Über den ursprünglichen Kontext dieser Stuckplastik läßt sich nur noch spekulieren, da weder Karl Borromäus noch sonst ein Besucher der alten Kirche plastischen Schmuck erwähnt. Es scheint, als sei das plastische Ensemble, zu dem die Apostelfigur zweifellos gehörte, schon früh zerstört worden. Da die Plastik bereits in ihrem fragmentarischen Zustand etwas größer ist als die beiden Stuckapostel in Corzoneso – mit denen sie in Motiv und Stil manches verbindet –, ist eine ähnliche Funktion als Altarantependium eher unwahrscheinlich. Zu erwägen ist vielmehr die Zugehörigkeit zu einem Ziborium wie in Civate bei Como oder zu einer Wanddekoration, wie das für die Apostel im niedersächsischen Gandersheim erwogen wurde. Diese werden aber auch für einen Lettner beansprucht, einen Einbau, der für die als »parvule« (klein) beschriebene Georgskirche von Castro kaum in Betracht kommt.

CORZONESO. SAN REMIGIO. Von den drei ins Hochmittelalter zurückreichenden Gotteshäusern Corzonesos ist die kleine, einsam im Tal gelegene Remigiuskapelle die interessanteste. 1249 erstmals erwähnt, dürfte der kleine Apsidensaal damals bereits mehr als ein Jahrhundert gestanden haben. Dieser Kernbau wurde wie die Ambrosiuskirchen in Cademario und Prugiasco-Negrentino sekundär um ein zweites Schiff erweitert, das hier allerdings im Norden liegt und über eine eigene Apsis verfügt; weil der im Nordwesten gelegene Eingang in den Hauptraum frei bleiben mußte, ist er zudem etwas kürzer als der Urbau. Langhaus, Westfassade und Apsis dieses Urbaus sind mit Lisenen und Blendbogenfriesen verziert; ein ursprünglicher Südeingang ist heute vermauert.

In der Apsis und am Chorbogen des Hauptbaus finden sich Reste spätromanischer Malereien, die nach Ablösen manieristischer Fresken 1945 freigelegt wurden. Sie zeigen – wie bei Cademario erwähnt – quasi das »Standardprogramm« Tessiner Landkirchen des Hochmittelalters: Die Majestas Domini, darunter die Apostel, die hier mit ihren Namen beschriftet und durch Fensterchen in Dreiergruppen aufgeteilt sind. Der Apsisbogen ist auch in Corzoneso mit einer Verkündigungsgruppe dekoriert, während an der Südwand Nikolaus im Bischofsornat erscheint, daneben Christophorus, zu dessen Füßen sich im Wasser Fische tummeln. Auch diese Wandgemälde werden aus dem 13. Jahrhundert stammen, möglicherweise sind sie etwas jünger als diejenigen in Cademario. Soweit ihr Zustand eine Beurteilung erlaubt, unterscheiden sie sich stilistisch von diesen vor allem durch einfachere, großflächige Formen mit einem weitgehenden Verzicht auf Binnenzeichnung jenseits der Konturen.

Aus romanischer Zeit stammen die Stuckplastiken, die den rekonstruierten Blockaltar zieren: Die Frontseite wird von Halbsäulen gerahmt, zwischen denen zwei gut 80 cm hohe Apostelfiguren stehen. Gewißheit über den ursprünglichen Standort dieser Stuckapostel haben wir aber auch hier nicht; Gilardoni vermutet sogar, sie stammten aus der Pfarrkirche SS. Nazario e Celso und Borromeos Beschreibung eines schönen, von mehreren Steinfiguren umgebenen Altars hätte sich auf diese Stuckapostel bezogen. Die Köpfe der beiden erhaltenen Figuren sind zerstört, ihre Körper sind völlig gleich gestaltet: mit antikischen Gewändern, dem Buch in der linken Hand, die Rechte grüßend auf Schulterhöhe erhoben. Offensichtlich hat man mit Schablonen (oder mit Gußformen?) gearbeitet. Eine präzise Datierung ist schwierig: Während die antikischen Gewandmotive und die großen Hände in ottonische Zeit zurückweisen, sprechen die gedrängten Figurenproportionen eher für eine Entstehung in den ersten Jahrzehnten des 12. Jahrhunderts.

LUGAGGIA-SUREGGIO. SANTI PIETRO E PAOLO. Erste Erwähnung findet das Kirchlein von Sureggio im Valle Capriasca im 13. Jahrhundert. Ausgrabungen durch Pierangelo Donati haben allerdings ergeben, daß der Bau sehr viel älter ist: Die Mauern des Schiffs gehen auf eine karolingische Saalkirche zurück, die in eine Zwillingsapsis mündete. Diese eigentümliche Chorform steht vermutlich im Zusammenhang mit dem Doppelpatrozinium der Kirche. Zusammen mit Mendrisio und den Kirchen von Comacina (Como) ist hier im Bereich von Luganer und Comer See jedenfalls ein Schwerpunkt dieses Bautyps zu registrieren, der in der Romanik dann in den südlichen Alpentälern des Sopraceneri eine Nachfolge fand. In Lugaggia fügte man in dieser Zeit im Südwesten den Campanile an, dessen oberstes Geschoß allerdings nachromanisch ist. Das gilt möglicherweise auch für den Rechteckchor, der die Zwillingsapsiden ersetzt.

Gewiß aus dem 12. Jahrhundert – wohl aus dessen zweiter Hälfte – stammt hingegen der christologische Freskenzyklus, dessen Reste den westlichen Teil der Schiffwände schmücken. An der Südwand sind aus der Jugend Christi die Darbringung im Tempel und die Flucht nach Ägypten erhalten, zu ergänzen wären wohl östlich davon die Verkündigung an Maria und die Geburt Jesu. Gegenüber an der Nordwand sind es Passionsszenen: Zu erkennen sind eine figurenreiche Kreuzigung und die drei Frauen am leeren Grab Christi, auf dem ein Engel sitzt. Rechts dieses erhaltenen Teils sind das Abendmahl und der Einzug in Jerusalem zu vermuten. Die Zyklen bewegen sich jeweils auf die Westwand zu, wo sie in einem Weltgericht gegipfelt haben dürften. Gefaßt werden die Bildstreifen von einem Mäander- und einem Wellenrankenband, unter dem ein weiteres Register mit z.T. schwer verständlichen Szenen folgt. Interessant ist das letzte Bildfeld der Nordwand mit einem Strauß (STRUCIO) vor einer mit MEDIOLANUM (Mailand) beschrifteten Stadtdarstellung. Während letzteres auf die Zugehörigkeit Lugaggias zur Erzdiözese Mailand anspielt, bezieht sich der Strauß gemäß einer im Mittelalter geläufigen Typologie auf die Auferstehung, die hier im oberen Register dargestellt ist: Weil der Strauß nämlich seine Jungen von der Sonne ausbrüten ließe, gleiche er dem Bild Christi, der durch Gottvater auferweckt worden sei. Entsprechend ist in Lugaggia auch ein Straußenei auf dem Grab Jesu dargestellt, womit wir wohl ein frühes Bildzeugnis eines Brauches haben, der in manchen Gegenden bis in unser Jahrhundert weiterlebte, indem man zwischen Karfreitag und Ostersonntag in der Kirche ein Straußenei aufhängte.

RIVA SAN VITALE. BAPTISTERIUM. In Riva San Vitale, am Ende eines Arms des Luganer Sees, steht als ältestes erhaltenes kirchliches Gebäude der Schweiz ein frühchristlichen Taufhaus. Es wurde gegen Ende des 5. Jahrhunderts als Zentralbau mit Umgang errichtet: einem Quadrat ist ein Oktogon eingeschrieben, dessen Diagonalseiten in vier Nischen ausbuchten. Im Zentrum des Baus ist eine achteckige Piscina eingetieft. Bereits im Frühmittelalter fügte man an die Ostseite eine kleine Apsis an, die in karolingischer Zeit erweitert wurde. Die Piscina überdeckte man mit einem riesigen steinernen Taufbecken. Im Laufe der Jahrhunderte wurde außerdem der Umgang aufgegeben; weitere größere Eingriffe unterblieben jedoch, so daß der kleine quadratische Bau mit seinem oktogonalen Tambour und der von Blenden gegliederten Apsis bis heute auf singuläre Weise für die frühe christliche Baukunst in der heutigen Schweiz zeugt. In unserem Zusammenhang interessieren aber vor allem die Malereien in der Apsis und in den beiden apsisflankierenden Nischen. Die eindrückliche Kreuzigung mit dem auf seine Peiniger Longinus und Stephaton herabblickenden Christus stammt aus der Wende vom ersten ins zweite Jahrtausend. Daneben ein spätgotisches Bild des Lokalheiligen Manfred Settala, der 1217 starb und in der neben dem Baptisterium liegenden Pfarrkirche von Riva beigesetzt wurde. Die übrigen Malereien sind romanisch: im Gewölbe der Apsis das Haupt Christi, im Bogen Heiligenpaare unter Arkaden. In der nördlichen Apsidiole ist in einer auf den Zackenstil des frühen 13. Jahrhunderts weisenden, sehr graphischen Malerei das Jüngste Gericht dargestellt. Unter dem in der Mandorla thronenden Weltenrichter erweckt links ein Engel die Toten; rechts wird – wie im karolingischen Müstair – von einem weiteren Engel der Himmel eingerollt (Offb 6,14). Die südliche Nische ist der Muttergottes gewidmet: An der Wand die Geburt Christi mit Maria – gemäß byzantinischer Bildtradition – auf dem Wochenbett; rechts das Bad des Neugeborenen, dazwischen in gedrängter Darstellung die Verkündigung an die Hirten. Die Himmelfahrt der *Maria orans* in der Konche lehnt sich formal stark an die Gewölbedarstellung der Nordnische an. Brenk hat darauf aufmerksam gemacht, daß mit dieser »Einführung Mariens ins Weltgericht (...) ein der byzantinischen Deesis verwandtes, mariologisches Weltgericht« geschaffen worden sei. Das Malereiprogramm des Baptisteriums von Riva, das entsprechend der Funktion des Gebäudes dem Taufthema der Wiedergeburt gewidmet ist, erhält damit eine stark mariologisch geprägte Ausrichtung und reflektiert so die damals aktuelle Theologie vor allem französischer Gelehrter des 12. Jahrhunderts wie Bernhard von Clairvaux und Hugo von St-Victor.

Französische Schweiz (Romandie)

Romainmôtier. Die ehemalige Klosterkirche

Zusammen mit St-Ursanne gehört Romainmôtier (Kt. Waadt) zu jenen frühen Juraklöstern, deren Lage abseits der Hauptströme des modernen Verkehrs noch etwas von der Ruhe und Geborgenheit des mittelalterlichen Klosterlebens erahnen läßt und auch den heutigen Besucher zur erholsamen Besinnung einlädt (Bild 51). Die Kirche von Romainmôtier ist überdies eines der wichtigsten Beispiele burgundischer Cluniazenserarchitektur des 11. Jahrhunderts, das in der Architekturgeschichte stets als Zeugnis für das weitgehend verlorene Mutterkloster zitiert wird.

Geschichte

Nach der Gründungslegende soll Romainmôtier um die Mitte des 5. Jahrhunderts vom heiligen Romanus mit Hilfe seines Bruders Lupicinus errichtet und schon bald nach dem Gründer benannt worden sein; daraus entwickelte sich dann im Hochmittelalter der Name *Romani Monasterium*, französisch *Romeinmostier*. Neuere archäologische Grabungen haben ergeben, daß die frommen Brüder ihre Neugründung nicht im Niemandsland, sondern auf einem schon in römischer Zeit besiedelten Areal errichteten. Das Kloster scheint zu Beginn des 6. Jahrhunderts floriert zu haben, denn im Jahre 515 holte König Sigismund eine Schar Mönche aus Romainmôtier für seine neu gegründete Abtei St-Maurice d'Agaune. Ein Jahrhundert später hatte sich die Situation jedoch offenbar deutlich verschlechtert. Die *Vita Columbani* bezeugt vor dem Jahre

642, daß erst eine wohl mit Baumaßnahmen verbundene Donation des burgundischen Herzogs Chramnelenus und seiner Gattin Ermendrudis das Kloster von neuem belebte. Nochmals gut hundert Jahre danach, an Weihnachten 753, weilte Papst Stephan II. auf seiner Reise zur Krönung Pippins des Kurzen in Romainmôtier, weihte die Kirche den Apostelfürsten Petrus und Paulus und nahm das Kloster unter seinen Schutz.

Am 10. Juni des Jahres 888 schenkte König Rudolf I. von Hochburgund das Kloster seiner Schwester Adelheid, die dort in der Folge vierzig Jahre als Äbtissin lebte und ihren Besitz schließlich testamentarisch Abt Odo von Cluny vermachte. Daran hatte sie die Bedingung geknüpft, das Kloster wiederherzustellen und es jeder weltlichen Obrigkeit zu entziehen. Als siebter Konvent wurde Romainmôtier damit der später so mächtigen Abtei Cluny unterstellt. Papst Johannes XI. bestätigte 931 die Schenkung, doch scheint danach der Besitz wieder in königliche Hände gekommen und wohl als Stift weitergeführt worden zu sein. Zwischen 966 und 981 wurde Romainmôtier dann aber aufgrund einer neuerlichen Schenkung König Konrads und seiner Gemahlin Mathilde definitiv Cluny unterstellt und blieb es zunächst bis 1447 als Priorat, danach noch 90 Jahre im Rang einer Abtei. Romainmôtier war damit das erste Cluniazenserkloster im Gebiet der heutigen Schweiz; Bursins, Payerne, Rüeggisberg, Rougemont und Münchenwiler – um nur die Bauten des 11. Jahrhunderts zu nennen – sollten alsbald folgen.

996 wird Odilo von Cluny (994–1049) als Abt erwähnt; in seiner Amtszeit wurde der Bau, wie sein Biograph Jotsald berichtet, *a fundo constructum*, d.h. von Grund auf erneuert. Unter Prior Stephanus (vor 1087) stellte man Einkünfte *in utilitatem ornamenti ejusdem ecclesie*, also zur Dekoration der Kirche, zur Verfügung. Damals oder vielleicht auch erst in der Zeit um 1100 wurde die zweigeschossige Vorkirche angefügt. Dieser baute man im 13. Jahrhundert eine kleine Eingangshalle vor. Am Ende desselben Jahrhunderts wurde das Mittelschiff neu eingewölbt. Im 14. Jahrhundert erneuerte man in Etappen den Chor sowie den Kreuzgang südlich der Kirche. 1536 eroberten die Berner die Waadt und säkularisierten das Kloster. Die Kirche ist seit 1537 reformierte Pfarrkirche; in der Folge wurden die Konventgebäude weitgehend abgebrochen, weshalb man die Kirche mit massiven Strebepfeilern verstärken mußte.

Eine erste umfangreiche Restaurierungskampagne, verbunden mit archäologischen Grabungen, führte Albert Naef 1896 bis 1900 und 1904 bis 1915 durch. In den letzten Jahren erfolgten erneut Unterhaltsarbeiten, die zur Zeit (1996) noch andauern. Im Zusammenhang mit diesen Restaurierungen wurde das Areal im ehemaligen Konventbereich unter der Leitung von Peter Eggenberger auch archäologisch untersucht, wodurch sich unsere Kenntnisse vor allem zur Frühgeschichte des Klosters beträchtlich erweitert haben.

Vorgängerbauten

Bereits Albert Naef hat um die Jahrhundertwende im Kircheninneren die Reste zweier Vorgängerbauten ergraben, deren Grundrisse im heutigen Kirchenboden markiert sind. Im Pförtnerhaus nördlich der Vorhalle geben Pläne und ein Modell über die Vorgängerstrukturen Auskunft. Beide Kirchen waren Saalbauten mit ungefähr quadratischen Annexen auf der Höhe der Chorsehne. Die erste, insgesamt 15 m lange Kirche verfügte über eine eingezogene und gestelzte Apsis. Der ebenfalls eingezogene Chorschluß des 8 m längeren Nachfolgebaus ist dagegen annähernd halbkreisförmig und recht exakt nach Osten orientiert.

Eine präzise Datierung der frühmittelalterlichen Kirchen ist kaum möglich: Handelt es sich beim ersten Saal um den Gründungsbau des Romanus oder vielleicht eher um die von Chramnelenus bedachte Kirche? Je nach Antwort auf diese Frage deutet man Bau II als den des 7. Jahrhunderts oder aber als das von Papst Stephanus geweihte Gotteshaus.

BESICHTIGUNG

Man betritt das noch immer von ehemaligen Ökonomie- und Nebengebäuden umgebene Klosterareal durch den Torturm des 14. Jahrhunderts und sieht sich der Vorhalle gegenüber, die im späteren 13. Jahrhundert dem Narthex vorgebaut wurde (Bild 52). Sie bildet einen eher bescheidenen Auftakt zu den dahinter folgenden Baukörpern, doch ist interessant zu beobachten, wie das gotische Portal Motive und Dekorationselemente des romanischen Formenapparats weiterführt.

Hinter dieser offenen Eingangsarchitektur folgt der mächtige Kubus der doppelgeschossigen Vorkirche (Narthex), die wohl um 1100 aus kleinteiligem Quadermauerwerk errichtet wurde. An ihrer Giebelseite zeigt sie eine unregelmäßige Blendgliederung, deren vertiefte Wandfelder auf die spätottonischen Kunst zurückweisen. Als Beispiele wären etwa die Fassaden der »Thunerseekirchen« oder der Sockel des Basler Münsternordturms zu nennen. Die rechteckigen Felder über den Blendarkaden zeigen (vor allem an den Längsseiten), daß einst Türmchen die Fassadenecken überhöhten. Klar wird einem das Prinzip der Wandgliederung an den konsequent durchgestalteten Längsseiten: Flache Lisenen im Erdgeschoß und Halbsäulen, die mit Blendarkaden verbunden sind, im Obergeschoß, zeigen die vierjochige Gliederung des dreischiffigen Narthex außen an. Nicht zum ursprünglichen Bestand gehören im Südwesten des Obergeschosses der vermauerte Zugang zu einstigen Konventbauten und der von den Bernern errichtete Strebepfeiler im Südosten der Vorkirche.

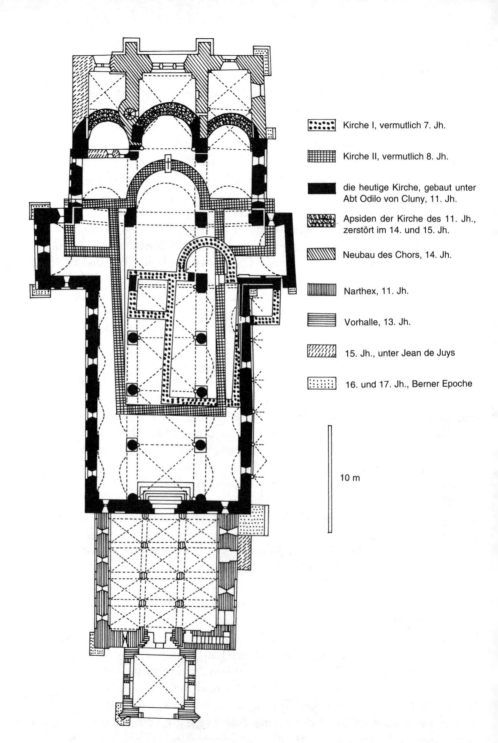

Östlich dieses Pfeilers folgt die Kirche des 11. Jahrhunderts, an deren Südflanke noch die Ansätze des gotischen Kreuzgangs sichtbar sind. Anders als der Narthex ist die Kirche im unteren Bereich mit Kieseln, darüber in unregelmäßigen Handquadern gemauert. Diese Mauern waren sicher verputzt und mit einer Scheinquaderung verziert, aber auch den Narthex müssen wir uns zumindest mit einem Schlämmputz überzogen vorstellen. Die Seitenschiffwände sind mit weiten Blendbogen gegliedert, die bis zum Sockel hinabgezogen sind; im Obergaden verbinden gekuppelte Arkaden die flachen Lisenen. Reicher gegliedert ist der Vierungsturm (Bild 51): Über gekuppelten Doppelarkaden folgen im Glockengeschoß längere Blendbogenreihen. Nach jeder Seite öffnen sich zwei doppelte Schallfenster, deren Mittelsäulen Kämpferkapitelle mit archaischen Pflanzenmotiven tragen. Im Osten des Querschiffs kann man noch die ursprüngliche Traufhöhe des Vorchores erkennen; der Dachstuhl muß direkt auf der Tonne gelegen haben, wie überhaupt die ursprünglichen Dächer wesentlich flacher waren.

Der gerade Ostabschluß der Kirche ist das Produkt gotischer Umbauten; der ursprüngliche Bau endete hier mit drei leicht eingezogenen, ungefähr gleich großen Apsiden. Ihre Ansätze konnten zum Teil noch erfaßt und ihre Fundamente ergraben werden. Der heutige Haupt- und der südliche Nebenchor stammen aus dem 14. Jahrhundert, während im Norden die doppelgeschossige Kapelle erst unter Prior Jean de Juys (1433–37) erbaut wurde; möglicherweise gleichzeitig errichtete man das polygonale Türmchen (*Echauguette*) über der Nordseite des Chores.

Durch das erwähnte Portal in der Vorhalle betritt man den tieferliegenden Narthex und befindet sich in einem dunklen Hallenraum, der von drei Stützenpaaren in drei gleichbreite Schiffe und vier queroblonge Joche unterteilt wird (Bild 54). Die Pfeiler sind kreuzförmig; nur diejenigen der Nordseite haben in der Längsrichtung nicht eckige, sondern halbrunde Vorlagen, auf denen einfache abgeschrägte Kapitelle sitzen. Vereinzelt sind die Kapitellecken abgefast, die Schilde tragen zumeist einfache Ritz- und Furchenornamente, ohne daß die Kapitelle dadurch neben der Architektur an Eigenwert gewinnen würden. Gurte trennen die Kreuzgratgewölbe in die einzelnen Joche. Im Südschiff haben sich Reste eines Malereizyklus aus dem frühen 14. Jahrhundert erhalten: an der Westwand ein kleines Jüngstes Gericht, in den Gewölben Propheten, Kirchenväter und Evangelisten sowie Darstellungen der Erschaffung Evas, des Sündenfalls und der Vertreibung aus dem Paradies. Zu diesen Genesisszenen gesellt sich die Vogelpredigt des Franziskus, der sich damals offenbar weitgehend großer Beliebtheit erfreute. Schließlich sind im Gurtbogen Werke der Barmherzigkeit dargestellt.

Über einen Treppengang mit steigender Tonne in der Mauerstärke gelangt man vom Südschiff ins Obergeschoß des Narthex (Bild 53). Dieses ist prinzipiell gleich gegliedert wie das Erdgeschoß. Nur ist das westliche Pfeilerpaar hier rechteckig, während die beiden östlichen rund gemauert sind. Die zahlreichen Nute in den Pfeilern dürften hier nicht von Chorschranken stammen, sondern aus der Zeit, als die Berner das Obergeschoß als Kornspeicher nutzten. Am Ende des Mittelschiffs schneidet eine Apsis in die Westwand der Kirche ein und kragt, wie wir sehen werden, etwas ins Kirchenschiff aus. Hier wird ein Michaelsaltar gestanden haben, war doch das Obergeschoß westlicher Kirchenvorbauten sehr oft dem Erzengel geweiht, der die von Westen anstürmenden Dämonen zu bekämpfen hatte.

Da der Narthex gegen die Kirchenwestwand des 11. Jahrhunderts gebaut wurde, läßt sich in beiden Geschossen die Gliederung der ehemaligen Eingangswand der Kirche ablesen. Im Obergeschoß sind es die Eckpilaster der Obergadenwand sowie – über der Apsis – das einstige Giebelfenster, im Erdgeschoß über dem Kircheneingang ein weiteres, kleineres Fenster sowie dieselben Pilaster, die hier die Trennung der Schiffe markieren.

Ins Erdgeschoß zurückgekehrt, gelangt man durch ein rundbogiges Portal in die nochmals tiefer liegende Kirche (Bild 55). Wie sich schon am Außenbau abzeichnet, ist es eine dreischiffige Pfeilerbasilika mit Querschiff und ausgeschiedener Vierung, über deren Gewölbe sich ein Vierungsturm erhebt. Das Langhaus wird durch leicht geschwellte Rundpfeiler in die drei Schiffe und ebenfalls vier Joche gegliedert. Außerordentlich elementare Kapitelle, meist ohne Halsring, werden von Kämpferplatten bekrönt, die nur in der Längsrichtung profiliert sind. Auf ihnen ruhen die gefalzten Arkaden, während gegen das Mittelschiff die Wand akzentlos in die Pfeiler übergeht.

Die Kreuzgratgewölbe des 13. Jahrhunderts lagern auf Konsolen in der Form von Runddienststümpfen. Kapitelle und Konsolen-Enden sind skulptiert, erstere mit einfachen Volutenkapitellen, letztere mit Masken, Widderköpfen oder Weintrauben. Diese Skulpturen zeigen aufgrund ihres frühromanischen Charakters, daß die Konsolen bereits zum Gründungsbau Abt Odilos gehören. Hans Rudolf Sennhauser konnte denn auch überzeugend nachweisen, daß schon dieser Bau gewölbt war, und zwar mit einer gurtbogenlosen Tonne. Dabei waren Wand und Tonne bei dieser kühnen Konstruktion nicht durch einen waagerechten Übergang verbunden, vielmehr schien die Wölbung durch eine auf den Konsolen abgestützte Bogenreihe wie eingesetzt. Die Querarme und der Chor sind bis heute mit solchen Originalgewölben mit ihren Stichkappenähnlichen Einbindungen in die Wand überdeckt. Im östlichsten Joch des Mittelschiffs kann man noch erkennen, daß zwischen den jochbildenden Konsolen des Langhauses, die für die erneuerten heutigen Gewölbe weitergenutzt wurden, jeweils noch eine einfache

Konsole ohne Dienststumpf die Tonne stützte. Die stets übereinanderliegenden Rundglieder der Pfeiler und der Dienststümpfe wirkten so jochbildend, während die durchlaufende Tonne den Raum als Kontinuum zusammenfaßte. Auch in den Seitenschiffen sind die noch vorhandenen originalen Tonnen nicht durch Gurtbogen gegliedert; daraus ergeben sich kontinuierliche Raumfluchten, die in unserer Gegend keine Parallele kennen. Die Jochbildung erfolgt an den Außenwänden einzig durch die wiederum stichkappenartigen Bogen der Tonne, die hier aber nicht auf Konsolen ruhen, sondern ohne horizontale Zäsur als breite Lisenen bis zum Fußboden hinabziehen.

Mittelschiff, Querarme und Chor treffen sich in der ausgeschiedenen Vierung, die von einem Trompengewölbe überdeckt ist. Die drei gleichlangen und ursprünglich unmittelbar in die Apsiden mündenden Chorräume sind durch Doppelarkaden miteinander verbunden (Bild 56 und 57). Dabei sind jeweils einem sehr schmalen Pfeiler beidseitig stark gebauchte Halbsäulen vorgesetzt, über denen römische Spolienkapitelle einen stark auskragenden Kämpfer tragen. Es ist dies eine ebenso seltsame wie einzigartige Lösung, zu der man wohl im Bestreben fand, diesen wichtigsten Teil der Kirche mit römischen Spolien auszuzeichnen, ohne dabei ein statisches Risiko einzugehen.

Eine weitere allerdings frühmittelalterliche Spolie wurde bei den Restaurierungen zu Beginn unseres Jahrhunderts gefunden und dient seither als Kanzel am Choreingang (Bild 58). Es ist die bedeutendste der drei frühmittelalterlichen Amboplatten, die wir aus der Schweiz kennen (die beiden andern stammen aus Baulmes, Kt. Waadt, und St-Maurice, Kt. Wallis). Ein vegetabil verziertes Gemmenkreuz mit Voluten an den Hastenenden wird von Flechtwerkranken, Blattfriesen und einem Perlstab gerahmt. Eine Inschrift »IN D(E)I NOM(IN)E GVDINVS ABBA IVSSIT FIERI« nennt einen Abt Gudinus als Auftraggeber. Weil dieser aber ansonsten nirgends überliefert ist, bleibt eine exakte Datierung unmöglich. Aufgrund unserer gegenwärtigen Kenntnisse der frühmittelalterlichen Ornamentplastik dürfte die Platte aber im 8. Jahrhundert gefertigt worden sein.

Die einheitliche Innenbemalung der Kirche mit einer roten Quadermalerei auf hellem Verputz geht auf Originalbefunde zurück, die wohl zur Erstausstattung des Baus gehören. Obwohl der Grundgedanke dieser Farbfassung gewiß in der Imitation eines Quaderverbandes liegt und ihr somit eine tektonische Idee zugrunde liegt, wird nicht die Architektur betont, sondern die Oberflächen werden auf rein ornamentale Weise als Innenhaut überzogen. An verschiedenen Stellen haben sich in der Kirche Reste weiterer Malereien aus dem ganzen Mittelalter erhalten; zu nennen sind die Madonna zwischen den Apostelfürsten am westlichen Vierungsbogen und die Erzengel Gabriel, Michael und das Lamm Gottes zwischen und über der ausbauchenden Apsis der Vorkirche an der Westwand (Bild 55). Im Chor sind schließlich zwei stark beschädigte Priorengrabmäler zu erwähnen, in der südlichen Arkade die Liegefigur von Henri de Sivirier (Prior von 1371–79), der 1387 als Bischof von Rodez starb, gegenüber das Nischengrabmal von Jean de Seyssel († 1432).

Würdigung

In seiner Biographie wird Abt Odilo von Cluny als Bauherr der heutigen Kirche von Romainmôtier bezeugt. Aufgrund von mindestens vier Aufenthalten im Kloster wissen wir von seinem besonderen Interesse an diesem Bau. So ist es naheliegend, Romainmôtier als Reflex der verlorenen Kirche von Cluny II zu verstehen, dem Maiolusbau, den Odilo neu einwölben ließ. Für beide Bauten wird ein tonnengewölbtes Mittelschiff rekonstruiert, allerdings für Romainmôtier ohne, für Cluny mit Gurtbogen. Beruht diese Differenz auf Ungereimtheiten der Forschung und Fehlern der Rekonstruktion, oder ist sie nicht eher ein Hinweis darauf, daß selbst beim gleichen Bauherrn nicht allzu einfache Abhängigkeiten angenommen werden sollten? Denn Romainmôtier wurde in einer Zeit errichtet, in der Wölbungen über größeren Flächen ein Thema war, an dem gearbeitet und mit verschiedenen Lösungen experimentiert wurde.

Auch der ursprünglich dreiapsidiale Chor mit den Arkadenöffnungen zwischen Nebenchören und Sanktuarium sollte, wie schon Adolf Reinle betonte, nicht als Reduktion von Cluny II verstanden werden. Die Voraussetzungen für die meisten Motive und Einzelformen waren auch andernorts gegeben; die neuartige Lösung der eingestellten Stützen ist indessen völlig singulär und hat auch mit Cluny nichts zu tun. Rundpfeiler im Langhaus fanden in der burgundischen Frühromanik manchenorts Verwendung, erinnert sei nur etwa an die (ungleich längeren) Stützen von St-Philibert in Tournus. An diesen wichtigen Bau erinnert auch der doppelgeschossige, leicht eingezogene Narthex, den man wohl um 1100 in Romainmôtier der Kirche vorbaute.

Romainmôtier nur als Kopie von Cluny II zu verstehen, ist somit sicher falsch und wird dem Bau nicht gerecht. Denn trotz engster Beziehungen zum Mutterkloster finden sich in Romainmôtier auch andere Formen burgundischer Architektur. Dabei werden nicht nur prominente Bauten reflektiert, sondern durch neue Lösungen wird zur Vielfalt dieser Architektur beigetragen. Insbesondere die gurtbogenlosen Tonnen über allen Raumteilen dürfen als eigenständiger Beitrag zur reichen Wölbungsvielfalt der burgundischen Romanik gelten: Ihre stichkappenartigen Fensterumfassungen sind ein origineller Versuch, trotz der Wölbung Licht durch den Obergaden ins Mittelschiff zu leiten.

Payerne. Die ehemalige Abteikirche

Auf einem niedrigen Hügel überragen die Abtei- und die östlich davorliegende Pfarrkirche das Städtchen Payerne im unteren Broyetal (Kt. Waadt). Der Ort entstand an der Kreuzung zweier wichtiger Straßen, die von Genf und vom Jura ins Mittelland und von Norden ins Wallis und nach Italien führten. Das war wohl mit ein Grund, warum sich im Hochmittelalter Könige und Kaiser oft persönlich um das Kloster kümmerten. Die von außen trotz beachtlicher Dimensionen nicht sehr auffällige Abteikirche ist im Innern gewiß die bedeutendste Raumschöpfung des 11. Jahrhunderts im Gebiet der Schweiz. In seiner Monumentalität erinnert der Innenraum an den Dom zu Speyer. Dabei ist es vor allem der Gesamteindruck, der an den kaiserlichen Bau am Oberrhein gemahnt, während die Einzelformen ins Burgund weisen. Sie werden oft auf die verlorenen Kirchen der Abtei Cluny zurückgeführt, mit der Payerne eng verbunden war. Um so erstaunlicher ist es – und zeigt ein weiteres Mal die Zufälligkeit schriftlicher Überlieferung –, daß sich keine einzige Quelle erhalten hat, die Auskunft zur Baugeschichte der Abteikirche gibt.

Geschichte

Zwei römische Weihe-Inschriften, deren Reste in der Kirche aufbewahrt werden, erinnern daran, daß das Gebiet der späteren Abtei bereits in der Antike besiedelt war. Durch Ausgrabungen im Langhaus konnte ein dreiflügeliges Wohngebäude nachgewiesen werden, das wohl – wie noch aus dem heutigen Ortsnamen ersichtlich – der Familie der Paterni gehörte, die im nahen Aventicum (Avenches) im 3. Jahrhundert wichtige Ämter bekleidete. Im Jahre 587 ist die *Villa Paterniaca* im Besitz des Bischofs Marius von Avenches und Lausanne, der darin am Tage Johannes des Täufers (24. Juni) eine Marienkapelle weihte. Archäologisch ließ sich diese bislang nicht nachweisen: Entweder wurde die Kapelle in einem älteren Raum eingerichtet, ohne große bauliche Spuren zu hinterlassen, oder sie liegt nicht unter der Abtei, sondern im Bereich der Pfarrkirche, deren Orientierung in auffälliger Weise den römischen Fluchten folgt.

Bei der Gründung des Klosters war der Besitz in königlicher Hand. Die genauen Umstände dieser Gründung sind weiterhin unklar, da sich das im 12. Jahrhundert als Ersatz für die fehlende Gründungsurkunde gefälschte »Testament der Königin Bertha« und die Quellen des 10. Jahrhunderts in einigen Punkten widersprechen. Gewiß sind aber mehrere Mitglieder der hochburgundischen Königsfamilie für die Anfänge des Klosters verantwortlich. König Konrad, sein Bruder Rudolf und deren Mutter, Königin Bertha, dürften die klösterliche Gemeinschaft zwischen 950 und 960 gegründet haben. Einer Urkunde der burgundischen Königskanzlei von 961 läßt sich entnehmen, daß damals, als die verstorbene Königsmutter in der Kirche von Payerne beigesetzt wurde, dort nicht Mönche, sondern Kanoniker lebten. Noch im gleichen Jahrzehnt wurde Payerne vermutlich auf Initiative von Adelheid, einer Schwester des burgundischen Königs und Gemahlin Kaiser Ottos des Großen, Abt Maiolus und seiner Reformabtei Cluny übergeben. Auch als cluniazensisches Priorat blieb Payerne mit dem hochburgundischen Königshaus und mit den deutschen Kaisern verbunden, was viel zur wirtschaftlichen Prosperität des Klosters beigetragen haben dürfte. Nach dem Aussterben der hochburgundischen Königslinie sicherte sich Kaiser Konrad II. mit Gewalt deren Nachfolge und ließ sich am 2. Februar 1033 in der Abteikirche Payerne zum König von Burgund krönen. Seit dem 13. Jahrhundert war mit Unterbrechungen vor allem das Haus Savoyen Schirmherr des Priorats, das dann 1444 von Felix V., dem Gegenpapst und ehemaligen Herzog von Savoyen, zur Abtei erhoben wurde.

Mit der Eroberung der Waadt durch die Berner wurde Payerne 1536 reformiert. Das einstige Kloster kam in den Besitz der Stadt und wurde 1562 geschlossen, da neben der Pfarrkirche kein Bedarf für ein zweites Gotteshaus bestand. Zwischenböden im Langhaus und Querschiff erlaubten im Laufe der Jahrhunderte diverse Nutzungen als Kornspeicher, Kaserne und Gefängnis, der Chor diente auch als Turnhalle. Nicht zuletzt dank des Einsatzes von Johann Rudolf Rahn, eines Pioniers der schweizerischen Kunstgeschichte, gelang es 1899, die Kirche unter Schutz zu stellen. Seit 1920 wird systematisch restauriert (zuletzt die

Wandmalereien), und seit 1963 dient die einstige Abteikirche auch wieder dem Gottesdienst.

Bauchronologie der Abteikirche

Während die frühmittelalterliche Marienkapelle archäologisch nicht nachgewiesen ist, konnten die Grabungen der 50er und 60er Jahre zumindest das Langhaus eines Vorgängerbaus erfassen. Bei dieser Klosterkirche des 10. Jahrhunderts handelte es sich um eine dreischiffige Basilika mit stark trapezförmigem Langhaus und ausladendem Querschiff. Dessen einstige Ausdehnung war aufgrund von Störungen durch jüngere Bauphasen genausowenig zu bestimmen wie Dimensionen und Gestalt des Chores. Mit Hilfe spärlichster Reste rekonstruiert Hans Rudolf Sennhauser neuerdings in Analogie zu Romainmôtier zwischen Querschiff und Apsis für alle Schiffe ein etwa quadratisches Chorjoch.

Den wohl nach 950 begonnenen Gründungsbau verlängerte man in einer zweiten Phase mit einem wahrscheinlich doppelgeschossigen Anbau nach Westen. In Cluny II, der von Abt Maiolus nach 954 – also etwa gleichzeitig mit dem Bau von Payerne I – errichteten Kirche des Mutterklosters, bezeichnete man den zweigeschossigen Westbau, den man sich ähnlich wie den Narthex von Romainmôtier vorstellen kann, als »Galiläa«. Diesem wurde in Payerne schließlich eine weitere westliche Verlängerung vorgesetzt, bei der es sich wahrscheinlich um ein Atrium gehandelt haben dürfte.

Im 11. Jahrhundert wurde dann ein Neubau in Angriff genommen, der bis zu seiner Vollendung einige Verzögerungen und Planwechsel erfahren hat, die sich noch heute an der Kirche ablesen lassen. Wann genau mit dem Neubau begonnen wurde, bleibt unklar; die Krönung Konrads II. erfolgte wahrscheinlich noch im Vorgängerbau. Kann man aus der Nachricht in der Vita Abt Odilos von Cluny (994–1049), er habe Payerne aus Liebe zur Gottesmutter besonders gern gehabt, schließen, daß schon er mit dem Neubau begonnen hat, oder entstand der ganze Bau unter dessen Nachfolger Hugo von Semur (1049–1109)? Baufreudig waren sie beide: Odilo wölbte wohl Cluny II ein und errichtete Romainmôtier, Hugo lancierte den gigantischen Neubau von Cluny III.

In Payerne errichtete man den Neubau von Westen nach Osten, wobei anfänglich – während der Aufmauerung der Langhauswände – die alte Kirche noch stehen blieb. Damit konnte einer der wichtigsten Ansprüche an den mittelalterlichen Baubetrieb erfüllt werden, nämlich daß der Gottesdienst auch während eines Neubaus quasi ununterbrochen weitergeführt werden konnte. Man begann den Bau an der heutigen Westwand; die Wandvorlage der südlichen Mittelschiffarkade stammt

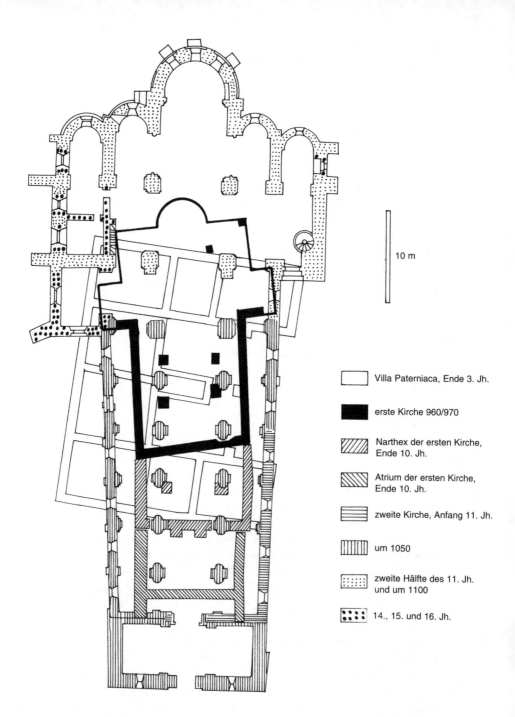

aus dieser ersten Phase. Ein zweiter Pilaster nördlich des Westeingangs wurde dagegen später nicht benutzt, aber auch nicht entfernt (Bild 60). So belegt er die ursprünglich geplante Mittelschiffbreite und zeigt, daß man damals die Längsachse des Vorgängerbaus aufnahm. Kantstäbe über dem unbenutzten Halbpfeiler lassen vermuten, daß geplant war, das Mittelschiff mit Kreuzgratgewölben einzudecken. Wie ähnliche Vorlagen am aktuellen Stützenpaar zeigen, hielt man an diesem Plan noch fest, als eine Projektänderung bereits die heutige Breite und Höhe des Mittelschiffs vorsah. Diese nicht ausgeführten Wölbungspläne sind weitere Beispiele für die zu jener Zeit gerade im Burgund verbreitete Experimentierfreude mit Mittelschiffwölbungen: Längstonnen mit (Cluny) und ohne (Romainmôtier) Gurtbogen, Quertonnen (Tournus) sowie diverse Lösungen über der Vierung werden ausprobiert. Kreuzgratgewölbte Mittelschiffe diskutiert man in der Forschung im Kontext der Vorbilder für St-Madeleine in Vézelay; gesicherte Vergleiche aus dem mittleren 11. Jahrhundert sind aber selten, und die genannten Beispiele bedürften einer kritischen Überprüfung: Vor der Einwölbung von Speyer (nach 1080, also nach den aufgegebenen Plänen in Payerne) scheint das System aber durchwegs an kleineren Bauten vorwiegend im Burgund erprobt worden zu sein.

Mit einer Kreuzgratwölbung rechnet auch noch das letzte Pfeilerpaar vor der Vierung. Vom Hof aus läßt sich außerdem an der Südwand beobachten, daß man das Langhaus nur bis zu dieser Linie plante und hier ein Querschiff ansetzen sollte; erst mit dem Chorbau wurde das Langhaus dann um ein Joch nach Osten verlängert. Daß für das geplante kürzere Langhaus eine engere Jochfolge vorgesehen war, können wir an der nördlichen Seitenschiffmauer ablesen (Bild 59). Die Außenlisenen entsprechen nicht der heutigen Jochgliederung, sondern folgen einem schnelleren Rhythmus. Das ist nicht das Resultat einer inkonsistenten Außengestaltung, denn im Innern lassen sich neben den heutigen Vorlagen – die im übrigen auch nicht durchwegs gleich gestaltet sind – Ansätze von einfachen Lisenen fassen, die mit denen der Außenseite korrespondieren und so einen älteren Plan offenbaren.

Für die hochromanische Klosterkirche von Payerne können wir folglich vier Bauetappen fassen: Der Beginn eines niedriger und schmaler geplanten Neubaus an der Westwand (dazu gehört der westliche Teil der Südmauer); es folgt die Nordmauer inklusive dem östlichsten Pfeilerpaar. Die Joche sollten schmaler sein als heute, und wie bei Baubeginn waren über dem Mittelschiff noch immer Kreuzgratgewölbe vorgesehen. In einer dritten Phase folgten die heutigen Mittelschiffpfeiler und die entsprechenden Wandvorlagen in den Seitenschiffen. Anschließend an das bereits stehende östlichste Pfeilerpaar sollte ein Querschiff folgen. In dieser Phase wurde überdies der mächtige Westbau zugefügt. Als letzte Etappe erbaute man – nun von Ost nach West – die Chorpartie inklusive Querschiff, das jetzt um ein Joch östlicher lag als ursprünglich geplant. Eine Dachlinie und eine Öffnung an der Westseite des Vierungsturms bezeugen eine letzte Planänderung (Bild 59): Mit der Ostpartie scheint man einen erneuten Umbau und die Erhöhung des Langhauses ins Auge gefaßt, schließlich aber nicht ausgeführt zu haben. Über den Abschluß der Bauarbeiten schweigen sich die Quellen ebenso aus wie über den Baubeginn. Datierungshinweise geben die Kapitelle: diejenigen des Chores sind – trotz erheblich geringerer Qualität – ohne die Chorumgangskapitelle von Cluny III kaum denkbar; und im Südquerhaus als jüngstem Bauteil wird die Plastik von François Maurer in die Jahre 1100/1110 datiert. So dürfen wir mit einer Vollendung des Rohbaus von Payerne im ersten Jahrzehnt des 12. Jahrhunderts rechnen.

Besichtigung

Trotz den erläuterten Planänderungen, die von aufmerksamen Beobachtern noch heute am Befund abgelesen werden können, präsentiert sich die Abteikirche von Payerne nicht als heterogenes Flickwerk, sondern als konsistenter Bau von hoher architektonischer Ausdruckskraft und großer Schönheit. Sie ist weitgehend mit Handquadern aus Jurakalk gemauert, die vermutlich aus römischen Ruinen des nahen Avenches gewonnen wurden. Nur die Eckverbände, der Sockel und die Gliederung der Ostpartie sowie das Obergeschoß der Apsis und das gotische Glockengeschoß des Vierungsturms bestehen aus großen Quadersteinen (Bild XX). Das nördliche Seitenschiff ist mit den erwähnten Lisenen gegliedert, die durch Blendarkaden miteinander verbunden sind (Bild 59). Am niedrigen Obergaden nehmen kurze Streben diesen Rhythmus auf. Auf der Südseite ist die Mauer weitgehend ungegliedert; für die nötige Versteifung sorgten hier die anschließenden Konventbauten. Außerdem war die Seitenschiffmauer durch den Kreuzgang, an den noch heute ein Hof erinnert, weitgehend verdeckt. Sparsam, aber wirkungsvoll gegliedert ist der mächtige Westbau: Der Mittelteil der Eingangswand ist leicht zurückgestuft, so daß die Flanken als turmartige Eckrisalite hervortreten. Tatsächlich dürfte der Westbau ursprünglich von zwei niedrigen Ecktürmen überhöht gewesen sein, bevor das Walmdach diese ganze Partie zusammenfaßte.

Verhältnismäßig reich gegliedert ist die Hauptapsis (Bild XX): Zwei Fensterreihen, ein kleiner Wulst und unterschiedliches Mauerwerk – *petit appareil* im Erdgeschoß, große römische Quader in der oberen Zone – gliedern diesen vornehmsten Teil der Kirche in zwei Geschoße. Dennoch ist nicht die horizontale Schichtung dominierend, sondern die Vertikale, die durch abgetreppte Lisenen betont wird. Deren hintere Schicht ist unter der Traufe durch Dreierblendbogen verbunden, während die vordere, die im Obergeschoß als Halbsäulen geformt ist, bis zum Traufgesims durchläuft und so entscheidend zur starken Höhenentwicklung der Apsis beiträgt. Die Kapitelle dieser Halbsäulen sind grob und untektonisch gefertigt: Stengel, Blätter und Früchte eines Pflanzenkapitells sind völlig unstrukturiert angeordnet, andere Kapitellkörper werden durch einen zweiten Schaftring halbiert. In einem dieser Exemplare sind in der schmalen oberen Zone mehrere Vierbeiner zusammengedrängt, wobei sich jeweils zwei Tiere einen der diagonalen Eckköpfe teilen. Mit einem in der frühromanischen Plastik beliebten Motiv wird so versucht, die Überleitung vom Rund der Säule zum Rechteck der Platte zu akzentuieren.

Während die neuzeitlichen Veränderungen und Zufügungen bei den modernen Restaurierungen rückgängig gemacht wurden, erinnern ein paar gotische Fenster an Umbauten der Kirche im Laufe des Mittelalters. Das gotische Glockengeschoß des Turmes haben wir schon erwähnt; sein pfeilartiger Helm wurde 1605 erneuert. Den Kranz von Wimpergen an seiner Basis bezeichnet der Volksmund als »Krone der Königin Bertha«.

Das Innere der dreischiffigen Basilika mit Querhaus und Staffelchor wird durch den außerordentlich lebendigen Farbwechsel der sorgfältig bearbeiteten, aber unregelmäßig großen Quader geprägt (Bild 60 – 62). Es fällt schwer, sich vorzustellen, daß auch diese Steine wohl einst von einer Tünche bedeckt waren. Die hohen Mittelschiffarkaden und das völlige Fehlen einer durchgehenden Horizontalgliederung steigern die Höhenentwicklung der an sich schon gestreckten Proportionen der schmalen Schiffe. Die mächtigen Pfeiler laufen im Mittelschiff ohne Zäsur bis zum Ansatz der Tonne durch, wo schmale Kämpfer die nur wenig dünneren Gurtbögen aufnehmen. Es ist dieses Motiv der ununterbrochen emporsteigenden Pfeiler, das – neben dem Farbwechsel – am stärksten an Speyer erinnert. Dort waren im ersten Bau den Pfeilern aber Halbsäulen vorgesetzt; solche sind in Payerne quasi in die Längsachse gerutscht und tragen die Arkaden. Diese halbrunden Vorlagen sind sehr kräftig und enden in Eckspornen, auf denen schmale Platten liegen. Es sind – um ein anschauliches Bild Sennhausers aufzugreifen – gewissermaßen die Rundpfeiler von Romainmôtier, die man entzweisägte und zwischen die man die hohen quadratischen Pfeiler geschoben hat.

Die rasche Folge dieser mächtigen Stützen vermittelt zusammen mit der Vertikalität des Raumes dem von Westen ins Mittelschiff eintretenden Besucher den Eindruck einer gewaltigen Triumphachse, die mit

weiter Seite 206

Die Bildseiten

Romainmôtier

51   Klosterkirche von Nordosten.
52   Portalvorbau und Westwand des Narthex.
53   Narthex, Obergeschosskapelle: Blick nach Südosten.
54   Narthex, Erdgeschosskapelle: Blick nach Nordwesten.
55   Mittelschiff der Kirche nach Westen.
56 und 57   Südlicher Nebenchor.
58   Frühmittelalterliche Amboplatte.

Payerne

59   Abteikirche von Nordwesten.
60   Mittelschiff der Kirche nach Westen.
61   Mittelschiff nach Osten zur Apsis.
62   Südliches Seitenschiff nach Osten.
63 bis 66   Kapitelle im Südquerhaus.
67   Konsole im Südquerhaus.
68 und 69   Kapitelle im Chor: Michael als Drachentöter, Petrus und Christus.
70 und 71   Außenkonsolen am Südquerhaus.

PAYERNE

70

71

GRANDSON ▶

SAINT-URSANNE ▶

79

80

81

82

84

GENEVE

85

Grandson

72   *Das Langhaus von Nordwesten.*
73 bis 77   *Kapitelle der Mittelschiffarkaden.*

St-Ursanne

78   *Blick vom Mittelschiff in den Chor.*
79   *Südportal: Nische mit Madonnenstatue.*
80   *Südportal, Kapitell des rechten Gewändes: Sirenen-Familie und Unterweisung des Wolfes.*
81 und 82   *Kapitelle des südlichen Seitenschiffs.*
83   *Krypta*

Genf

84   *Kapitell im südlichen Querhaus: Emmausmahl und Verkündigung.*
85 und 86   *Kapitelle im Langhaus (Südseite): Isaak-Opfer und Daniel in der Löwengrube.*

großer Kraft zur Apsis hinzieht (Bild 61). Die Beleuchtung unterstützt diese Wirkung: Das Mittelschiff empfängt mehr Licht von den hellen Seitenschiffen als von den eigenen, vor allem im Vergleich zu den Arkaden kleinen Fenstern, die in die Tonne eingeschnitten sind und somit keinen eigentlichen Obergaden bilden. Am meisten Licht flutet aber durch die doppelte Fensterreihe der fernen Apsis. Hier finden sich mit den Gesimsen, welche die Geschosse und die Kalotte trennen, die einzigen horizontalen Zäsuren. Während das untere Geschoß außer den Fenstern keine weitere Gliederung aufweist, werden die oberen, größeren Fenster – deren stark abgeschrägte Sohlbänke den Lichteinfall zusätzlich begünstigen – von Doppelsäulen gerahmt.

Der Hauptchor öffnet sich mit den größtmöglichen Arkaden zu den Nebenchören, während die äußeren Kapellen ursprünglich nur vom Querhaus zugänglich waren. Die nördliche wurde später geöffnet, ins Querschiff hinein verlängert und mit einer Empore versehen. Ihr südliches Pendant hat sich der Generalvikar Jean de Grailly zu seiner Grabkapelle erwählt und 1454 ausmalen lassen: Zwischen heraldischen und ornamentalen Malereien sind in den Schildbogen der heilige Mauritius, eine Schutzmantelmadonna, die heilige Magdalena, eine Pietà und der heilige Sebastian dargestellt. Auf der Schildwand über dem Eingang zur Kapelle hat sich eine Gnadenstuhl-Darstellung erhalten: Der thronende Gottvater hält das Kruzifix, über dem die Taube des Heiligen Geistes schwebt; zur Rechten dieser Trinitätsgruppe kniet betend der Stifter im Mönchshabit.

In Chor und Querhaus erscheint als neues Gliederungselement die Wandsäule, der dann in der Baukunst des 12. Jahrhunderts eine wichtige Rolle zukommen wird. Mit diesen Säulen zieht auch die figürliche Kapitellplastik im größeren Stil in den Kirchenraum ein. Auch ohne stringentes Gesamtprogramm lassen sich in der Abbatiale von Payerne doch Ansätze eines ikonographischen Konzepts fassen: Die Tiere im Nordquerhaus gehören wohl in den großen Themenkreis der metaphorischen Tugend- und Lasterdarstellungen. Am Eingang der Apsis dürfte der Schnauzbärtige, der sein Schwert einem Bock in die Kehle stößt, auf das Meßopfer und somit auf Genesis 22, 13 oder Leviticus 4, 22ff. anspielen. Es folgen in der Apsis zwei gefesselte (Opfer-?)Tiere, Petrus und Christus – jeweils in einer Mandorla – (Bild 69), der Erzengel Michael als Drachentöter (Bild 68) und am rechten Eingang, neben einer zerstörten Figur, Judas (?), der sich an einem Baum erhängt hat. Im Südquerhaus, das direkt mit den anschließenden Konventgebäuden verbunden war, ließen sich die Benutzer – die Mönche – darstellen: Im Kapitell eines Eckdienstes an der Südwand wird ein Abt (mit Krummstab) von vier Mönchen begleitet; triumphierend stehen sie auf zwei Löwen (Bild 66). Am gegenüberliegenden Kapitell thront die Madonna mit Kind inmitten kämpfender Dämonen (Bild 65). Auf dem Kapitell des südwestlichen Vierungspfeilers sitzen Apostel auf den Schultern von Propheten (Bild 63 und 64): So wie diese Formulierung das Aufbauen des Neuen auf dem Alten Testament symbolisiert, so muß man hier wohl die Mönche als Nachfolger der Jünger Jesu begreifen. Schließlich sei auf ein dreiköpfiges Wesen auf der Konsole einer Fenstersäule hingewiesen (Bild 67), das von der Forschung wahlweise als Beelzebub oder als heilige Dreifaltigkeit interpretiert wird und so auf anschauliche Weise die Deutungsschwierigkeiten romanischer Plastik zeigt.

Stilistisch werden die Kapitelle der Ostpartie von Payerne in zwei oder drei Gruppen eingeteilt, wobei über deren Chronologie keine Einigkeit herrscht. Die Kapitelle im Südquerhaus sind kompakte Blöcke, in denen Figurengruppen, einfache Ranken und kerbschnittartige Ornamente in Registern übereinandergestapelt sind. Die gedrängt zusammengeschobenen Figuren haben große kubische Köpfe mit hochsitzenden Ohren und Kreisaugen mit ausgebohrten Pupillen, keilförmige Nasen und als Mund gerade Kerben. Zu dieser Gruppe von »archaischen«, aber doch ausdrucksvollen Wesen gehören auch die skulptierten Konsolen an der westlichen Außenwand des Südquerhauses. Ganz anders wirken die Kapitelle in der Apsis. In ihnen finden wir in unterschiedlicher Intensität Motive der klassisch-antiken Kapitellkunst: Im Kern bilden sie einen Kelch, der von klar strukturierten Blättern und Voluten überzogen wird und mit einem (nicht überall) geschweiften Abakus endet. Von wo diese Rezeption antiker Motive angeregt ist, wird aus den Mandorlen des einen Doppelkapitells deutlich: sie greifen ein Motiv auf, das in prägender Weise in den Kapitellen des Chorumgangs der dritten Abteikirche von Cluny geschaffen wurde. Allerdings sind es nur die Motive, die der Bildhauer von Payerne vom Neubau des Mutterklosters übernimmt; während dort elegant gelängten Figuren viel Platz für ausgreifende Bewegungen zur Verfügung steht, sind ihre untersetzten Pendants in Payerne fest im engen Rahmen verspannt (Bild 69). Proportionen wie Einzelmotive der Figuren sind nicht sehr weit von denen der ersten Gruppe entfernt. Von den Chorkapitellen abhängig sind diejenigen des nördlichen Querarms. Nur sind hier die antikischen Motive isoliert, in willkürlicher Weise über den Kapitellkörper verstreut und mit dazwischengesetzten Tieren angereichert worden. Das Produkt ist eine weitgehend ordnungslose, vom *horror vacui* geprägte Oberfläche.

Kehren wir durchs Langhaus zurück in den Querriegel des Westbaus, dessen Obergeschoßkapelle sich wie in Romainmôtier oder Tournus mit ihrer Apsis leicht ins Mittelschiff vorwölbt. Im tonnengewölbten Erdgeschoß des Narthex haben sich bedeutende Reste einer sehr qualitätvollen Ausmalung aus der Zeit um 1200 erhalten. Im Bogenfeld der Nordwand thront Christus in einer Mandorla, die von zwei sechsflügeligen Cherubimen flankiert wird. In der Mandorla der gegenüberliegenden Südwand weist Christus vor dem Kreuz thronend seine Wundmale vor (Bild XIX). Ein Spruchband über dem Nimbus bezeichnet ihn als König der Juden, im Nimbus stehen die Buchstaben für *Verbum Omnipotentis Patris* (das Allesvermögende Wort des Vaters), während die Texte des geöffneten Buches und der beiden Schriftrollen in der Verlängerung seiner Arme ihn als Weltenrichter ausweisen: Im Buch bezeichnet er sich als die Tür, durch welche die Geretteten eintreten (IANVA SV[M] VITE P[ER] ME MEA REGNA SVBITE; Joh 10, 9), im Spruchband zu seiner Rechten ruft er die Gesegneten zu sich ([V]ENIT[E] B[E]NEDICTI PATRIS MEI ACCIPIT[E] REGNVU[M]; Mt 25, 34), während zur Linken die Verdammten mit den Worten DISCEDITE A ME MALEDICTI IN IGNEM AETERNVM ins ewige Feuer geschickt werden (Mt 25, 41). Neben der Mandorla stehen Maria und Johannes und ergänzen die Darstellung des Weltenrichters nach byzantinischem Schema zur Deesis. Zu Füßen Christi erkennt man die kleinen bittenden Figuren einer Frau und eines Mönchs. Es dürfte sich eher um die Stifter der Malereien handeln als, wie auch schon vorgeschlagen, um Protagonisten der Klostergründung, etwa Adelheid oder Bertha und Abt Odilo.

Im Tonnengewölbe wenden sich im Norden – jeweils zu zweit auf einer Bank sitzend – die 24 Ältesten dem apokalyptischen Christus zu. Darunter folgt je eine szenische Darstellung: An der Westwand das Jüngste Gericht mit dem Erzengel Michael, der die Seelen der Auferstandenen wägt, gegenüber das Paradies mit Jakob, Isaak und Abraham, in dessen Schoß zahlreiche Selige Aufnahme gefunden haben. Dazu kommen Paulus und Petrus, die – sinnigerweise direkt neben dem Eingang ins Kirchenschiff – das Tor zum Paradies öffnen. Im Süden entsprechen den 24 Ältesten die Apostel, die größtenteils nicht mehr identifizierbare Gegenstände halten. Andreas hält ein Kreuz und damit sein später kanonisch gewordenes Attribut; im Hinblick auf die Entwicklung und Ausbreitung der in dieser Zeit einsetzenden Apostelndarstellungen mit fest zugewiesenen Attributen wäre es interessant, die Gegenstände in den Händen der anderen Jünger Jesu zu kennen. Die Bilder an den Wänden der Südseite sind größtenteils zerstört. Reste eines Hauses, mehrere Mönche und zwei Köpfe mit Mitren deuten auf szenische Darstellungen und belegen erneut, daß man Bilder von Mönchen und Klerikern mit Vorzug auf der dem Konvent zugewandten Südseite anbrachte: Hier bezeichnet sich Christus in den Malereien als Tor des Lebens, durch das man ins Himmelreich aufsteigt, und fordert die Gesegneten zum Empfang des Reichs auf.

Die Malereien in der Vorhalle von Payerne, deren Farbigkeit vom sogenannten »Kathedralenakkord« (blau-gelb/ocker-rot) geprägt ist, sind – soweit wir das noch überprüfen können – auf eine konsequente inhaltliche und formale Korrespondenz der beiden Flügel hin angelegt: Den Aposteln entsprechen die Propheten, der Deesis die Majestas und den (wirklichen oder historischen) Stiftern mit der rechts unter der Majestas sichtbaren Kirchendarstellung wohl der gestiftete Ort, das Kloster Payerne.

Würdigung

Das Cluniazenserpriorat Payerne ist das erste und wichtigste Zeugnis der Verbindung von hochburgundisch-salischem Königshaus und der Reformabtei Cluny. Mit mehreren Planwechseln errichtete man im Laufe der zweiten Hälfte des 11. Jahrhunderts eine neue Marienkirche und schuf damit einen Raum, der – wie Linus Birchler es formulierte – »an monumentaler Feierlichkeit« von keiner erhaltenen Kirche in der Schweiz erreicht wurde. Die Abbatiale von Payerne markiert den Höhepunkt und Abschluß der frühromanischen Architektur in unserem Land; mit der Gliederung und der Plastik der Ostpartie ist zugleich der Übergang zu einem neuen Gestaltungsprinzip vollzogen, das für das 12. Jahrhundert charakteristisch ist und das wir als hochromanisch bezeichnen. Mit den Fresken des Narthex besitzt Payerne überdies ein wichtiges Zeugnis der spätromanischen Malerei. In der Abbatiale sind folglich gut eineinhalb Jahrhunderte hochmittelalterliche Kunst auf harmonische Weise vereinigt und stellen so ein Beispiel für die langbemessenen Zeiträume im mittelalterlichen Kunstschaffen dar.

Grandson. Die ehemalige Prioratskirche Johannes der Täufer

Geschichte

Die Herren von Grandson lagen seit Mitte des 11. Jahrhunderts mit dem Cluniazenserpriorat Romainmôtier im Streit um Rechte in der Gegend von Orbe, wo sich ihre beiden Herrschaftsgebiete überlagerten. Wohl deshalb unterstellten sie ihre kirchlichen Stiftungen nicht dem Reformkloster Cluny, sondern der weiter entfernten Abtei von La Chaise-Dieu in der Auvergne. Wir kennen keine Daten über die Gründung und Übertragung des Priorats von Grandson (Kt. Waadt): Sollte es sich bei der Darstellung einer mit HUGO beschrifteten Figur auf einem Kapitell im Langhaus der Kirche von Grandson um den Bischof von Grenoble handeln, so bildete dessen Tod im Jahre 1132 bzw. die Kanonisierung nur zwei Jahre danach den *terminus post quem*, das heißt das frühestmögliche Datum für das Kapitell und damit wohl auch für den Bau. Den *terminus ante quem*, also den spätestmöglichen Termin für diesen Vorgang, stellt andererseits die Nennung von Grandson als Besitz von La Chaise-Dieu in einer Papstbulle von 1178 dar. Da im Gegenzug Besitzverzeichnisse des auvergnatischen Großklosters von 1146 und 1150 das Kloster am Neuenburger See noch nicht erwähnen, können wir von der Gründung im dritten Viertel des 12. Jahrhunderts ausgehen; vermutlich erfolgte sie am Anfang dieser Periode unter Bartholomäus von Grandson, der 1158 ins Heilige Land aufbrach und offenbar nicht mehr von dort zurückkehrte.

Wie wir sehen werden, gilt das Gründungsdatum im Falle von

Grandson auch als Baudatum für die Prioratskirche: Das Langhaus fußt zwar auf Mauern eines Vorgängerbaus, doch sind Raum- und Gewölbeformen für die Westschweiz derart exzeptionell, daß sie nur mit Bauverantwortlichen aus der Auvergne zu erklären sind.

1202 ist erstmals ein Prior von Grandson in den Quellen erwähnt. Nach einer Krisenzeit, in der das Kloster nur noch fünf Mönche beherbergte, stattete 1288 Otto von Grandson das Priorat reich aus und sorgte damit für eine neue Blüte. Um 1400 erneuerte man den Chor, 1508 wurde im Südosten eine Kapelle angefügt; die Glocken datieren von 1477, 1514 und 1520.

Aus dem 15. Jahrhundert sind wichtige organisatorische Änderungen zu vermerken: 1438 wurden die Pfarrechte für Grandson auf das Priorat übertragen; obwohl die Kirche mitten im Städtchen steht, waren dessen Bewohner zuvor im 3 km entfernten Giez pfarrgenössig gewesen. Nach der Niederlage Karls des Kühnen fielen die Herrschaftsrechte über Grandson 1476 an Bern und Freiburg. Mehrfach mußten diese die mangelnde Klosterdisziplin monieren. 1554 wurde schließlich nach einer Volksbefragung die Reformation eingeführt; seither dient die Kirche der evangelischen Pfarrgemeinde, die Konventbauten wurden aufgegeben und zum Teil umgenutzt. 1896/97 schließlich erfolgte eine umfangreiche und allzu puristische Restaurierung der Kirche durch Leo Châtelain.

BESICHTIGUNG

Der Bau

Die untersten Lagen vom Langhaus und die Westwand des Querhauses der Prioratskirche wurden, wie das – im Unterschied zum Bau des 12. Jahrhunderts – in *petit appareil* ausgeführte Mauerwerk zeigt, von einem Vorgänger wohl des 11. Jahrhunderts übernommen; bei dessen Langhaus dürfte es sich um einen nicht unterteilten Saal gehandelt haben (vgl. z. B. St-Sulpice). Das neue Langhaus errichtete man als dreischiffige, tonnengewölbte Halle mit breitem Mittelschiff und gangartig schmalen Seitenschiffen (Bild 72). Das Mittelschiff ist mit einer durchlaufenden Längstonne überwölbt. In ihr öffnen sich sogenannte »Schalltöpfe«, deren Einbau hier aber kaum akustisch begründet ist, vielmehr sollen sie das Gewicht der Tonne vermindern. Da das Mittelschiff kein direktes Licht empfängt, ist der Raum dunkel und wirkt durch die gedrückten Proportionen eher düster. Dies trotz der weiten Arkaden, die – einzigartig für die romanische Architektur in der Schweiz – durchwegs auf römischen Spoliensäulen aufliegen. Dagegen sind die großen Kapitelle allesamt Neuanfertigungen aus dem mittleren 12. Jahrhundert; auf sie werden wir weiter unten ausführlich eingehen.

Ebenfalls singulär in unserem Gebiet ist die Wölbung der Seitenschiffe: Es sind Halbtonnen, die strebepfeilerartig gegen das Mittelschiff ansteigen. An den Außenmauern werden sie von Schildbogen abgefangen, die auf den jochbildenden Halbsäulen aufliegen. Während dieses Wölbungssystem hier sehr fremdartig wirkt, ist es im südlichen und westlichen Frankreich weit verbreitet und – wie die Kirchen von Besse-en-Chandesse und Saint-Nectaire (beide Dep. Puy-de-Dôme) belegen – gerade in Bauten, die von La Chaise-Dieu abhängig waren, nicht selten. Daß das Mutterkloster mit einem ähnlichen Wölbungsschema als Vorbild diente, läßt sich nur noch vermuten; ein spätmittelalterlicher Neubau hat dort sämtliche Spuren des einst außerordentlich bedeutenden romanischen Klosters getilgt.

Auch die Kuppel über der querrechteckigen Vierung in Grandson ist für unsere Region sehr ungewöhnlich, im auvergnatischen Umkreis von La Chaise-Dieu hingegen nicht selten. Zwischen Ecktrompen und Gewölbe ist ein profiliertes Gesimse mit abgerundeten Ecken eingezogen. Im Zenith der Wölbung sitzt eine kreisförmige Öffnung für die Glockenseile des Geläuts eines über der Vierung aufstrebenden Glockenturms. Neben diesem funktionalen Aspekt könnten auch statische Vorteile einer ringförmigen Öffnung im Gewölbezenith gegenüber einem Schlußstein diese Lösung begünstigt haben. Die übrigen Teile der Ostpartie sind das Resultat gotischer Umbauten: Der Chor schließt mit einem quadratischen Sanktuarium, das mit einem Rippengewölbe gedeckt ist; die beiden (ungleich großen) stark abgeschnürten Querhausflügel sind eigentliche tonnengewölbte Kapellenräume. Anfang des 16. Jahrhunderts wurde im Zwickel zwischen Südquerhaus und Chor eine weitere kreuzrippengewölbte Kapelle errichtet, die aufgrund des abfallenden Geländes bereits auf einem tieferen Niveau liegt.

Die Bauplastik

Von besonderer Bedeutung in der Prioratskirche von Grandson ist der Zyklus der wuchtigen Kapitelle auf den Spoliensäulen des Langhauses. Jeweils um eine Stütze versetzt, stehen die Kapitelle beider Arkadenreihen inhaltlich in Bezug zueinander. Betrat man das Mittelschiff durch das heute gänzlich erneuerte Westportal, von dessen romanischem Originalbestand im Innern des Baus einige Reste ausgestellt sind, sah man auf der Halbsäule der südlichen Arkadenreihe ein Kapitell, in dessen

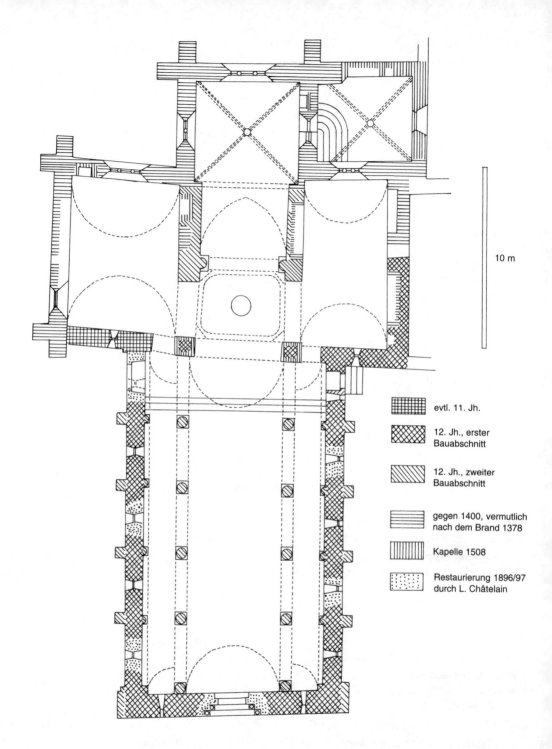

Zentrum das antike Motiv des Dornausziehers dargestellt ist (Bild 77). Mit einer verblüffend einfachen, aber wirkungsvollen formalen Gestaltung wurde erreicht, daß der Dornauszieher zwar den Mittelpunkt bildet, zugleich aber die beiden flankierenden Eckfiguren die Tektonik des Kapitells betonen. Ihre runden, etwas vorstehenden Köpfe erinnern an Eckvoluten und scheinen – anders als die etwas niedrigere Mittelfigur – die Abakusplatte zu stützen. Während die eine dieser Figuren ihre Zunge herausstreckt, hält die andere ihre übereinandergelegten Hände vor den Bauch. Ihre Nachbarfigur auf der Nebenseite entblößt derweil die Schenkel. Das alles sind heute schwer verständliche, vermutlich obszön konnotierte Gesten, was in mittelalterlichen Kirchenräumen nicht unüblich war. Ähnliche Darstellungen finden sich in der Nähe des Westeingangs mittelalterlicher Kirchen recht häufig; sie haben apothropäische Funktion, galt es doch, die von Westen anstürmenden bösen Mächte zu bannen.

Die Mächte des Bösen sind auch im schräg gegenüberliegenden zweiten Kapitell der Nordreihe dargestellt (Bild 76). Die Ecken sind mit Höllenmasken besetzt, aus deren Schlund kopfüber ihre Opfer hängen, die sich verzweifelt die Hände reichen. Auch hier unterstreicht die Komposition geschickt die Struktur des Kapitells, indem der Kranz der Arme die Rundung der Säule aufgreift, bevor die Körper der Opfer zur Eckbetonung der Teufelsmasken überleiten. Zwischen diesen nimmt jeweils der Kopf einer aufrecht stehenden Figur – gewiß die ungefährdeten Gläubigen – die Position der Abakusblüte ein. Denselben Ort besetzen am Kapitell vis-à-vis die Köpfe Michaels und der ihm assistierenden Engel (Bild 75). Der Erzengel ist hier als gerüsteter Drachentöter wiedergegeben, der den vorhin erwähnten teuflischen Mächten den Todesstoß versetzt.

Er schafft so auch die Verbindung zum nächsten Kapitell, dem dritten der Nordseite, auf dem diesmal himmlische Wesen dargestellt sind. Auch sie nehmen die Mitte des Blocks ein, während die Ecken aus ornamentalem Blattwerk gebildet werden. Neben einem sechsflügeligen Seraph thront frontal die Muttergottes. Mit dem linken Arm hält sie das Kind, die Rechte hat sie – ungewöhnlich für Maria – zu einem Segensgestus erhoben. Den gleichen Gestus zeigt auf der dritten Seite ein stehender Priester mit einem Buch in seiner Linken. Er ist ebenso streng frontal dargestellt wie der Priester auf der vierten Kapitellseite, der seine Hände gefaltet hat. Gemalte Inschriften auf dem Kämpfer geben einen Hinweis auf die Person des segnenden Klerikers: S(AN)C(T)E·HVGO·ORA·[PR]O·[NO]BIS: In der Formel einer Litanei wird hier der heilige Hugo als Fürsprecher angerufen. Obwohl der Duktus der Schrift und die Punkte zwischen den Worten zeigen, daß die Beschriftung (wohl zusammen mit der in Resten sichtbaren Farbfassung des Kapitells) nicht vor 1200 angebracht wurde, dürfte die Identifizierung des Dargestellten als heiliger Hugo ernst zu nehmen sein. Entgegen den üblichen Angaben in der kunsthistorischen Literatur wird es sich aber kaum um Hugo von Cluny († 1109, kanonisiert 1120) handeln, sondern um den 1132 gestorbenen und bereits zwei Jahre danach heiliggesprochenen Bischof von Grenoble, Hugo von Châteauneuf. Aufgrund eines längeren Aufenthalts in der Abtei La Chaise-Dieu wurde er dort und wohl auch in den Filialklöstern besonders verehrt. So erklärt sich auch zwanglos, warum die Figur in Grandson im vollen Priesterornat dargestellt ist und keine Hinweise auf einen Mönchshabit zeigt. Hypothetisch können wir so auch die zweite Klerikerfigur benennen: es könnte der heilige Bruno, der Gründer der Kartäuserbewegung, sein; Bruno war Hugo von Grenoble nämlich im Traum erschienen, worauf dieser die Konstituierung des neuen Ordens tatkräftig unterstützte.

Diesem Kapitell gegenüber ist ein zweizoniges Blattkapitell angebracht, und so folgt konsequenterweise auch östlich des Marienkapitells ein rein vegetabiles Säulenhaupt. Das letzte figürliche Kapitell der südlichen Arkadenreihe zeigt vier jeweils zur Ecke gewendete Löwen, wobei stets der hintere dem vorangehenden eine Pranke auf das Hinterteil legt (Bild 73). Während die südliche Reihe so abgeschlossen wird, wie die gegenüberliegende begann, nämlich mit einem vegetabilen Kapitell, endet die Nordarkade mit einem, das allseitig einen sehr schön geschaffenen Adler im Zentrum hat, dessen ausgebreitete Schwingen die Umrisse des Kapitells bilden (Bild 74). Mit Adler und Löwe wird der Zyklus der Mittelschiffkapitelle somit von den Königen der Tiere abgeschlossen, die im Mittelalter meistens christologisch verstanden und als Symbole des Herrn betrachtet wurden.

Gemeinsam ist all diesen Kapitellen ihr glatter kelchförmiger Körper, aus dem sich Figuren und Ornamente entwickeln, in den sie aber zugleich zurückgebunden sind, so daß sie sich trotz ihres hohen Reliefs nicht vom Kapitellkörper lösen können. Stilistisch lassen sich wenigstens zwei Gruppen bilden: Während vor allem das Adlerkapitell, aber auch das vorhergehende vegetabile Exemplar mit den pfeifenartigen Blättern und das Eingangskapitell mit dem Dornauszieher großflächig konzipiert sind, ist das zweizonige Blattkapitell, das Höllen- und das Marienkapitell kleinteilig skulptiert, so daß ein eher unruhiger Eindruck entsteht. Diese zweite Gruppe zeigt auch Gemeinsamkeiten mit den Kapitellen der Halbsäulen der Seitenschiffe. Manche von diesen wirken sehr altertümlich und werden daher oft einer älteren Phase zugeschrieben. Vergleichen wir aber die Augenbildung des Löwen am einzigen figürlichen Kapitell der Seitenschiffe mit der seiner Artgenossen des Mittelschiffs oder betrachten Details wie die dreieckigen Zwickel des Würfelkapitells, so ist es wahrscheinlicher, daß bescheidenere und retardierende Steinmetzen die typologisch ältere Plastik der Seitenschiffe zur gleichen Zeit schufen, in der die Mittelschiffkapitelle skulptiert wurden. Daneben gibt es unter den Seitenschiffkapitellen auch solche, deren elegant geschwungene Blätter genauso in die Zukunft zur gotischen Kapitellplastik weisen wie diejenigen, deren Blattenden stark überlappen und knospenartig eingerollt sind.

Man hat versucht, nicht nur die Architektur, sondern auch die Plastik von Grandson Handwerkern aus der Auvergne zuzuschreiben, doch hat François Maurer auf ein Würfelkapitell am Portal hingewiesen und festgestellt, daß dieser Typus in jener Gegend unbekannt ist. So müssen wir mit Meistern unterschiedlicher Herkunft rechnen, die in der Prioratskirche von Grandson ein plastisches Werk hinterließen, das zwar weniger fremd wirkt als die Architektur, aber wie diese ebenfalls singulär und ohne Nachfolge in der Gegend blieb.

Saint-Ursanne. Die ehemalige Kollegiatskirche

In der östlichsten Schlaufe des Doubs liegt am Fuße des engen Tals das Städtchen St-Ursanne (Kt. Jura), das sich im Südosten der Kollegiatskirche, entlang dem Fluß gebildet hat. Der Ort wird bis heute von der imposanten Kirche dominiert, die zu den herausragenden Monumenten der Spätromanik am Übergang zur gotischen Baukunst gehört und mit ihrem Südportal über ein wichtiges Beispiel eines Figurenportals im burgundisch-oberrheinischen Raum verfügt, das noch immer ungeklärte Fragen stellt.

Geschichte

Nach einer Legende aus dem 11. Jahrhundert soll sich der hl. Ursicinus, ein Schüler Kolumbans, nach seiner Flucht aus dem Kloster Luxeuil um das Jahr 610 als Eremit am Doubs niedergelassen haben. Bei seinem Grab errichtete um 635 der hl. Wandregisel, der spätere Gründer der Abtei von Fontenelle, ein *Coenobium*, wie aus der wohl im 9. Jahrhundert redigierten »Vita B«, der Lebensbeschreibung des jüngeren Heiligen, sowie aus späteren Dokumenten hervorgeht.

Sicheren Boden betritt man dann in karolingischer Zeit: Um 850 gibt die Pariser Abtei Saint-Germain-des-Prés Güter im Jura an die *abbatia sancti Ursicini super Duvium fluvium* ab. In diesem Ursicinuskloster, das zur Diözese Besançon gehört haben muß, scheinen die Regeln des hl. Benedikt befolgt worden zu sein. Vermutlich im 11. Jahrhundert

Die Farbseiten

Payerne

XIX *Fresken im Narthex: Deesis mit Stiftern.*
XX *Ostpartie der Abteikirche.*

St-Ursanne

XXI *Die Kollegiatskirche von Osten.*
XXII *Das bemalte Südportal.*

XIX

SAINT-URSANNE

XXI

XXII

errichteten die Mönche südlich der bisherigen eine neue Klosterkirche, während der alte Bau danach als Pfarrkirche zur Verfügung stand.

1120 ist mit Buceo ein erster *prepositus S. Ursicini* bezeugt; die Abtei muß folglich zwischen 1095 und 1120 zu einem Chorherrenstift umgewandelt worden sein, wie das in dieser Zeit im Bistum Basel häufig vorkam. Denn laut einer Besitzbestätigung von Papst Innozenz II. aus dem Jahre 1139 war St-Ursanne inzwischen dem Basler Bistum angegliedert worden. 1179 garantierte Alexander III. die Rechte des Kanonikerstifts, dessen Propst bald darauf zum Basler Bischof avancierte. 1210 wurden Besitzstand und Rechte von Bischof, Vogt und dem aus Propst, Kustos und zehn weiteren Kanonikern bestehenden Stift genau registriert. Schon im selben Jahrhundert residierten aber immer weniger Kanoniker im abgelegenen und nicht sehr einträglichen Stift St-Ursanne. Den Chordienst versahen zumeist Kapläne, die Leitung des Stifts lag in den Händen der Kustoden. Die Reformation scheint spurlos am Stift vorbeigegangen zu sein, allerdings auch die Reformen des Tridentinum. Eng mit dem Fürstbistum Basel verbunden, existierte das Kapitel bis zur Französischen Revolution, in deren Folge es 1792/93 aufgelöst wurde.

Die ehemalige Kollegiatskirche dient seither als Pfarrkirche. Deren Vorgänger im Norden des Kreuzgangs blieb daher ungenutzt und zerfiel allmählich. Umfangreichere Renovationen der Collégiale fanden 1896–1906 unter der Leitung von Albert Naef und E. J. Propper statt, eine sorgfältige Restaurierung folgte 1964–84.

BESICHTIGUNG

Das *Äußere* der in hellen Kalksteinquadern gefügten Kirche wird geprägt durch das voluminöse Schiff mit seinen weit ausgreifenden Strebepfeilern, dem mächtigen Eingangsturm im Westen und der hohen Polygonalapsis (Bild XXI). Entsprechend der topographischen Lage öffnet sich das wichtigste Portal im Ostteil des südlichen Seitenschiffs; nördlich der Kirche erstreckt sich der Kreuzgang, an dessen Nordflanke die einstige Pfarrkirche St. Peter als Lapidarium hergerichtet ist.

Der unmittelbare Vorgängerbau der Stiftskirche aus dem 11. Jahrhundert ist dagegen nicht nachgewiesen; Aushubarbeiten in der Kirche zu Beginn unseres Jahrhunderts brachten zahlreiche Gräber, aber keine Vorgängerstrukturen zutage. Claude Lapaire nimmt daher aufgrund von Unregelmäßigkeiten des heutigen Langhauses an, daß dieses zum Teil die Fundamente des Vorgängers weiterbenutzte. Hans Rudolf Sennhauser griff diesen Ansatz jüngst auf und schlug in Analogie zu anderen »burgundischen« Stiftskirchen des 11. Jahrhunderts für den Vorgänger-

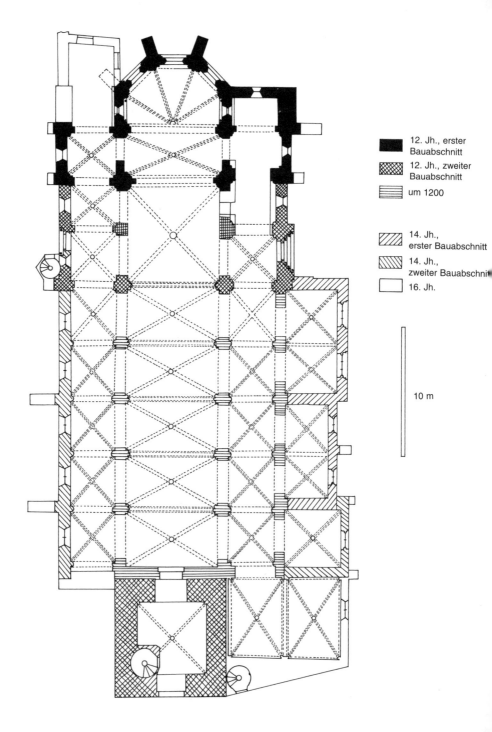

bau einen Dreiapsidenchor vor. Auf die Bauplastik, die von diesem Bau stammen und im heutigen sekundär verbaut sein soll, werden wir bei der Beschreibung des Innenraums zurückkommen. Weitere vor- und frühromanische Werkstücke sind – zu einer bizarren Gruppe zusammengesetzt – am Haus 98 an der Rue du 23 juin spolial verbaut, wobei vor allem ein ionisches Kapitell beachtenswert ist und aus der frühromanischen Kollegiats- oder Pfarrkirche stammen dürfte.

Baudaten der Collégiale sind keine überliefert. Lapaire interpretierte aus den Quellen des 12. Jahrhunderts einen langwierigen Streit zwischen Basel und Besançon, weshalb für ihn nur die als Periode der Selbständigkeit verstandene Zeit zwischen dem päpstlichen Privileg von 1179 und der Urkunde von 1210 als Bauzeit in Frage kam. Heute teilt man diese Sicht der Quellen nicht mehr und geht von einem weitgehenden Einvernehmen zwischen Stift und Basler Bischof aus. Dennoch dürfte der Neubau vermutlich unter Propst Philippe (nach 1179–1218) in Angriff genommen worden sein, zumal um 1186 und 1200 Donationen der Bischöfe ans Stift überliefert sind. Begonnen wurde der Bau im Osten mit der polygonalen Apsis, dem anschließenden kurzen Chorjoch und der sich unter beiden erstreckenden dreischiffigen Hallenkrypta. Durch die seitlich weit ausgreifenden gotischen Strebepfeiler und den aufgemauerten Giebel wirkt die Chorwand heute wie ein Schild, dem das Apsispolygon vorgesetzt ist. Die ursprüngliche Anbindung der Apsis ans Langhaus hat man sich gewiß organischer vorzustellen. Wahrscheinlich gehört auch der gerade Abschluß des südlichen Nebenchores zum Originalbestand, ist doch sonst kaum erklärbar, warum dessen Ostwand nicht nur mit dem Apsispolygon im Steinverband steht und die Höhen der einzelnen Quaderlagen exakt weiterführt, sondern auch vor die Flucht des darüber folgenden Wandpfeilers vorragt. Irritierend ist allerdings, daß das Pultdach des Nebenchores eines der Rundbogenfenster überschneidet, die sich auf jeder der fünf Seiten der polygonalen Apsis in deren oberen Hälfte öffnen. Zur Mitte hin werden die Fenster größer; anders als die beiden äußeren sind die drei mittleren überdies durch ornamentale Friese gerahmt, die von Rundwülsten getrennt werden. Am Fuße dieser drei Seiten sitzt je ein Kryptenfenster; Blendbogenfries, Zahnschnitt und ein reich profiliertes Gesimse bekrönen die Traufe der Apsisseiten. Die Strebepfeiler, welche die Ecken des Polygons akzentuieren, enden oben mit fast rundplastischen Figuren, unter anderem (an der Südseite) einem Hornbläser, dem wir in Zürich und Basel wiederbegegnen werden und der auch im Elsaß an spätromanischen Bauten (z.B. Gebweiler/Guebwiller, Rufach/Rouffach, Rosheim) anzutreffen ist. In diese Gegend weist auch die Struktur der polygonalen Apsis mit ihren gerahmten und in der Höhe gestaffelten Fenstern, dem Blendbogenfries sowie den frontalen Streben: Ähnlich, wenn auch mehrgeschossig und entsprechend reicher gegliedert, müssen die spätromanischen Apsiden in Basel und Freiburg i. Br. ausgesehen haben.

Noch im 12. Jahrhundert wurden die nächsten beiden, durch die Einwölbung dann zusammengefaßten Chorjoche errichtet, deren Ausdehnung außen durch die zweite ausgreifende Langhausstrebe markiert wird. Bis dorthin zieht auch die Traufdekoration am Obergaden weiter: Über einem Blendbogenfries folgt ein Zahnschnitt und ein eigenartiges Kymation, wie wir es ähnlich an den Nebenapsiden der Collégiale in Neuenburg wiederfinden. Unter den einfachen Obergadenfenstern setzt das Pultdach des südlichen Seitenschiffs an, das hier als Chorflankenkapelle an ähnliche Bauteile etwa am Zürcher Großmünster erinnert. Eine wohl um 1300 im Ostteil der Außenwand eingehauene Memorialinschrift läßt vermuten, daß hier der Kirche einst ein Friedhof vorgelagert war.

Eher für als gegen die These eines südseitigen Gottesackers spricht auch das Südportal, das in einem kompakten Block in die Westecke dieses südlichen Chorflankenraums gesetzt wurde. Heute ist es mit einem Schutzdach überdeckt, um die bedeutenden Reste der mittelalterlichen Polychromie vor Witterungsschäden zu bewahren. Diese Farbreste zeigen nachdrücklich, wie sich Malerei und plastische Dekoration ergänzten, sind doch die meisten glatten Flächen, etwa die Archivolten und Abakusplatten, mit gemalten Ranken und geometrischen Motiven dekoriert. Der gut einen halben Meter aus der Wand vorspringende, mit einem Konsolengesims abgeschlossene Portalblock läßt immer wieder Spekulationen über eine sekundäre Versetzung aufkommen, doch zeigt der durchgehende Sockel, daß der Eingang zum ursprünglichen Konzept gehört. Mit jeweils drei gedrungenen Säulen ist das Stufenportal in die Mauer eingetieft. Über den Kapitellen folgt ein Gesims, das als Gurtgesims über das eigentliche Portal hinaus bis an den Rand des Portalblocks weitergezogen ist und diesen in zwei Geschosse teilt. Entsprechend dem Gewände umschließen drei stark profilierte Archivolten das halbkreisförmige Tympanon, das ohne Sturz direkt auf den von einem Wulst eingefaßten Gewändekonsolen aufliegt. Beidseits des Portalbogens thronen in tiefen Nischen die Muttergottes (Bild 79) und eine von Engeln flankierte Figur im Klerikerornat, wohl einer der Gründungsheiligen, Ursicinus oder Wandregisel, welcher gewissermaßen als Vorläufer der Chorherren in deren Priestergewand dargestellt wurde.

Das Figurentympanon reflektiert dasjenige der Basler Galluspforte, ist in einem eigentlichen *horror vacui* aber mit weiteren Figuren angefüllt. Im Zentrum thront Christus, in seiner Linken ein Buch, in der Rechten einen Stab haltend, wohl die Reste eines Kreuzes. Zwischen ihn und die flankierenden Apostelfürsten sind übereinander noch je zwei Figuren eingefügt, zur Linken des Herrn ein kniender und ein schwebender Engel, zur Rechten unter einem weiteren Engel eine kniende und nimbierte Figur im Mönchshabit, was wohl auf einen der Gründerheiligen hindeutet, da zeitgenössische Stifterfiguren sehr selten mit einem Nimbus ausgezeichnet wurden. Hinter Petrus mit dem Schlüssel und Paulus mit dem Buch folgen je zwei weitere Engel, deren Größe entsprechend der zur Verfügung stehenden Zwickelfläche abnimmt.

Figürlich skulptiert sind auch die Kapitelle der Gewändesäulen. Verteilt auf zwei Kapitelle erkennt man links die eher seltene Darstellung der vier geflügelten Evangelisten mit den Köpfen ihrer jeweiligen Symbole. Aus Gründen der Portalarchitektur erscheint im ersten Kapitell Lukas alleine, während sich die anderen Evangelisten den größeren Raum des Mittelkapitells teilen. Auf dem innersten Kapitell stützen sich aufgebäumte Löwen mit zurückgewandten Köpfen auf zwei menschliche Büsten, eine Darstellung, die wir an gleicher Stelle an der Basler Galluspforte vorfinden. Dort wiederholt sich die Szene am gegenüberliegenden Kapitell, während in St-Ursanne die rechte Gewändeseite mit Adlern mit ausgebreiteten Schwingen einsetzt, einem Motiv, das in Basel die Mittelsäule des rechten Gewändes krönt. An dieser Stelle erscheint in St-Ursanne eine Sirenenfamilie mit einem säugenden Weibchen im Zentrum (Bild 80). Das äußere rechte Kapitell schließlich nimmt die auf zwei Szenen verkürzte Fabel vom Wolf in der Klosterschule ein, eine Erzählung, die im Laufe des 12. Jahrhunderts aus verschiedenen Vorlagen zur verbindlichen Fassung des »Ysengrim« geformt wurde: Ein Mönch unterweist den Wolf im Alphabet, was diesen aber nicht hindert, sich bei nächster Gelegenheit auf seine Beute zu stürzen. Sucht man hinter der Kapitellplastik des St-Ursanner Südportals eine übergreifende Idee, eine Art Programm, so ließe sich allenfalls die richtige einer falschen Wortverkündigung gegenüberstellen: Erstere ist zur rechten und damit besseren Seite von Christus durch das Evangelium dargestellt, letztere gegenüber durch den Wolf und die im allgemeinen negativ konnotierten Sirenen. Löwen und Adler bewachen als herrscherliche Tiere den Zugang zum Gotteshaus.

Es bleiben die Nischenfiguren und deren nicht unproblematische Deutung zu diskutieren: Während die Madonnenstatue für ihre Nische eher zu klein scheint, mußte die gegenüberliegende Nische sogar nach unten erweitert werden. Das vor allem, weil die Figur in einen Baldachin eingefügt ist; da sie außerdem von zwei Engeln flankiert wird, die in der heutigen Aufstellung kaum sichtbar sind, hat man eine sekundäre Verwendung dieser vielleicht schon älteren Sitzstatue erwogen. Gewiß ist die Architektur dieser Gruppe eigenartig und mit dem Hinweis auf die Johannesbaldachine der Galluspforte am Basler Münster nicht hinreichend erklärt. Immerhin lehrt uns aber das Basler Portal (Bild 126), daß die Verdeckung von Figuren durch vorgestellte Säulen offensichtlich nicht als derart gravierend empfunden wurde, wie uns das heute erscheinen mag. Die stilistischen Unterschiede zwischen der körperlich etwas kraftvolleren und plastisch überzeugenderen Heiligenfigur und der Madonnenstatue sind überdies nicht so groß, daß unterschiedliche Entstehungszeiten plausibel wären. Die strenge Frontalität Mariens erinnert an manche Holzplastiken der thronenden Madonna – z. B. an jene aus Raron im Schweizerischen Landesmuseum Zürich –, wenngleich dort die asymmetrischen Gruppen weitaus häufiger sind. Krone und feine Plissierung des Gewandes verraten vielleicht schon Bezüge zur ebenfalls frontal thronenden Muttergottes im Tympanon des südlichen Königsportals in Chartres. Singulär sind aber die Flügel Mariens, die Lapaire mit dem Hinweis auf die in der zweiten Hälfte des 12. Jahrhunderts öfter feststellbare Identifizierung der Maria mit dem (geflügelten) Sonnenweib der Apokalypse interpretiert.

Insgesamt muß das Südportal von St-Ursanne als eigenständige Lösung im Spannungsfeld der spätromanischen Portale am Oberrhein und gotischer Anregungen aus Frankreich verstanden werden. Motivische, stilistische und konzeptionelle Anregungen von der Basler Galluspforte sind dabei nicht zu übersehen, reichen aber nicht aus, um St-Ursanne als »Kopie« zu bezeichnen.

In einer dritten Etappe wurde vermutlich um 1200 das alte Langhaus abgebrochen und auf denselben Fundamenten durch ein neues ersetzt. Dabei verzichtete man auf alle kostspieligen Veränderungen, so daß – wie wir im Innern sehen werden – die Anpassung des neuen Schiffs an den etwas schmaleren Chor nur mangelhaft gelang. Charakteristisch ist auch, daß der Blendbogenfries am Obergaden nicht weiter nach Westen geführt wurde. Dieser Bauetappe zuzurechnen ist auch ein erster westlicher Eingangsturm. Eine Bauinschrift im heutigen Glockenturm berichtet, daß dieser 1442 erbaut worden sei, nachdem ein Jahr zuvor sein Vorgänger eingestürzt war (*Anno Dni MCCCCXLI die XIII mensis maji cecidit ista turris et die XI mensis apr. [...] de novo fundata est anno DNI MCCCCXLII*). Das wiederverwendete Baumaterial sowie Reste des Vorgängers in den beiden untersten Geschossen sprechen dafür, daß dieser erste Turm in der gleichen Etappe wie das Langhaus errichtet wurde.

Die spätromanische Kirche wurde, wie wir im Innern gleich sehen werden, ab 1259 über einen Zeitraum von fünfzig Jahren eingewölbt. Im 14. Jahrhundert fügte man die Kapellen an, die heute die Südseite der Kirche mit prägen. 1442 erneuerte man, wie gesagt, den Turm, und im 16. Jahrhundert verstärkte man das Strebesystem auf die heutigen markanten Dimensionen.

Nördlich der Kirche wurde um 1380 ein neuer Kreuzgang errichtet, für den man aber die Fundamente eines wohl romanischen Vorgängers verwendete. In manchen Stützen lassen sich auch noch Spolien dieses Baus erkennen. Der neue Kreuzgang öffnet sich mit einfachem Maßwerk in doppelten Spitzbogenarkaden zum Innenhof. Eine einst vorgesehene Kreuzrippenwölbung kam offensichtlich nicht zustande, so daß der Umgang heute mit Pultdächern gedeckt ist. Im Nordflügel führt eine Tür ins Lapidarium; über dem Sturz ist ein Relief mit einem gleichschenkligen Gemmenkreuz in die Wand eingelassen, das frühmittelalterlich sein könnte, aber als Steckkreuz kaum – wie gelegentlich vorgeschlagen – von einem Sarkophag stammen dürfte. Im Lapidarium sind die Überreste der frühmittelalterlichen Kirche konserviert, die in romanischer Zeit umgebaut wurde. Manches spricht dafür, in ihr die erste Klosterkirche von St-Ursanne, vielleicht sogar den Bau Wandregisels, zu erkennen. Unter einem Bodengitter sind zahlreiche frühmittelalterliche Sarkophage *in situ* ausgestellt; andere aus dem Kreuzgang sind zusammen mit weiteren Fundstücken aus jurassischen Kirchen museal angeordnet. Auch im Ostflügel des Kreuzgangs sind verschiedene Spolien vermauert, so gleich beim Eingang ein reliefiertes Bogenfeld aus dem Frühmittelalter.

Vom Südflügel des Kreuzgangs führt ein zweiter, dem Südportal gegenüberliegender Seiteneingang in die Stiftskirche. In der Struktur folgt das Nordportal mit weit hervorkragenden Kämpferplatten, Gewändekonsolen und direkt darauf ruhendem Tympanon dem Südportal, das allerdings ungleich reicher gestaltet ist. Auch die bildhauerische Qualität ist unterschiedlich: Würden die Kapitelle des Nordportals motivisch nicht bereits Vorformen der frühgotischen Knospenkapitelle darstellen, könnte man sie aufgrund der einfachen Ausführung auch deutlich früher als ins ausgehende 12. Jahrhundert datieren. Daher möchten wir auch offenlassen, ob das Tympanon, das in einem sehr flachen Relief ein kreisverziertes griechisches Kreuz zwischen einer offenbar stark restaurierten Lilie und einem Löwen zeigt, wirklich als Spolie aus dem Vorgänger des 11. Jahrhunderts übernommen worden ist oder nicht.

Bestimmend für das Innere der Collégiale ist der zarte Rot-Grau-Grün-Akkord der (erneuerten) Farbfassung, die Mittel- und Seitenschiffe vereint und den plastischen Gliedern besonderen Nachdruck verleiht. Die pastose Farbfassung wertet dabei manche der eher groben Kapitelle entscheidend auf und offenbart so auch im Innern die Bedeutung der Farbe in der mittelalterlichen Baukunst. Spitzbogige Arkaden – eine Reminiszenz an die burgundische Architektur – mit einfachen Unterzügen gliedern das Langhaus in fünf kreuzrippengewölbte Joche (Bild 78). Im Mittel- und im nördlichen Seitenschiff folgen östlich davon drei Chorjoche, wobei im abgetreppt erhöhten Mittelschiff die beiden westlichen durch das Gewölbe zu einem einzigen, fast quadratischen Joch zusammengefaßt werden. Auch die weite Apsis verfügt über ein Rippengewölbe, das mit barocken Illusionsmalereien dekoriert ist. Dreiteilige Wandvorlagen steigen ohne horizontale Gliederung bis zur Sohlbankhöhe der Obergadenfenster hoch. Dort nehmen über vegetabilen Kapitellen Deckplatten, die mit Klötzchenfriesen verziert sind, die breiten Gurte und bandartigen Rechteckrippen auf. Die Schlußsteine der Gewölbe sind zum Teil datiert: 1259 im Chor, 1261 im ersten Joch des Mittelschiffs, 1301 und 1307 schließlich in den westlichsten Langhausjochen. Trotz dieser späten Daten läßt die Struktur der Wandvorlagen aber keinen Zweifel, daß eine solche Wölbung von Anfang an vorgesehen war. An den Kapitellen lassen sich die skizzierten Bauabschnitte ablesen: Auf die großflächigen Kapitelle der Mittelapsis, deren vegetabiler Dekor das Hell-Dunkel betont, folgen im Chor Würfelkapitelle, während die Kapitelle der dritten Bauetappe im Langhaus trotz ihres altertümlichen Flechtbanddekors mit der Ausbildung von Eckknollen deutlich gotische Anklänge verraten. An den Arkadenwänden des ersten Mittelschiffjochs läßt sich auch trefflich die Baunaht zwischen Chor und nachträglich angefügtem Langhaus ablesen. Man staunt, daß hier keine bündigere Lösung für den Anschluß des nach Norden leicht ausbauchenden Langhauses gefunden bzw. die Naht danach nie begradigt worden ist. Der Mitteldienst des nächstfolgenden Pfeilers, des ersten im Langhaus, wird als einziger auf etwa 1,5 m Höhe von einem Kapitell unterbrochen: Hier stand einst ein Lettner, der den Chor der Kanoniker vom Laienschiff trennte. Eine in die Dienste einschneidende Tür in der nördlichen Arkadenwand erlaubte den Zugang von den Konventgebäuden auf die Lettnerbühne.

Sehr archaisch und roh sind die Kapitelle der Seitenschiffe. Die meisten sind rein vegetabil mit langen, zungenförmigen Blättern; im südlichen Seitenschiff zeigen zwei Kapitelle anstelle des mittleren Blattes je eine reichlich naiv gestaltete Figur, deren eine mit BVRCHINVS beschriftet ist (Bild 81 und 82). Aufgrund ihres Stils nahm man an, sie stammten aus dem Vorgängerbau und seien als Spolien wiederverwendet worden. Struktur und Pflanzendekor der altertümlich wirkenden Figurenkapitelle sind aber den rein pflanzlichen derart verwandt, daß kein Grund besteht, sie unterschiedlich zu datieren. Ansätze von Eckknollen lassen auch bei diesen Gliedern eine Entstehung am Ende des 12. Jahrhunderts vermuten. Exemplarisch wird so deutlich, wie auch bei einem relativ ambitionierten Bau Elemente geringeren Anspruchs auftreten können, wie schwächere Qualität einer gut hundertjährigen Stilverspätung entsprechen kann. Weniger aufgrund ihrer Qualität als ihrer Originalität sind die Konsolen zu beachten, auf denen die Rippen im nördlichen Nebenchor aufliegen. Der Nebenchor der Südseite ist durch einen neuzeitlichen Tonneneinbau verstellt.

Aus diesen Nebenchören steigt man in die Krypta hinab, die, wie erwähnt, zur ersten Bauetappe gehört. Sie ist dreischiffig mit je drei Jochen (Bild 83). Die Wandsäulen zeigen »klassische« Würfelkapitelle und romanisch-attische Basen, wogegen die vier Freistützen auf gotischen Basen ruhen und keine eigentlichen Kapitelle, sondern nur abgefaste Kämpferplatten aufweisen, weshalb sie ebenfalls als Spolien aus dem frühromanischen Vorgänger gelten. Eine Fenestella in der Westwand erlaubte einst den Blick vom Chor auf den Sarkophag des hl. Ursicinus, der bis zu seiner Translation in den Chor im Jahr 1323 hier in der Krypta ruhte.

Erwähnt seien schließlich noch Fragmente spätmittelalterlicher Malereien an den Langhauspfeilern (u.a. Michael als Seelenwäger, Johannes der Täufer) und an der nördlichen Seitenschiffwand.

Würdigung

Die Kollegiatskirche von St-Ursanne wurzelt in einer frühmittelalterlichen Gründungsgeschichte, die für den Jura typisch ist. Der heutige Bau entstand am Übergang von der Romanik zur Gotik. Charakteristisch ist etwa, daß – wie an der Apsis gezeigt wurde – die Konstruktion teilweise gotische Elemente aufweist, Verwendung und Form der Dekoration aber noch der alten Tradition verpflichtet sind. In der Bauplastik geht die Altertümlichkeit der Einzelform zuweilen sogar so weit, daß umstritten ist, ob nicht einzelne Bauglieder vom frühromanischen Vorgänger übernommen wurden. Dieser rückwärtsgerichtete Aspekt zeigt, daß der hohe Anspruch, der mit dem bedeutenden Südportal gestellt wurde, nicht durchgehalten werden konnte und auch Steinmetze mit deutlich bescheideneren Fähigkeiten eingesetzt werden mußten.

Als Ganzes kann die Collégiale weder als Reduktion des spätromanischen Basler Münsters noch als Reflex der (verlorenen) Bischofskirche von Besançon gelten. Vielmehr entstand in einem mehrschichtigen Prozeß von Übernahmen von Vorbildern und Konkurrenz zu anderen Referenzbauten der umliegenden Zentren eine eigenständige Schöpfung, in der vor allem die burgundischen Anregungen deutliche Spuren hinterlassen haben.

Genf. Die romanischen Kapitelle der Kathedrale

In einer Übersichtsdarstellung der romanischen Kunst in der Schweiz dürfen die Kapitelle der Genfer Kathedrale St-Pierre nicht fehlen, handelt es sich doch nicht nur um den größten erhaltenen Bestand in der Schweiz, sondern auch um einen der ikonographisch und qualitativ anspruchsvollsten.

Zum Bau

Dominiert wird die Genfer Stadtkirche, die bis zur Reformation 1532 Kathedrale war, vom monumentalen klassizistischen Portikus, den Benedetto Alfieri 1752–56 dem mittelalterlichen Bau vorsetzte, um ihn so vor dem Einsturz zu bewahren und ihm zugleich ein zeitgemäßes, betont anti-mittelalterliches Äußeres zu geben. Hinter dem giebelbekrönten Säulenportikus verbirgt sich die dreischiffige Basilika, die in der zweiten Hälfte des 12. Jahrhunderts begonnen, im 13. Jahrhundert vollendet und in den folgenden Jahrhunderten nach mehreren Katastrophen jeweils wiederhergestellt worden ist. Hier in Genf läßt sich aber auch die frühere Geschichte der Kathedrale bis hin zu den Anfängen der christlichen Baukunst anschaulich zurückverfolgen. Unter der heutigen Kirche sind nämlich die Reste der von Charles Bonnet seit 1976 ergrabenen Vorgängerbauten konserviert und dem Publikum durch einen informativen Parcours zugänglich gemacht. Bereits im 4. Jahrhundert baute man am Ostrand des befestigten Hügels der *Civitas* auf dem Areal eines

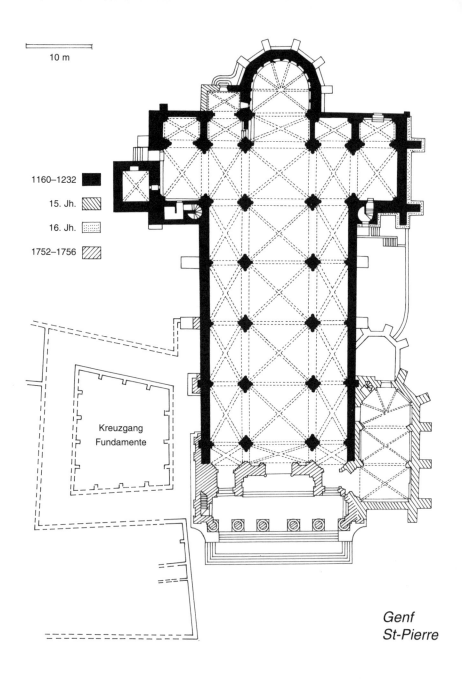

1160–1232
15. Jh.
16. Jh.
1752–1756

Kreuzgang
Fundamente

Genf
St-Pierre

repräsentativen Gebäudekomplexes eine erste Kirche. Diese wurde bald durch weitere Bauten zur Doppelkathedrale mit Baptisterium und Episcopium erweitert und in den folgenden Jahrhunderten mehrfach umgebaut. In karolingischer Zeit errichtete man einen Neubau, der im 11.

Jahrhundert um einen neuen Chor vergrößert wurde. Dieser Chor, unter dem sich eine Rundkrypta befand, diente noch einige Zeit als Notkirche, als man im letzten Drittel des 12. Jahrhunderts im Westen mit dem bis heute erhaltenen Bau begann. Der Neubau steht in seiner Konzeption und den Formen der unteren Partien – im Langhaus bis unter das Triforium, im Chor nur im Bereich der Sockelzone mit den Blendarkaden – noch in romanischer Tradition, doch verraten die Technik und die konsequent kreuzförmigen Mittelschiffpfeiler bereits Vertrautheit mit den neuen Errungenschaften der Frühgotik. Wohl ab dem zweiten Jahrzehnt des 13. Jahrhunderts vollendete man – nun von Westen nach Osten – den Bau, für den man von jenem Zeitpunkt an die Kathedrale von Lausanne als Vorbild gewählt hatte.

Kapitellplastik

Die romanische Bauplastik der Genfer Kathedrale läßt sich in zwei Hauptgruppen unterteilen, die jeweils von mehreren Meistern geschaffen wurden. Entsprechend dem Bauverlauf befinden sich die Kapitelle der älteren Gruppe in den vier westlichen Jochen des Langhauses, die der jüngeren östlich davon. Während bei den älteren das Figürliche überwiegt, gewinnt bei den Kapitellen der zweiten Gruppe die rein vegetabile oder ornamentale Dekoration zunehmend an Gewicht, womit sich eine Tendenz abzeichnet, die mit Blick auf die Gotik typisch für jene Zeit ist.

Die mittelschiffseitigen Vorlagen der Bündelpfeiler steigen ohne Zäsur bis zum Gewölbeansatz empor, den übrigen Diensten ist jeweils ein eigenes Kapitell zugeordnet, d. h., sie sind nicht wie etwa im Zürcher Großmünster oder in der Kathedrale von Chur in einer durchgehenden Zone zusammengefaßt. Dennoch beziehen sich die Kapitelle aufeinander: Diejenigen der eingestellten Dienste sind denen über den Halbsäulen der Hauptseiten zugeordnet; zuweilen sind auch alle Kapitelle eines Mittelschiffpfeilers einem Thema gewidmet. Man folgt also einer klar erkennbaren Hierarchie der Darstellungen: Die themenbestimmende Hauptfigur thront auf der Halbsäule der Arkade und blickt in frontaler Darstellung in Richtung der Gurte. Die anderen Figuren sind ihr inhaltlich und formal untergeordnet. In der Gestaltung und Ikonographie noch weiter zurückgestuft sind dann die Kapitelle der Seitenschiffwände und der Fenster.

Ikonographisch umfassen die Kapitelle der Genfer Kathedrale einen weiten Teil des Themenspektrums romanischer Plastik: von Szenen des Alten und des Neuen Testaments über Personifikationen und Helden antiker Legenden bis hin zur Darstellung von Gauklern und allerlei

Tieren und Monstern. Während es uns in vielen romanischen Kirchen schwerfällt, in der verwirrenden Vielfalt und bunten Durchmischung der Darstellungen etwas anderes als Willkür und Chaos zu sehen, lassen sich in Genf deutlich Ansätze eines ikonographischen Gesamtprogramms beobachten. Allerdings legte man offensichtlich wenig Wert auf die konsequente Befolgung dieses Konzepts und störte sich nicht an mehreren Wiederholungen, selbst wenn diese, wie im Falle von Daniel, sogar in der Kopie eines quasi benachbarten Kapitells gipfelte.

Die Pfeiler an der Westwand mußten bei der Erneuerung der Fassade versetzt werden; sie sind nur unvollständig erhalten, neu gruppiert und mit imitierenden Neuanfertigungen des 18. Jahrhunderts ergänzt. Das Programm setzt im Innern des Nordportals mit einem thronenden Bartträger ein, der aufgrund seines Buches ein Apostel sein dürfte. Ihm nähert sich in devoter Haltung ein Bittsteller oder Bettler. Südlich desselben Eingangs sind die Reste des ersten Danielkapitells plaziert (Bild 86). Der Prophet, der die ganze Kapitellhöhe beansprucht, beschwichtigt mit seiner Rechten gebieterisch die übereinander kauernden Löwen; in der Linken hält er ein Fäßchen, während ihm der von einem Engel herbeigeführte Habakuk einen Laib Brot reicht. Daniel kehrt wieder auf dem Kapitell des westlichsten Freipfeilers der Südarkaden, wo exakt dasselbe Schema – wenn auch in einer deutlich schwächeren Arbeit – wiederholt wird. Hinter Habakuk und rechts von Daniel sind jeweils mehrere Löwen übereinander angeordnet. Weitere gezähmte Löwen erscheinen am Kapitell der Seitenschiffvorlage desselben Pfeilers: Wie Hunde sind sie mit einer seilähnlichen Leine an eine kleine Säule gebunden. Auf der nach Westen gerichteten Seite sind dem Bösen zugeordnete Monster und Mischwesen dargestellt. Der Triumph des Guten über das Böse wird auch am gegenüberliegenden Pfeiler der Nordarkade thematisiert mit Samson, der den Löwen bezwingt. Diese Siege der alttestamentlichen Vorläufer Christi gipfeln in der Überwindung des Todes im Neuen Testament, die am östlichen Mittelkapitell durch die drei Frauen am Grab des auferstandenen Christus und die Inschrift SURREX.XPC (»Christus ist auferstanden« – wobei die Abkürzung des Verbs möglicherweise absichtlich zum Wortspiel von *Christus Rex* führt) dargestellt ist. Als Repräsentant der Kirche wird zum Mittelschiff hin ein Bischof dieser Szene beigesellt.

Der Kampf gegen und der Triumph über die bösen Mächte bestimmen auch die Darstellungen am folgenden Pfeiler. Mehrere Engel haben mit ihren Kreuzstäben jeweils einen Drachen erledigt; weitere Bestien – deren eine als CHIMERA beschriftet ist – zerfleischen sich gegenseitig. Zwei Männer mit Büchern begleiten auf Nebenkapitellen die Szenerie: Apostel, Propheten oder einfach gelehrte Gläubige, die mit Wort und Schrift ihren Teil zu diesem Kampf beitragen. Der entsprechende Pfeiler der Südseite thematisiert dann wiederum in typologischer Gegenüberstellung von Altem und Neuem Testament die Opferbereitschaft und damit den Weg zum Sieg. Dem Isaak-Opfer auf dem Seitenschiffkapitell ist nach Westen der thronende Erlöser gegenübergestellt, der – begleitet von Engeln und den Evangelistensymbolen – seine einst wohl aufgemalten Wundmale vorweist: es ist Christus als Weltenrichter in der Parusie des Gerichts.

In den folgenden Kapitellen gewinnt dann der Pflanzendekor an Gewicht, während die ikonographische Stringenz nachläßt. In der Majestas Domini der Westseite des südlichen Pfeilers konnte der Bildhauer nur mehr die Hälfte der Evangelisten unterbringen. Auf der Ostseite setzt der thronende HERODES REX zur Enthauptung Johannes des Täufers an, während zu seiner Rechten Salome einen wilden Tanz vorführt. Die drei Männer der folgenden Szene sind schwer zu deuten: In der Nachfolge Waldemar Deonnas sieht François Maurer in ihnen Petrus, Jakobus und Johannes, »die dem Bösen – lies: Herodes – ausgeliefert, ihn mit wehrloser Demut überwunden haben«. Am folgenden Pfeilerpaar ist das Figürliche noch weiter reduziert zugunsten von Ranken und Blattwerk. Auf der Nordseite erkennt man noch einige kleinere Figuren, im Süden eine weitere Darstellung der Opferung Isaaks, nun um Sarah und Hagar erweitert (Bild 85). Das eucharistische Thema des Opfers wird weiterverfolgt mit der beschrifteten Figur des Priesters Melchisedek, der Kelch und Brot vorzeigt. Die letzte Szene schließlich wird wiederum unterschiedlich gedeutet: Hans Maurer glaubte die Vermählung Tobias' mit Sarah in Gegenwart des alten Tobias und eines Engels erkennen zu können, andere deuten sie als Begegnung von Isaak und Rebekka im Beisein von Abraham, Waldemar Deonna sieht darin das Brautpaar des Hohenliedes.

Am Übergang zur gotischen Plastik – in ihrer figürlichen Konzeption aber noch fest in romanischer Tradition – stehen dann die Kapitelle der Ostpartie. Im Südquerhaus verdienen diejenigen der Wandpfeiler in der Südkapelle Erwähnung mit der Darstellung des Emmausmahls und der Verkündigung (Bild 84), mit Ecclesia und Synagoge, Petrus zwischen Maria Magdalena und Johannes sowie – rechts des Eingangs – mit Orpheus. Weitere, auch weibliche Musikanten zieren die angrenzende Kapelle. Im Chor sind in den Kapitellen über den flachen kanellierten Pilastern des Sockels die Freien Künste durch gekrönte weibliche Büsten personifiziert. Erhalten haben sich die des *Quadriviums* mit (von Norden) der inschriftlich bezeichneten GEOMETRIA und MVSICA sowie der Arithmetik (?) und der Astronomie. Sie werden jeweils überhöht von baldachinartigen Stadtabbreviaturen, wie sie – vielleicht in Anlehnung an frühchristliche Sarkophage – im späten 12. Jahrhundert auch in der südfranzösischen und sizilischen Kapitellplastik auftreten.

Die Bildseiten

St-Maurice, Kirchenschatz

XXIII	*Sardonixvase.*
XXIV	*Vorderseite des Teudericusschreins.*
XXV	*Rückseite des Teudericusschreins mit Stifterinschrift.*
XXVI	*Die sogenannte »Kanne Karls des Großen«.*
XXVII	*Längsseite des Mauritiusschreins (Seraph, Paulus, Petrus, Cherub).*
XXVIII	*Relief der Dachschräge des Mauritiusschreins (Vertreibung von Adam und Eva).*
XXIX	*Relief der Dachschräge des Mauritiusschreins (spinnende Eva).*
XXX	*Frontseite des Mauritiusschreins.*
XXXI	*Schrein der Kinder des heiligen Sigismund.*

St-Maurice

87	*Kirchenschatz, Schrein der Kinder des heiligen Sigismund (Detail): Mauritius.*
88	*Kirchenschatz: Apostelreihe mit Christus im Zentrum.*
89	*Relief eines Hirten.*
90	*Kirchenschatz: Kopfreliquiar des heiligen Candidus.*

Sion, Valeria: Kirche und Museum

91 bis 94	*Kapitelle im Chor der Kirche.*
95	*Museum: Reliquienbüste des heiligen Petrus (?) aus Bourg-Saint-Pierre.*
96	*Steinernes Treppchen beim Lettner der Kirche.*
97	*Museum: Stehende Muttergottes einer Kreuzigungsgruppe aus Saxon.*
98 und 99	*Kruzifixus aus Saxon (im Episcopium).*
100 und 101	*Museum: Kruzifixus aus Saint-Léonhard.*
102	*Museum: Sakristei-Truhe.*
103	*Museum: Byzantinischer Greifen-Stoff.*
104	*Blick von Westen auf Sion mit Tourbillon (links) und Valeria (rechts).*

XXIII

XXIV

XXV

XXVI

XXVII

XXVIII

XXIX

XXX

87

88

90

SION

93

94

95

96

47. Vierge, provenant de l'ancienne église

Die Abtei St-Maurice d'Agaune

Geschichte

Der Abtei St-Maurice (Kt. Wallis) kommt als ältestem Kloster der Schweiz eine herausragende geschichtliche und kunsthistorische Bedeutung zu. Hier, bei der antiken Zollstation Agaunum, wo die Straße vom Großen St. Bernhard sich neben der Rhône durch die Verengung des Tales zwängt, das sich danach zur Ebene des Genfersees weitet, soll unter Kaiser Maximian eine ganze, von Mauritius angeführte Legion aus der Thebäis aufgrund ihres christlichen Glaubens den Märtyrertod erlitten haben. Weiter weiß Bischof Eucherius von Lyon († 450) zu berichten, sein Amtsbruder Theodor aus dem nahen Octodurus/Martigny habe im späteren 4. Jahrhundert die Gebeine der Märtyrer aufgefunden und über ihnen eine erste Kirche errichtet. Entscheidend für Ort und Kult wurde dann, daß hier der spätere Burgunderkönig Sigismund im Jahre 515 ein Kloster stiftete und – in Anlehnung an östliche Gebräuche – erstmals im Gebiet des einstigen weströmischen Reiches die *laus perennis*, das immerwährende Gotteslob durch sich abwechselnde Chöre, einrichten, ließ. St-Maurice wurde damit zum religiösen Zentrum des frühmittelalterlichen Burgunderreichs. Durch die politische Instrumentalisierung des Mauritius- und Sigismundkultes im Hochmittelalter behielt die Abtei ihre Sonderstellung auch im Königreich Hochburgund und – zumindest ideell – für dessen Erben, die salischen Kaiser.

Seit 1128 ist der Konvent nach den Regeln der Augustinerchorherren organisiert. Die Abtei verfügte über umfangreiche Hoheitsrechte im

Wallis und in der Waadt; die Äbte führten zeitweise den Grafentitel, in neuerer Zeit firmieren sie als Titularbischöfe von Bethlehem oder gegenwärtig von Mauretanien.

Im Laufe der Jahrhunderte wurden Kirche und Konventgebäude in St-Maurice mehrfach von Kriegszügen, Bränden und Felsstürzen heimgesucht. Letzteres führte dann auch dazu, daß man im 17. Jahrhundert die Kirche um 90 Grad drehte und von der Felswand weg verlegte, so daß ein weiterer Felssturz 1942 nurmehr den beibehaltenen romanischen Glockenturm beschädigte. In der Folge wurde er repariert und zugleich die Kirche vergrößert. Seit 1896 hat zuerst Chanoine Bourbon, dann 1944–48 der Genfer Archäologe Louis Blondel das Gelände unmittelbar am Fels – also dort, wo die mittelalterlichen Kirchen gestanden hatten – einigermaßen systematisch archäologisch untersucht. Es ließ sich eine hochinteressante, aber ebenso komplizierte Bauabfolge ermitteln, die zu zahlreichen Fragen Anlaß gibt. Einige von ihnen werden durch die Nachgrabungen zu beantworten sein, die gegenwärtig unter der Leitung von Hansjörg Lehner durchgeführt werden.

Überblick über die Baugeschichte

Hier ist nicht der Ort für eine ausführliche Darstellung der komplexen Baugeschichte, zumal die jüngsten Forschungen bereits Korrekturen an Blondels Resultaten ermöglichen und mit weiteren neuen Befunden zu rechnen ist. Die Bedeutung der Abtei auch für die frühmittelalterliche Architekturgeschichte rechtfertigt aber einen kurzen Überblick auf die Abfolge der Bauten, deren Reste nach Abschluß der laufenden Arbeiten wieder zu besichtigen sein werden.

Die ältesten Baureste auf dem späteren Klosterareal stammen aus römischer Zeit: Während verschiedene Mauerzüge im Bereich der nachmaligen Kirchen bislang keinen deutbaren Zusammenhang ergeben, ist westlich davon, unweit der späteren Memorie des Mauritius, ein Nymphäum oder eine Quellfassung gesichert, so daß auch hier die Frage nach einem Zusammenhang von Memorial- und heilspendendem Wasserkult zu stellen ist. Als Kern der christlichen Anlage gilt ein querrechteckiger Raum, der wohl von Bischof Theodor im Schutze der Felswand über zwei in den Felsgrund eingetiefte Gräber errichtet wurde. Dieser Memoria fügte man einen nach Osten ausgerichteten Saal mit polygonalem Abschluß an. Südwestlich dieser Bauten entstand dann mit Sigismunds Stiftung einer festen klösterlichen Gemeinschaft die erste dreischiffige Basilika. Die südliche Langhauswand war mit Lisenen gegliedert, wie wir das von den zeitgleichen Kirchen in Ravenna kennen; gegen Osten schloß der Bau mit einer eingezogenen und gestelzten Halbkreisapsis.

Im Westen lag eine Vorhalle, zu der von der östlich des ganzen Komplexes gelegenen Siedlung entlang der Kirchensüdmauer zwei parallele Korridore führten. Der nördliche der beiden Gänge steigt als Rampe von Ost nach West kontinuierlich an, um direkt in den Narthex zu münden; entlang der Kirchenmauer luden Sitzbänke zum Verweilen ein. Der südliche Korridor ist als Kryptoportikus in den Boden eingetieft, so daß an seinem Ende eine Treppe nötig war, die zur Kirchenvorhalle emporführte. Dieser Gang wird beidseitig von Torbogen begrenzt, die man als römische Spolien hier sekundär aufrichtete. Wie bei anderen Pilgerzentren jener Zeit war damit der Zugang zu einer eigentlichen Triumphachse aufgewertet, wobei man sich hier nicht nur des Formenapparats, sondern auch materiell der römischen Repräsentationsarchitektur bediente. Beide Korridore wurden im Laufe der Zeit auch als Grablegen genutzt. Weitere Bestattungen – zum Teil überhöht mit Grabbauten und -kapellen – erfolgten allmählich auch östlich des ganzen Abteikomplexes. Zu diesem gehörte überdies ein Baptisterium, das noch im 6. Jahrhundert im Süden der Kirche errichtet wurde, dessen abweichende Orientierung aber noch immer Rätsel aufgibt. Ein quadratischer Kernbau mit zentraler *Piscina* war dreiseitig von einem Umgang umgeben. Im weiteren Verlauf des Frühmittelalters verkleinerte man das Taufbecken und fügte dem Kernbau eine Ostapsis an. Schon vorher – Blondel meint, auf Veranlassung König Guntrums nach einem Langobardenüberfall im Jahre 574 – war die Kirche vergrößert worden: Der alte Chorschluß wurde aufgegeben und dem Langhaus ein Binnenquerschiff angefügt, auf das wiederum eine gestelzte, nun aber außen polygonal gebrochene Apsis folgte.

Ins 8. Jahrhundert und damit in karolingische Zeit wird die nächste umfassende Ausbauphase der Klosterkirche datiert: Eine neue, wie ihre Vorgängerinnen innen halbrunde und außen polygonale, allerdings deutlich größere Apsis wird – wiederum weiter nach Osten vorgeschoben – aufgerichtet. Zu ihr gehört eine Ringkrypta mit zentralem Stichgang, wie sie um 600 in Rom in Alt-St. Peter eingebaut worden und bis in spätkarolingische Zeit im ganzen Reichsgebiet vielfach rezipiert worden war (vgl. St. Luzi in Chur). Der Kryptengang wurde im Norden mit der ursprünglichen Memoria verbunden, doch ist dieser nördliche Teil des Umgangs so schmal, daß hier kaum Massen von Pilgern direkt von einem Verehrungszentrum zum nächsten geführt werden konnten. In einer nächsten Phase erweiterte man die frühkarolingische Basilika um einen Westchor. Ein rechteckiger Sockel, der allerdings aus verschiedenen Bauphasen besteht und in den man mehrere älteren Mauerzüge integrierte, enthielt ebenfalls eine Ringkrypta, deren Mittelstollen zum Arkosolgrab mit den Reliquien des Mauritius führte. Erstmals waren damit die Hauptreliquien in den Kirchenbau einbezogen, wobei man

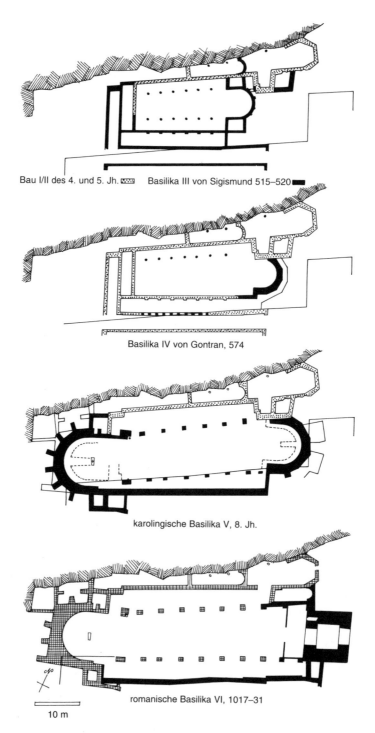

Bau I/II des 4. und 5. Jh.   Basilika III von Sigismund 515–520

Basilika IV von Gontran, 574

karolingische Basilika V, 8. Jh.

romanische Basilika VI, 1017–31

10 m

St-Maurice

sich mit Westchor und Ringkrypta eindeutig römischer Gebräuche bediente, wie das zur Zeit Karls des Großen bei zahlreichen wichtigen Heiligengräbern seines Reiches zu beobachten ist.

Wohl nach den Zerstörungen durch die Sarazenen im zweiten Viertel des 10. Jahrhunderts mußte der Ostchor erneuert werden: Die Krypta wurde aufgegeben, die Apsis mit schwächeren Mauern wiederaufgeführt, ein Umgang ausgeschieden und an diesen ein Kranz unregelmäßiger Rechteckkapellen angefügt.

Die letzten größeren Um- und Neubauten des Mittelalters dürften unter Abt Burkhard I., der zugleich Erzbischof von Lyon war, zwischen 1017 und 1031 erfolgt sein: Der Ostchor wurde endgültig aufgegeben und durch einen Eingangsturm ersetzt, der sich im später vergrößerten Campanile erhalten hat. Durch die weiten Bogen in der Ost- und Westmauer betrat man das Langhaus, welches durch unregelmäßige Pfeiler in zehn Joche gegliedert war und mit gut 65 m Gesamtlänge zu den damals größten Kirchen unseres Gebiets zählte.

Die gegenwärtige, historistisch übergangene und erweiterte Kirche des 17. Jahrhunderts soll uns nicht weiter beschäftigen. Hinzuweisen ist aber auf den Ambo aus Marmor, der im rechten Vorchor aufgestellt ist. Seine Mittelpartie ist flach vorgewölbt, der obere Abschluß ergänzt. Wie viele frühmittelalterliche Ambonen ist er mit einem Kreuz und Flechtwerkornamenten dekoriert; gleich wie die beiden anderen erhaltenen Schweizer Exemplare in Romainmôtier und Baulmes (Kt. Waadt) wird er ins 8. Jahrhundert datiert. Dagegen ist das Relief eines Hirten, das im Kryptoportikus ausgestellt ist, gewiß jünger, auch wenn es gelegentlich noch immer als frühchristlich bezeichnet wird (Bild 89). Sein Stil, vor allem die Proportionen, die Ausformung des Kopfes und die Falten über dem Körper, aber auch einzelne Motive weisen es als romanische Arbeit eines oberitalienischen Bildhauers in der Nachfolge des berühmten Willigelmo in Modena aus. Es entstand folglich in den ersten Jahrzehnten des 12. Jahrhunderts und dürfte Teil einer größeren Verkündigungsszene gewesen sein. Da der auf seinen Stab gestützte Hirte in den halbrund endenden Stein präzise und platzfüllend eingepaßt ist, muß man sich allfällige weitere Figuren ebenfalls auf isolierten Einzelblöcken vorstellen, so daß sich die Frage nach Funktion und Aufstellung solcher Reliefs erhebt. Dekorierten sie Chorschranken, wie wir das von niederrheinischen Reliefplatten kennen, oder hat man sich einen Figurenfries am Außenbau, vielleicht am Eingangsturm vorzustellen?

Der Kirchenschatz

Kunstgeschichtlich von größter Bedeutung ist der Kirchenschatz von St-Maurice mit seinem einmaligen Bestand an erstklassigen Preziosen des Früh- und Hochmittelalters. Aus merowingischer Zeit stammen eine Sardonyx-Vase und der sogenannte Theuderich-Schrein. Erstere besteht aus einem ursprünglich zu einer Henkelkanne verarbeiteten hellenistischen Sardonyx mit der Darstellung von Theseus, Phädra und Hippolytus (Bild XXIII). Im Frühmittelalter wurde das Gefäßfragment mit einem Fuß und einem Halskragen aus Gold versehen, beides überaus reich mit Almandinen, Edelsteinen und Perlen besetzt. Das zweifellos aus königlichem Besitz nach St-Maurice gelangte Gefäß diente hier als Reliquiar und wurde in der Legende mit dem hl. Martin von Tours verknüpft, der darin wundersam aus der Erde hervorquellendes Märtyrerblut gesammelt haben soll.

Wohl aus derselben Zeit stammt der Theuderich-Schrein, ein Reliquienkästchen, das für einmal den Schleier der Anonymität vieler Preziosen lüftet und gleich eine ganze Gruppe von Beteiligten namentlich aufführt (Bild XXV). Als Auftraggeber wird der Priester Theuderich genannt, der das Tragreliquiar von den Goldschmieden Undiho und Ello zu Ehren des hl. Mauritius herstellen ließ, und zwar aus den Mitteln der Stifter Rihlindis und Nordoalaus. Das erfahren wir aus der Inschrift, die dekorativ in das Rautenmuster der goldblechbeschlagenen Rückseite eingepaßt ist. Die Vorderseite ist vollständig mit Almandineinlagen überzogen, die von Perlen und Edelsteinen unterbrochen werden, die ein dekoratives Muster um ein Mittelmedaillon bilden (Bild XXIV). In einer aus Glaspaste gefertigten Kameen-Imitation ist eine männliche Büste – wohl die des hl. Mauritius – dargestellt.

Wie die Sardonyx-Vase ist auch die sogenannte »Kanne Karls des Großen« ein Gefäß, das durch die frühmittelalterliche Neufassung älterer Zimelien entstand, ohne daß daraus ein Flickwerk wurde (Bild XXVI). Feinster orientalischer oder byzantinischer Zellenschmelz mit Pflanzenornamenten sowie gegenständig angeordneten Löwen und Greifen wird von einer karolingischen Goldschmiedearbeit zu einer Kanne zusammengefaßt, deren Schönheit zur Legendenbildung anregen mußte. Nach der örtlichen Tradition soll die Kanne ein Geschenk des Kalifen Harun al-Raschid an Karl den Großen gewesen sein, der sie dem Mauritiuskloster weitergereicht haben soll. Der wahre Kern dieser Überlieferung liegt nicht nur darin, daß die gewölbten Wangen der Kanne und die Zellenschmelzplättchen an ihrem rechteckigen Hals östlicher Herkunft sind – Andreas Alföldi sah in ihnen Teile eines Kugelszepters aus der Awarenbeute –, sondern auch in der Zuweisung an einen Stifter aus dem Umkreis des Herrscherhauses. Denn nur dort dürften damals Goldschmiede tätig gewesen sein, die solche frei gearbeiteten Palmetten, wie sie Henkel und Bauch rahmen, in dieser Feinheit und Sicherheit fertigen konnten. Im exotisch anmutenden Blütendekor des Ausgusses schließlich zeigt der Goldschmied vollends seine Meisterschaft, mit der eigenen Arbeit subtil auf vorgegebene Teile zu reagieren und diese zu einem vollendeten Ganzen zusammenzufügen.

Die romanischen Schreine und Reliquiare im Schatz von St-Maurice werden traditionellerweise einer im oder beim Kloster lokalisierten Goldschmiedewerkstatt zugeschrieben. Während klösterliche Münzprägungen schon in der Merowingerzeit belegt sind, steht ein Beweis für eine eigene Goldschmiedewerkstatt allerdings noch aus. Immerhin belegen Gemeinsamkeiten der edlen Geräte in St-Maurice, in Sion, auf dem Großen St-Bernhard und einiger verstreuter Objekte, daß diese Region eine eigenständige Goldschmiedekunst kannte, wo immer diese Werkstatt letztlich zu lokalisieren ist.

Man ist sich in der Forschung einig, daß die beiden romanischen Schreine in St-Maurice in ihrer heutigen Gestalt Produkte späterer Veränderungen sind. Während aber die Figuren des Mauritiusschreins ursprünglich für einen ganz anderen Zweck geschaffen wurden, dürfte der Schrein der Kinder des heiligen Sigismund schon bei seiner Entstehung um die Mitte des 12. Jahrhunderts ungefähr diese Form gehabt haben (Bild XXXI). An den Längsseiten thronen unter Arkaden Christus und die zwölf Apostel. Der Unterbruch der Arkadenreihe auf der Rückseite und die Stildifferenzen der Figuren bezeugen eine Planänderung oder Reparatur. Interessanter ist ein Irrtum des Schreibers auf der Vorderseite: Die Figur in der größeren Mittelarkade zwischen Petrus und Paulus hält ein Kreuz und stellt zweifellos Christus dar (Bild 88). In der Inschriftenleiste darüber wird sie aber als ANDREAS bezeichnet, der in der jüngeren ikonographischen Tradition in der Tat ein Kreuz als Attribut hat. Darf man daraus schließen, daß im Gegensatz zum Goldschmied dem Schreiber dieser neue Brauch der persönlichen Apostelattribute bekannt war und er deshalb zu seinem Fehler verleitet wurde? In den Dachschrägen sind ebenfalls unter Arkaden auf der Vorderseite Christus in der Mandorla, flankiert von zwei Erzengeln, Johannes dem Täufer und vermutlich Johannes dem Evangelisten dargestellt und auf der Rückseite der Gekreuzigte zwischen Maria und Johannes sowie Michael und einem weiteren Erzengel. Die stilistischen Unterschiede zu den Apostelfiguren der Längsseiten sind markant; die Dachreliefs dürften oberitalienischer Herkunft sein, wie ein Vergleich mit den Silberreliefs des Eldradoschreins im piemontesischen Kloster Novalesa nahelegt. So erklären sich auch die byzantinisierenden Elemente, wie sie in der romanischen Malerei Oberitaliens stets wieder zu beobachten sind. An den Stirnseiten des Schreins der Kinder des heiligen Sigismund sind die beiden Hauptheiligen von St-Maurice dargestellt: Auf der einen Seite der gekrönte König Sigismund, auf einem *Faldistorium* thronend und mit einem Lilienszepter in der Linken, wie er eine Gruppe von vier Edlen unterweist, von denen der erste ein Schwert emporhält (Bild XXXI). Wie der herabhängende Gürtel zeigt, steckt dieses noch in der Scheide; es handelt sich also um eine Investiturszene, in der man auch schon die Gründung der Abtei zu erkennen glaubte. Auf der gegenüberliegenden Stirnseite ist Mauritius, voll gerüstet und hoch zu Pferd, als Ritter dargestellt (Bild 87).

Der Mauritiusschrein scheint aus den Resten eines Antependiums gefertigt worden zu sein, das Graf Humbert III. als Ersatz für eine *tabula aurea* herstellen ließ, die sein Vater Amadeus III. von Savoyen 1147 zur Finanzierung seiner Teilnahme am zweiten Kreuzzug versetzt hatte. Von Humberts Antependium stammen die acht Figuren, die unter Arkaden die beiden Längsseiten schmücken (Bild XXVII), sowie der segnende Christus in der Mandorla an der Stirnseite, mit den Evangelistensymbolen des Johannes und des Matthäus (Bild XXX). Der zu Füßen Christi kniende Matthäus-Engel wirkt dabei wie eine etwas an den Rand gedrängte Stifterfigur. An den Längsseiten sind es sechs thronende Apostel sowie ein Cherub und ein Seraph. Alle sind beschriftet und wie die Christusfigur mit freiplastisch hervortretenden Köpfen gearbeitet. Reste von Farbfassungen zeigen, daß die Köpfe im Laufe der Jahrhunderte bemalt wurden und dann ähnlich gewirkt haben müssen wie die noch heute polychrome Reliquienbüste des heiligen Bernhard aus dem 13. Jahrhundert im Hospiz auf dem Großen St. Bernhard. Stilistisch werden die Köpfe des Mauritiusschreins zu Recht mit dem Haupt einer hölzernen Johannesstatue in der Sammlung Bodmer in Zürich verglichen, die von einer Kreuzigungsgruppe aus dem Wallis stammt und damit die Entstehung der Goldschmiedearbeiten in der Region belegt. Ein anderer Meister dürfte die Genesis-Tondi geschaffen haben, die als flache Reliefs die merkwürdig zweifach abgetreppten Dachschrägen zieren (Bild XXVIII und XXIX). Sie erzählen das Schicksal der Ureltern nach dem Sündenfall vom Urteil und der Vertreibung aus dem Paradies, der Arbeit von Adam und Eva bis zu den Opfern Kains und Abels, wobei jeweils ein Titulus die Darstellungen erläutert. Aus der ersten Hälfte des 13. Jahrhunderts stammen die große Muttergottes an der zweiten Stirnseite sowie die hübschen Engelchen, welche die Gloriole Christi flankieren (Bild XXX). Vermutlich wurden damals die Reste des Antependiums zum Reliquienschrein umgearbeitet, wobei gerade die Muttergottes für das Bemühen – und den Grad des Gelingens – zeugt, die Ergänzungen dem alten Bestand formal anzugleichen.

Das Candidushaupt – die einzige romanische Edelmetallarbeit in St-Maurice, die im Originalzustand erhalten ist – gehört zu den interessantesten und qualitätvollsten romanischen Köpfen in der Schweiz (Bild 90). Auf sprechende Weise werden die verehrten Reliquien in Szene gesetzt: Das getriebene Silberblech des Sockels zeigt, wie der *Senator militum* der Thebäischen Legion enthauptet und seine Seele von einem Engel in den Himmel aufgenommen wird. Die Inschrift besagt, daß Candidus durch seinen Märtyrertod die Sterne gewinne und ihm für seinen Opfertod das (ewige) Leben gegeben werde: CA(n)DID(us)/ EXE(m)PTO/ DVM SIC/ MVCR/ONE LI/TATVR/ SPI(ritus) ASTRA PETIT/ PRO NECE VITA DATVR. Das Haupt selber besteht aus Silberplatten, die auf einem geschnitzten Kern aus Nußbaumholz appliziert sind. Der sehr ausdrucksvolle Kopf ist mit einem Diadem geschmückt, das Candidus als Märtyrer ausweist. Wie der Kragen des Heiligen ist es mit bunten und wertvollen Steinen geschmückt. Der Bart ist vergoldet und in einem ornamentalen Zopfmuster fein ziseliert. Noch einen Schritt weiter ging der Goldschmied beim Schnurrbart, wo mit einer Art Blattranke das Ornament endgültig über die abbildenden Qualitäten triumphiert.

Sitten/Sion

Seit im 6. Jahrhundert der Bischofssitz von Martigny/Octodurus hierher verlegt wurde, ist Sitten Hauptort des Wallis. Die Stadt zu Füßen der beiden markanten Hügel Tourbillon und Valeria, die von weitem sichtbar aus dem Rhônetal emporragen, ist reich an mittelalterlichen Monumenten (Bild 104). Da die Burghügel glücklicherweise noch heute nur zu Fuß zu besteigen sind, herrscht auf ihnen eine beinahe entrückte Beschaulichkeit, die auch atmosphärisch zur Beschäftigung mit der Vergangenheit einlädt.

Während die an mediterrane Kreuzritterburgen erinnernde Tourbillon aus nachromanischer Zeit stammt und uns hier nicht weiter beschäftigen soll, wird der umfangreiche Gebäudekomplex der Valeria von einer Kirche überragt, die als ein weiteres Hauptbeispiel des Übergangs von der Romanik zur Gotik gilt. Notre-Dame de Valère hat den Rang einer Kathedrale, den sie mit der zweiten, jenseits der Sitter in der Ebene gelegenen bischöflichen Marienkirche zu teilen hat.

Die frühen Kirchen in der Talstadt

Unter dem Chor der spätgotischen Kathedrale Notre-Dame de Glarier konnte kürzlich eine Hallenkrypta aus dem 11. Jahrhundert freigelegt und dadurch der dreiapsidiale Chorschluß des romanischen Vorgängerbaus nachgewiesen werden. Die Wandvorlagen und die Abdrücke der Stützen im Steinplattenboden lassen die Gewölbestruktur der Krypta erschließen, deren drei Schiffe und vier Joche durch Gurte geschieden waren. Ost- und Westteil der Krypta werden durch eine deutliche Baufuge getrennt. Daß der Innenausbau nicht mit, sondern nach Errichtung der Außenmauern erfolgte, deutet vielleicht auf einen anfänglich noch stehenden älteren Bau, um den herum der Neubau begonnen wurde. An der Wende zum 13. Jahrhundert wurde der romanischen Kirche der mächtige Fassadenturm vorgebaut, durch den man noch heute die Kathedrale betritt. Wie die meisten romanischen Glockentürme der Gegend ist er horizontal in Stockwerke unterteilt, die wie die italienischen Campanili gegen oben zunehmend reicher gegliedert sind. Auch wenn mehrere Indizien auf einen vorromanischen Vorgänger bei der Kathedrale hindeuten, läßt sich dieser bislang nicht mit Bestimmtheit nachweisen; die bei den Grabungen entdeckten karolingischen Skulpturenfragmente könnten auch von der unmittelbar südlich benachbarten Theodulskirche stammen. Diese ist in ihrer jetzigen Gestalt ebenfalls spät- und nachgotisch, doch konnten darunter Reste von Vorgängerbauten ergraben und konserviert werden: Unter einem erhöhten quadratischen Westchor war eine Winkelgangkrypta eingetieft, die ein Arkosolgrab wohl für die Reliquien des heiligen Bischofs Theodul (oder Theodor), des Begründers des Mauritiuskults in St-Maurice, barg. Diese Befunde gehören zu einer karolingischen Kirche, welche in die Ruinen einer römischen Therme eingebaut worden war.

Als letzter, allerdings nur noch archäologisch nachgewiesener vorromanischer Bau ist die große Bestattungskirche Sous-le-Scex zu erwähnen, die in den 1980er Jahren unmittelbar an der Felswand der Valeria von Hansjörg Lehner und Alessandra Antonini ausgegraben wurde. Trotz der Größe der Anlage, die kontinuierlich von einem spätantiken Bestattungsplatz zu einer frühmittelalterlichen Kirche mit weiter Hufeisenapsis und verschiedenen Annexen ausgebaut wurde, war diese vor den Grabungen gänzlich unbekannt. Sie wird in keiner erhaltenen Schriftquelle erwähnt und bildet damit ein eindrückliches Beispiel für die Bedeutung der Archäologie für die mittelalterliche Architektur- und Siedlungsgeschichte.

Der reiche Domschatz ist seit kurzem in einem eigenen Museum westlich von St-Théodul ausgestellt. Besondere Beachtung verdienen zwei frühmittelalterliche Bursenreliquiare und ein großer romanischer Reliquienschrein. Das wohl noch vorkarolingische Amalricus-Reliquiar besteht aus gefärbten und mit Zopfmustern verzierten Beinplättchen, die auf einem Holzkern befestigt sind. Mittels eines Schiebeverschlusses im Boden läßt sich das Reliquienkämmerchen öffnen. Ein Bleiplättchen nennt den Namen des ansonsten unbekannten Stifters.

Dagegen ist Altheus, der – wie eine Schrifttafel auf der Unterseite besagt – das zweite Bursenreliquiar zu Ehren Mariens stiftete (HANC

CAPSAM DICATA IN HONOREM S. MARIA FIERI RODAVIT ALTEUS EPISCOPUS), als Sittener Bischof von 780–799 bezeugt. Sein kleines Tragreliquiar vereint auf interessante Weise unterschiedliche Stile und Techniken: Neben altertümlicher Tierstilornamentik (Bodenplatte) stehen Silberplatten mit stark geometrisierten Ornamenten, aber auch solche mit schwungvoll üppigem Pflanzendekor neben getriebenen Ganz- und Halbfiguren (Maria, Johannes, Christus). Dazu kommen farbige Plättchen mit Brustbildern aus Zellenschmelz, früheste Beispiele figürlichen Cloisonnées, das zuvor fast ausschließlich für anikonische Dekorationen diente.

Der sogenannte »Große Sittener Reliquienschrein« besteht aus getriebenen Silberblechen, die auf einem Holzkern montiert sind, der dendrochronologisch ins späte 11. Jahrhundert datiert werden konnte. Heute sind auf der Vorderseite von rechts nach links die Platten mit dem Abendmahl, der Kreuzabnahme, zwei Thronenden und dem Grab Christi angebracht. Die Dachfläche nimmt eine breite, vielfigurige Himmelfahrt ein. Der Sittener Schrein geht den romanischen Treibarbeiten in St-Maurice voran; gewisse Stilmerkmale deuten aber auf eine durchgehende Tradition, womit hier quasi die Inkunabel der romanischen Walliser Goldschmiedewerkstatt zu vermuten wäre.

Valeria

Geschichte

Man hat stets angenommen, daß der stadtbeherrschende Valeria-Hügel bereits im Frühmittelalter besiedelt war und vielleicht schon die frühesten in Sitten residierenden Bischöfe hier eine Kirche errichtet hätten. Im Gegensatz zum Gebiet um St-Théodul und die Kathedrale konnten hier aber bislang keine frühmittelalterlichen Funde, welche diese These bekräftigen würden, geborgen werden. Auch die seit 1989 im Rahmen einer umfassenden Restaurierung der ganzen Anlage auf der Valeria durchgeführten archäologischen Grabungen erbrachten für die Frühzeit noch keine neuen Erkenntnisse, wobei vor voreiligen Schlüssen das Ende der Untersuchungen abzuwarten ist.

Mitte des 11. Jahrhunderts wird die Valeria als Sitz des Domkapitels, in der zweiten Hälfte des folgenden Saeculums auch als Kapitelkirche erwähnt. Aus dieser Zeit stammen die ältesten nachgewiesenen Bauteile. Im 13. Jahrhundert sind fünf Altäre bezeugt, allen voran derjenige für die Muttergottes und einer für die heilige Katharina. Im Verlauf des Mittelalters wird die Burganlage kontinuierlich ausgebaut. Ein neues Chorgestühl im 17. Jahrhundert läßt auf anhaltende Vitalität zumindest des kirchlichen Lebens auf dem Hügel schließen. Das änderte sich dann im späten 18. Jahrhundert, als das Kapitel in die Talstadt hinabzog und die Valeria danach zusehends verödete. 1892 erließ J. R. Rahn einen Appell, mit dem er auf den bevorstehenden Zusammenbruch der Kirche aufmerksam machte, worauf dann 1896–1903 Konsolidierungs- und Restaurierungsarbeiten dieses Schicksal abwenden und eines der eindrücklichsten Denkmäler mittelalterlicher Baukunst retten konnten. Die dabei gemachten Beobachtungen faßte Hermann Holderegger 1930 in seiner Dissertation zusammen, die erstaunlicherweise bis heute die einzige architekturgeschichtliche Abhandlung zur Valeriakirche geblieben ist.

Besichtigung

Vom Sattel zwischen den beiden Burghügeln führt der Aufstieg zur Valeria an der Allerheiligenkapelle vorbei, die 1325 vom Kanoniker Thomas von Blanderate gegründet worden ist. Sie steht beispielhaft für die Langlebigkeit romanischer Bauformen, vor allem bei Kleinkirchen, zeigt doch einzig das spitzbogige Portal mit seinen gestuften Wülsten rudimentäre Bezüge auf zeitgemäßere gotische Formen.

Durch ein doppeltes Tor mit Fallgittern betritt man die wehrhafte Anlage im Nordosten, wo man hoch oben die Apsis der Kirche emporragen sieht. Eine getreppte Felsrampe führt bergan am ersten der drei Gebäudekomplexe vorbei, welche die Anlage nach Norden abschließen. In ihm liegt die sogenannte *Caminata*, ein zweijochiger Saal mit prächtigem frühgotischen Kamin, der mit Turnierszenen und Wappen bemalt ist. Die Westwand des Raumes ziert ein Wandbild aus dem Umkreis von Konrad Witz (Mitte 15. Jh.) mit der Muttergottes zwischen den Heiligen Mauritius und Theodul. Weiter oben folgt der sogenannte »Wachtsaal«, der mit seinen sechs großen Spitzbogenfenstern nach außen eindrücklich als Repräsentationsbau in Erscheinung tritt. Der gegenüberliegende Eingang zu Nebenräumen, die in den Felsen eingetieft sind, wird von einer mächtigen, sehr archaisch anmutenden, aber wohl mittelalterlichen Maske bekrönt. Zuoberst – aber noch deutlich unter der Kirche – liegen die Häuser von Dekan und Domherren, in denen das Walliser Kantonsmuseum untergebracht ist (s. unten). Westlich davon gewährt eine Terrasse einen vorzüglichen Blick hinab auf die Stadt und ins mittlere Rhônetal.

Über weitere Stufen gelangt man zum Tor der Umfassungsmauer des Kirchenvorplatzes, von welchem eine halbkreisförmige Treppe zum Hauptportal der Kirche führt. Es ist heute verschlossen, so daß man die Kirche durch eine kleine Pforte von Westen zu betreten hat. Das Portal öffnete sich ins nördliche Seitenschiff und ist eher einfach gehalten: Abgetreppte Gewände enden mit rechteckigen Vollblattkapitellen, deren auffällig stark geschweifter und profilierter Abakus mit den groben Deckplatten kontrastiert. Zwischen die Abstufungen der Gewände ist beidseits eine Dreiviertelsäule eingestellt, deren Kapitelle als Masken gebildet sind. Wulst und Abtreppungen setzten sich als Bogen über dem leeren Tympanon fort, wobei im Zenith eines äußeren Rahmens nochmals eine Maske angebracht ist.

Die dreischiffige, nach Osten gerichtete Basilika besteht aus einem – wie die Lisenen der Seitenschiffwand und die Strebepfeiler am Obergaden anzeigen – vierjochigen Langhaus, einem über dessen Flucht hinaustretenden Querhaus und einer direkt anschließenden Apsis. Diese ist im unteren Teil halbrund, darüber polygonal; Gesimse gliedern sie horizontal, und an der Traufe wird sie von einem Zinnenkranz bekrönt. Ein solcher zieht sich auch entlang des nördlichen Seitenschiffdaches. Zusammmen mit dem breiten Turm über dem Nordquerhaus, der eher einem Burg- als einem Glockenturm gleicht, macht die zugangsseitige Nordfront einen ausgesprochen wehrhaften Eindruck. Nach Westen sind der Kirche weitere Gebäude angegliedert, in denen sich Nutzräume – unter anderem eine Mühle – befanden. Abgeschlossen wird der ganze Komplex mit dem Haus des *Matricularius*, an dem heute der Aufstieg zum genannten Westeingang der Kirche vorbeiführt. Am Außenbau lassen sich weitere, jetzt vermauerte Zugänge ablesen, die direkten Zugang ins Südquerhaus gewährten. Sie liegen auf deutlich tieferem Niveau und würden nun ins Nichts führen, da sich heute im Südosten keine Gebäude mehr befinden. Solche konnten allerdings archäologisch erfaßt und durch entsprechende Funde als Behausung mit gehobenem Wohnkomfort ausgewiesen werden. Die Situation erinnert an Chartres, wo sich in gleicher Lage im Südosten der Kathedrale Kanonikerhäuser befanden, die über hölzerne Zugänge direkt mit der Kirche verbunden waren.

Tritt man endlich ins Innere der Valeria-Kirche, so überrascht der Kontrast des lichten Innenraums mit dem burghaften, dunklen Äußeren. Sämtliche Raumteile sind überwölbt, die oblongen Querarme mit Quertonnen, die übrigen Teile inklusive der gestelzten Apsis mit Rippengewölben, die im Schiff auf Bündelpfeilern lasten. Die Mittelschiffarkaden sind sehr hoch, darüber folgt ein mit den Deckplatten der Pfeiler verkröpftes Gesims, das die Trennung zur Gewölbezone anzeigt, in deren Schildwänden die Obergadenfenster liegen. Anschaulich wird in dieser Kirche die starke Fraktionierung vieler mittelalterlicher Kirchenräume, die hier durch den erheblich ansteigenden Fels noch verstärkt wird: Die Schrankenmauern des Sängerchores sind vollständig erhalten und vereinnahmen über die Vierung hinaus das ganze östliche Mittelschiffjoch. Abgeschlossen wird der Chor mit einem Lettner, der im 13. Jahrhundert aus Stuckmörtel mit Holzarmierungen gefertigt wurde und als einziger Lettner in der Schweiz noch im Originalzustand erhalten ist.

Scheint das Innere der Valeriakirche auch weitgehend von der burgundischen Gotik geprägt, so lassen sich doch zumindest an den Kapi-

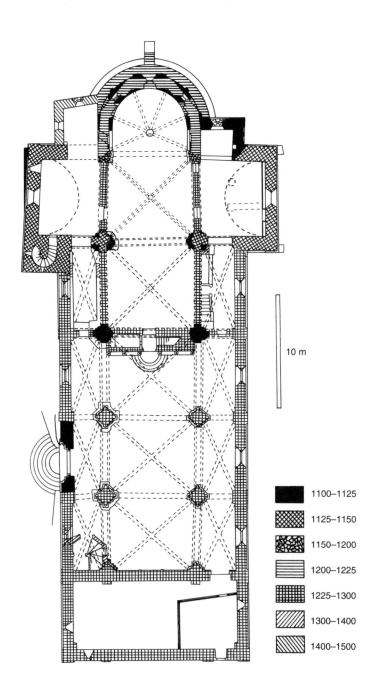

■	1100–1125
▨	1125–1150
▩	1150–1200
▤	1200–1225
▦	1225–1300
▰	1300–1400
▱	1400–1500

Sitten
Valeria

tellen im Ostteil des Baus dessen romanische Wurzeln leicht ablesen. Seit Holderegger unterscheidet man verschiedene, allerdings nicht immer gleich interpretierte Bauphasen. Ein erster, wohl noch vor 1150 begonnener Plan sah eine halbrunde, leicht eingezogene Apsis und T-förmige westliche Vierungspfeiler vor. Sennhauser schließt daraus, die Vierung und das halbe, bis zum Einzug der Apsis reichende Chorjoch seien als Langchor zusammengefaßt gewesen, an den die niedrigeren Querarme grenzten, die – wie im Süden noch erhalten – mit rechteckigen Chorflankenkapellen endeten. Von diesem Chor lassen sich noch die Umrisse dreier rundbogiger Fenster, ein abgeschrotetes Gesims sowie eine auf tiefem Niveau ansetzende Gewölbebasis erkennen. Die Arkadenstellungen im Langhaus sind nicht nachgewiesen, doch sind eng gesetzte Pfeiler anzunehmen, die ein flach gedecktes Mittelschiff säumten. Ob das Hauptportal tatsächlich bereits zu dieser und nicht eher zur nächsten Bauetappe gehört, bleibt zu klären.

In der zweiten, spätromanischen Phase wurden mit dem östlichen Mittelschiffjoch die Pfeilerabstände definitiv festgelegt und die Wölbung ins Auge gefaßt. Mit ihr hängen auch die romanischen Kapitelle zusammen, welche die Pfeiler des Chorbezirks zieren. Im 13. Jahrhundert ummantelte man die Apsis und führte sie polygonal in die Höhe; danach wurde der Bau mit den nach Gurt-, Scheidbogen und Rippen fein differenzierten gotischen Gewölben abgeschlossen.

Die erwähnten romanischen Kapitelle sind dank des hohen Bodenniveaus im Ostteil der Kirche und der Einbauten in deren Seitenschiffen gut und aus der Nähe zu betrachten. Damit offenbart sich auch ihre vor allem im Figürlichen eher bescheidene Qualität. Die zum Teil archaische Ornamentik vermittelt etwas Kerbschnittartiges; in ihrer starken Oberflächenstrukturierung – die an die Plastik in Neuenburg erinnert – ist sie auf Licht-Schatten-Kontraste angelegt (Bild 91–94). Die eigentliche Kapitellstruktur wird jeweils durch Blattwerk geformt, das sich – bei aller Vereinfachung und Stilisierung – am Akanthus antiker korinthischer Kapitelle orientiert. Oft ist die Abakuszone mit großformatigen Pinienzapfen oder Schnecken besetzt. Dieser vorwiegend vegetabilen Grundstruktur sind die meisten figürlichen Elemente untergeordnet, nicht ohne dabei gelegentlich originelle Lösungen zu zeigen. So am südlichen Chordienst, aus dessen zweizonigem Kapitell in der Mitte ein Männchen herausblickt, das die Hörner zweier Tiere packt, deren Köpfe aus den Ecken ragen (Bild 93). Im »Freudentanz-Kapitell« (Maurer) auf der Nordseite unter dem Triumphbogen sind die Ecken von zwei dumpf kauernden Riesen besetzt, die mittels Leinen von einem Mann im Zaum gehalten werden, der die Mitte einnimmt, wo vier weitere Figuren einen Reigen tanzen (Bild 94). In den Arkadenkapitellen ist zum Teil die Abakuszone figürlich besetzt, was wenigstens in einem Fall ikonographisch begründbar erscheint: Auf der Nordseite wird einer kleinen thronenden Christusfigur von zwei flatternden Engeln gehuldigt, was wie eine Himmelfahrt Christi wirkt, deren Plazierung in einer oberen Zone sinnvoll wäre. Insgesamt kreisen die Valeriakapitelle ikonographisch um das beliebte und unerschöpfliche Thema des Kampfes zwischen Gut und Böse, wobei sich Menschen, Tiere und Monster ablösen. Ein kohärentes Gesamtprogramm ist nicht auszumachen; das harte Aufeinanderprallen verschiedener, oft nicht aufeinander abgestimmter Werkstücke deutet darauf hin, daß die Kapitelle nach einem sehr rudimentären Versatzplan vorgefertigt und ohne weitere Anpassungen eingebaut wurden. Stilistisch sind sie keinem der großen Zentren romanischer Plastik zuzuweisen; wir können von einer regionalen Werkstatt ausgehen, die – wie die Liebe zum Akanthus zeigt – ihre Kenntnisse und Ideen eher aus der Lombardei als aus Burgund bezogen hatte.

Bevor wir uns von der Kirche ab- und dem Museum zuwenden, sei von der reichen nachromanischen Ausstattung der Valeriakirche wenigstens die Schwalbennestorgel erwähnt, die ins 14. Jahrhundert zurückreicht und damit eine der ältesten noch spielbaren Orgeln überhaupt ist. Die Flügel wurden um 1435 von Peter Maggenberg bemalt, der auch die Wandmalereien des Grabmals an der Kirchensüdwand und diejenigen der Lettnerrückwand schuf. Letztere sind weitgehend vom interessanten barocken Chorgestühl verdeckt.

Das Valeria-Museum

Das Musée cantonal d'histoire et d'ethnographie auf der Valeria beherbergt neben bedeutenden frühmittelalterlichen Artefakten – genannt seien nur die spätantiken Elfenbeinarbeiten eines Arzneikästchens mit der Darstellung von Asklepios und Hygieia und eine Pyxis mit den Frauen am Grabe Christi – einen reichen Bestand an mittelalterlicher Plastik. Dazu gehört eine 130 cm hohe Buchenholzstatue der Maria aus der Kirche von Saxon (Bild 97). Die polychrom gefaßte schlanke Figur entstand um die Mitte des 12. Jahrhunderts und dürfte einst zu einer monumentalen Kreuzigungsgruppe gehört haben, wie sie sich etwa aus der gleichen Zeit in der Sakristei des Doms von Bologna erhalten hat. Manche Forscher glauben, auch die Gegenstücke der Saxoner Maria identifizieren zu können, indem sie sie mit dem vom gleichen Ort stammenden Kruzifix im Sittener Episcopium (Bild 98 und 99) und der – bereits bei St-Maurice als Vergleich genannten – Johannesstatue der Zürcher Sammlung Bodmer zusammenbringen. Abgesehen davon, daß dieser Johannes ikonographisch nicht unproblematisch ist, sind die stilistischen Differenzen zwischen der Maria und den beiden männlichen

Figuren doch beträchtlich, so daß an ihrer ursprünglichen Zusammengehörigkeit zu zweifeln ist. Keinen Zweifel gibt es dagegen darüber, daß der Saxoner Kruzifixus im Sittener Episcopium aus der gleichen Werkstatt stammt wie der Gekreuzigte aus dem Unterwallis, der heute im Schweizerischen Landesmuseum in Zürich aufbewahrt wird und in Gesichtstyp, Zeichnung der Rippen und Knüpfung des Lendentuchs mit jenem weitestgehend übereinstimmt. Während diese Bildwerke den sterbenden Christus mit halb geöffneten Augen und leicht eingeknickter, aber doch noch aktiv stehender Körperhaltung zeigen – wirkungsvoll unterstrichen durch das orthogonale Falten- und Saumgerüst des Lendentuchs –, gehört das wenig jüngere Kruzifix aus Saint-Léonhard im Valeria-Museum zu den Darstellungen des toten Jesu (Bild 100 und 101). Der Kopf ist auf die Brust gesackt, die Augen sind geschlossen, und der ganze Körper scheint an den Armen zu hängen. Dem entspricht die in der zweiten Hälfte des 12. Jahrhunderts sich rasch ausbreitende Neuerung, die Füße übereinander und nur mehr von einem Nagel durchbohrt anzuordnen. Die Farbfassung dieser eindrucksvollen Pappelholzfigur wurde vermutlich im 17. Jahrhundert erneuert und dem damaligen Zeitgeschmack angepaßt; darunter haben sich Reste der ursprünglichen Farbigkeit erhalten.

Sakralgewänder und liturgisches Gerät wurden wie die private Habe im Mittelalter zumeist in Truhen aufbewahrt, dem vielleicht traditionsreichsten Möbel überhaupt. Bei entsprechenden Mitteln konnten sie reich verziert sein, wofür im Valeria-Museum drei Sakristeimöbel zeugen, die gemäß dendrochronologischer Altersbestimmung im späten 12. oder im 13. Jahrhundert gezimmert wurden. Neben eher konventionellen Rosettenmotiven in der seit spätrömischer Zeit in manchen romanischen Gebieten bis in die Gegenwart gepflegten Kerbschnittechnik sind diese Truhen mit Architekturmotiven verziert, die sie auf eigentümliche Weise mit der romanischen Baukunst verbinden. Abgetreppte und dekorierte Rundbogenarkaden, die über Deckplatten oder Kapitelle auf Doppelsäulchen ruhen, schmücken die Vorderseite zweier Truhen, wobei das Motiv bei der einen plastisch reliefiert, bei der andern Truhe in zwei Geschossen verdoppelt ist (Bild 102). Bei letzterer lesen wir in den Zwickeln der unteren Bogenreihe AVE MARIA GRATIA PLENA. Wie sehr sich die Schnitzer an der Architektur orientierten, zeigen jeweils die Beine der Möbel: Sind es selbst im einfachsten Fall architektonisch aufgefaßte Pfeiler mit Kapitellen und Basen, so bei einer anderen Truhe gekuppelte Säulen, die bis in Details romanische Bauplastik imitieren. Vollends an ein Architekturmodell erinnern die Vorderstützen der aufwendigsten Truhe, indem hier über einem Sockel mit Blendbogenarkaden ein dreifach abgetrepptes Stufenportal folgt, über dem ein Gesims ein ebenfalls abgetrepptes rundbogiges Doppelfenster stützt, dessen Zwickel mit einer Maske gefüllt ist. War es nur der einfacher zu bearbeitende Rundbogen, der noch im 13. Jahrhundert die Schreiner der Valeria-Truhen am – hier ja durchaus weit entwickelten – romanischen Formenapparat festhalten ließ, oder war dieses auch andernorts registrierte Beharrungsvermögen mit bestimmten Konnotationen – etwa *Vetustas*, also Altehrwürdigkeit – verbunden?

Im Valeria-Museum wird außerdem ein Kopfreliquiar aus dem späten 12. Jahrhundert aufbewahrt, das ganz offensichtlich in der Nachfolge des Candidus-Hauptes in St-Maurice steht. Wie jenes besteht auch diese Silberarbeit aus einer frontal geradeaus blickenden Kopfbüste auf einem Sockel, dessen quadratische Frontplatte weitere Figuren zeigt (Bild 95). Hier ist es eine im 15. Jahrhundert zugefügte Kreuzigung, doch konnte Alfred A. Schmid darunter Spuren einer älteren szenischen Darstellung beobachten, in der er die Schlüsselübergabe an Petrus vermutete. Dies nicht zuletzt aufgrund des Kopftyps der Büste, die als Petrus identifiziert wird, zumal eine Inschrift auf der Rückseite eine Zahnreliquie des Apostelfürsten nennt und das Reliquiar aus Bourg-Saint-Pierre stammt.

Kurzbeschreibungen weiterer romanischer Kirchen der Westschweiz

BONMONT. Die Kirche der ehemaligen Zisterzienserabtei. Von der nahe bei Nyon gelegenen ehemaligen Zisterzienserabtei Bonmont (Kt. Waadt) hat sich nur die Kirche erhalten, die kürzlich restauriert und dabei archäologisch erforscht wurde. 1123 sind Vergabungen zugunsten des damals benediktinischen Klosters bezeugt; neun Jahre später nennt eine Papstbulle Bonmont bereits als Priorat des Zisterzienserklosters Clairvaux. 1536 wurde auch dieses Kloster aufgehoben und der bernischen Landvogtei Nyon unterstellt. Die Konventsgebäude fielen nach und nach dem Abbruch anheim. Anfangs des 19. Jahrhunderts wurden dann über einen schon vorher im Südquerschiff eingebauten Backofen Wohnungen eingerichtet.

Wirkt die Klosterkirche auf den ersten Blick – abgesehen von ein paar barocken Umbauten – relativ einheitlich, so irritiert bei genauerer Betrachtung der massive Vierungsturm, hatte doch 1157 das Generalkapitel der Zisterzienser Kirchtürme verboten. Daraus Schlüsse auf die romanische Bauchronologie zu ziehen, wäre aber – wie die jüngsten Bauforschungen zeigten – verfehlt; die dendrochronologischen Untersuchungen belegen nämlich zweifelsfrei, daß der Turm erst im späten 15. Jahrhundert errichtet worden ist, wobei man – um einen einheitlichen Eindruck zu wahren – archaisierend auf romanische Formen zurückgriff. Weiter erbrachten die archäologischen Forschungen den Nachweis, daß man in einer ersten Etappe mit einem Südquerhaus ohne Kapellen – d.h. wohl noch in vorzisterziensischer Zeit – begonnen und die anschließenden Konventsgebäude errichtet hatte. Über mehrere mit Planänderungen verbundene Etappen ließ sich dann der Bauverlauf verfolgen.

Das einheitliche Giebeldach bedeckt eine dreischiffige Pfeilerhalle mit spitzbogiger Längstonne im Mittelschiff und entsprechenden Quertonnen in den Seitenschiffen. Der Chor schließt, wie das in Zisterzienserkirchen üblich ist, gerade, ebenso die Kapellen, die je zu zweit den Querarmen angefügt sind. Diese sind niedriger als das Langhaus, dürften damit dem Mutterkloster in Clairvaux folgen und gehören durch den Verzicht auf die räumliche Steigerung mittels triumphaler Querachse mit zum zisterziensischen Konzept der baulichen Schlichtheit.

CHALIÈRES. Unweit der vollständig verschwundenen Abtei Moutier-Grandval (Kt. Bern) hat sich in der heutigen Friedhofskapelle Chalières (von *scholarium* – Stiftschule?) eines der wenigen Zeugnisse romanischer Wandmalerei der Romandie erhalten. An den wohlproportionierten Langhaussaal schließt eine halbkreisförmige Apsis an, die vollständig ausgemalt ist. Das Zentrum der Kalotte nimmt eine Mandorla ein, die von den Evangelistensymbolen umgeben wird. In der Mandorla steht segnend Christus, der bartlos und damit einem alten Typus folgend dargestellt scheint; allerdings kann in dieser Frage auch der Erhaltungszustand trügen. Darunter öffnet sich im Scheitel des Apsisrunds ein Fenster, in dessen Laibung ein schwer zu interpretierendes Paar, möglicherweise die Stifter zu erkennen sind. Beidseits des Fensters gruppieren sich die Apostel jeweils zu zweit unter einer Arkade, deren Form mit den Zwickeltürmchen an spätantike Sarkophage erinnert. Petrus, der erste Apostel links der Mitte, ist als einzige Figur noch so gut erhalten, daß sich die Qualitäten dieser Malereien erahnen lassen. Mit zügigem Pinsel wurden die Linien gezogen und die Flächen mit Höhungen und Lichtern modelliert, so daß eine lebendige Plastizität erreicht wurde, die zusammen mit Gewandmotiven und den großen Händen der überlängten Figuren ottonische Traditionen zu bewahren scheint. An der Apsisstirnwand ist unter einem perspektivischen Metopenmäander in einem *Clipeus* im Zentrum die Büste eines wiederum jugendlichen Christus angebracht. Zu seiner Rechten bringt ihm Abel ein Opferlamm dar, zu seiner Linken Kain ein kaum zu erkennendes Ährenbündel. Darunter jeweils eine nicht identifizierbare nimbierte Figur, vermutlich Heilige. Das Programm sowie der zartfarbene Streifenhintergrund der Kalotte erinnern an die Malerei von Reichenau-Niederzell, doch wird Chalières in der Regel ins späte 11. Jahrhundert und damit vor die Peter- und Paulskirche der Reichenau datiert. Das Aufgreifen frühchristlicher Motive erklärt sich möglicherweise mit den im 11. Jahrhundert in der Westschweiz prägenden Ideen der clunyazensischen Reform, die – wie die meisten kirchlichen Reformbewegungen – ihren Intentionen durch Rückgriffe auf die Anfangszeiten der Kirche Nachdruck zu verleihen suchte.

MONTCHERAND. Nähert man sich von Orbe herkommend der ursprünglich Payerne unterstellten Kirche von Montcherand (Kt. Waadt), so besticht diese zuerst durch die klaren Kuben ihrer Ostpartie. Allerdings wurde der kleine Bau 1903 übermäßig restauriert, so daß nur mehr die damals aufgedeckten und 1969 erneut restaurierten Fresken in der weiten, niedrigen Apsis von Interesse sind. Die durchwegs in blau-braunen Farbakkorden vor hellem Hintergrund gehaltenen Malereien zeigen in der Kalotte Reste einer Mandorla mit dem thronenden Christus. Entsprechend dem Schema einer Majestas Domini wird die Mandorla von den Evangelistensymbolen flankiert, von denen nur noch der geflügelte und beschriftete LVCAS-Stier erhalten ist. Ein Rankenband trennt diese Darstellungen vom darunter folgenden Figurenfries. Am unteren Rand dieses Ornamentbandes lesen wir die zum Teil ergänzte Inschrift: [ECC]E NOS RELINQVIMVS OMNIA [ET] SECVTI SVMVS TE QVID ERGO ERIT NOBIS AMEN DICO VOBIS IN REGENERACIONE SEDEBI[TI]S [DV]O[DECI]M. Es sind Worte aus Matthäus 19, 27f., wo Petrus fragt: »Siehe, wir haben alles verlassen und sind dir nachgefolgt; was wird uns also zuteil werden? Jesus aber sprach zu ihnen: Wahrlich ich sage euch: Ihr, die ihr mir nachgefolgt seid, werdet in der Wiedergeburt, wenn der Sohn des Menschen auf dem Thron seiner Herrlichkeit sitzen wird, auch auf zwölf Thronen sitzen ...« Entsprechend dem Text sind darunter die zwölf Apostel dargestellt, angeführt von Petrus, von dem wir links der Mitte nur mehr den charakteristischen Kopf sowie den Bart eines riesigen Schlüssels erkennen. Der zelebrierende Priester muß sich dank der geringen Höhe der Apsis, gleichsam inmitten des Apostelkollegiums gefühlt haben. Alle Apostel sind (in zum Teil fehlerhafter Orthographie) beschriftet; sie stehen unter Arkaden, die ohne stützende Säulen auf Konsolen zu ruhen scheinen. Die auf nur zwei Grundtypen basierenden Figuren sind in stark linear ornamentalisierter Weise dargestellt und rhythmisch zu Paaren angeordnet. Ob in der Mitte der Apsis erneut Christus dargestellt war oder ob sich da ein Fenster öffnete, läßt sich nicht mehr entscheiden, denn auch das jüngst entdeckte Inschriftenfragment D(?)VS trägt nicht zur Klärung dieser Frage bei.

Die Datierung dieser Malereien ist umstritten; ernsthafte kunsthistorische Vorschläge reichen vom Anfang des 12. bis ins frühe 13. Jahrhundert, wobei seit dem Entfernen der Übermalungen die Frühdatierung plausibler scheint. So wurden kürzlich auch von epigraphischer Seite Präferenzen für die erste Hälfte des 12. Jahrhunderts bekundet. Gewiß stammen die Fresken von Montcherand nicht von einem erstklassigen Meister; die starke, von der Farbgebung unterstützte Rhythmisierung erreicht aber eine Wirkung, der sich gerade der heutige Betrachter kaum entziehen kann.

NEUENBURG/NEUCHÂTEL. DIE KOLLEGIATSKIRCHE.

Wie die Stiftskirche von St-Ursanne (mit der sie auch Parallelen des Bautyps verbindet) ist auch diejenige von Neuenburg ein Bau aus der Übergangszeit zwischen Romanik und Gotik. Die Gründung des Marienstifts ist nicht überliefert, sie muß aber kurz vor 1185 erfolgt sein. Den Abschluß der Bauarbeiten bringt man mit einer Weihe im Jahre 1276 zusammen. Größere Brandschäden der Kirche sind für 1450 bezeugt. Im Gefolge der Reformation wurde die Collégiale 1530 reformierte Pfarrkirche; dabei wurden zwar plastische Ausstattungsstücke beschädigt, die Kirche aber nicht vollständig ausgeräumt. 1867–70 erfolgte eine tiefgreifende Restaurierung durch Léo Châtelain, bei der unter anderem der Nordturm komplett neu gebaut wurde.

Die dreischiffige Basilika folgt mit ihren drei Apsiden, die einen längsrechteckigen Chor beschließen, einem altertümlichen Bautyp, der für Stiftskirchen in leicht variierenden Formen häufig gewählt wurde. Allerdings ist in Neuenburg zwischen Chor und Längsschiff ein Binnenquerhaus eingeschoben; über der so entstandenen Vierung errichtete man einen Turm, der zusammen mit dem Chorturmpaar zu einer kathedralhaft gesteigerten Außenwirkung führte. Diese wird stark vom gelben Kalkstein geprägt, der in außerordentlich präzise geschnittenen Quadern fast fugenlos versetzt wurde. Eher altertümlich ist der Fugenplan der Quader, weisen doch die Steinlagen sehr unterschiedliche Höhen auf, Lagenhöhen, die oft nur über die Strecke eines Jochs beibehalten wurden. Außen sind auffällig viele Steinmetzzeichen eingemeißelt, und mehrfach läßt sich der Name GUIDO lesen. An der Mittelapsis sind stark verwitterte kleine Reliefs eines Vogels und eines Hirschs erkennbar. Die Hauptapsis ist zweigeschossig und mit Halbsäulen gegliedert. Blendbogenfriese mit (stark erneuerten) figürlichen Konsolen bilden die horizontalen Zäsuren. Sehr ähnlich ist auch die innere Wandgliederung, nur sind hier die beiden Geschosse einzig durch ein Gesims getrennt. Der ganze Bau ist mit Kreuzrippengewölben gedeckt, an denen sich die Entwicklung vom sechsteiligen Gewölbe mit Stützenwechsel (im Ostjoch des Mittelschiffs) zum vierteiligen ablesen läßt. Während die Bauplastik im Langhaus und Querschiff unfigürlich ist und zur burgundisch-gotischen Kunst zählt, verkörpern die Kapitelle des Chores bis zu den östlichen Vierungspfeilern noch klar romanische Bau- und Dekorationsprinzipien. Ranken und Palmetten bestimmen das Gepräge; dazwischen sind Menschen, Tiere und Masken eingefügt. Vieles erinnert im Stil an die Plastik des Basler Münsters, andererseits zeigt der zwischen zwei Löwen kauernde König auf der Nordseite des Chores ein Motiv, dem wir ganz ähnlich im Großmünster von Zürich erneut begegnen. Wiederum nach Basel weist das Südportal, in dessen eingestellten Säulen und Gewändefiguren der Apostelfürsten wir unschwer eine vereinfachte Variante der Galluspforte erkennen. Das Portal ist weitgehend erneuert, die Originalfiguren werden im Museum aufbewahrt; eine Stifterinschrift, die Bertha und ihren Gemahl Graf Ulrich II. († 1191) nennt, ist zerstört und nur noch in einer Beschreibung des 17. Jahrhunderts überliefert.

Sehr bedeutend ist der spätgotische Kenotaph der Neuenburger Grafen im Chor der Collégiale. Während er aber außerhalb unseres Themas liegt, stammt die südwestliche Partie des benachbarten Schlosses noch aus dem Hochmittelalter und gehört – trotz tiefgreifender Restaurierungen – zu den wenigen Zeugen romanischer Profanarchitektur in der Schweiz.

SAINT-IMIER. DIE STIFTSKIRCHE. Archäologische Untersuchungen führten 1987 im Bereich der 1828 abgebrochenen Martinskirche von St-Imier (Kt. Bern) zur Entdeckung eines Kirchen- oder Memorialbaus aus dem 7. Jahrhundert und bestätigten damit die Überlieferung, wonach hier im Suzetal der Eremit Himerius gelebt haben soll, über dessen Grab nach 612 eine *Cella Sancti Himerii* errichtet worden sei. Diese wurde im Laufe des Frühmittelalters von zwei aufeinanderfolgenden Kirchen abgelöst, deren Existenz zwar nachgewiesen, ihre Form aber nicht erschlossen werden konnte. Der im 19. Jahrhundert abgebrochene Nachfolgebau stammte dann ebenso aus dem Spätmittelalter wie die allein noch erhaltene »Tour de la Reine Berthe«.

Dagegen ist die am Ostrand desselben Platzes stehende Stiftskirche trotz purifizierender Restaurierungen ein hochinteressanter frühromanischer Bau. Hinter einem sekundär angefügten Eingangsturm verbirgt sich eine dreischiffige, flachgedeckte Pfeilerbasilika. Ihr sechsjochiges Schiff hat etwa die Breite der zeitlich und funktional vergleichbaren Kirchen von Amsoldingen und Schönenwerd. Die Chorlösung freilich ist anders: Zwischen die Schiffe und die drei halbrunden Apsiden schiebt sich eine Vierung, die sich mit weiten, hohen Bögen zu niedrigeren Querarmen öffnet, welche knapp über die Flucht des Langhauses hinausragen. Daran schließen wie in Beromünster ohne weiteres Chorjoch unmittelbar die Apsiden an; der Sängerchor muß folglich westlich der Vierung im ersten Mittelschiffjoch lokalisiert werden. Das Rippengewölbe über der Vierung dürfte nach einem Brand von 1512 eingezogen worden sein; aus dieser Zeit sind auch die Evangelistensymbole in den Gewölbekappen. Der in einer Mandorla thronende Christus in der mittleren Apsiskalotte geht dagegen noch auf eine spätromanische Dekoration zurück, wurde 1930 allerdings übermäßig restauriert.

SAINT-SULPICE. DIE EHEMALIGE PRIORATSKIRCHE. Gegen Ende des 11. Jahrhunderts übergaben die Brüder Louis und Turumbert von Bex die offenbar bereits existierende Kirche von Saint-Sulpice der burgundischen Abtei Molesme. Ein Sohn des einen Stifters bestätigte zwischen 1097 und 1113 die Schenkung und erwähnte dabei einen Prior namens Hugo. 1217 und 1227 sind außer dem Prior nur drei Mönche bezeugt, so daß wir annehmen dürfen, daß St-Sulpice (Kt. Waadt) nie eine große Zahl von Konventualen besaß. Mitte des 15. Jahrhunderts wurde St-Sulpice zur Kommende, danach war das Priorat jeweils nur mehr eine von zahlreichen Pfründen der Amtsinhaber. So stand der letzte Prior Aymon de Gingis (1500–1537) noch drei weiteren Prioraten vor, war Abt von Bonmont und unter anderen als Bischof von Genf im Gespräch.

Südlich der Kirche sind noch Reste des ehemaligen Konvents erhalten, der nach 1537 bis 1798 als Herrschaftssitz vornehmer Lausanner Herren diente. Im Ostteil der Kirche feierte man den protestantischen Gottesdienst, das Langhaus wurde abgetrennt, anfänglich als Scheune genutzt und 1748 schließlich abgebrochen. 1898–1903 restaurierten Albert Naef und Paul Nicati die Reste der stark gefährdeten Kirche, wobei sie nicht nur den Bau sorgfältig dokumentierten, sondern auch die erneuerten Teile minuziös kennzeichneten. Die letzte Restaurierung stand 1973/74 unter der Leitung von Pierre Margot.

Noch immer sehr eindrücklich ist die dem Genfer See zugewandte Ostpartie der Kirche von St-Sulpice: drei Apsiden schließen direkt ans Querhaus an, das von einem schweren Vierungsturm überragt wird. Die mittlere Apsis ist mit Lisenen gegliedert, die durch Zwillingsblenden verbunden sind. Das Mauerwerk aus Bruch- und Lesesteinen wurde 1899 neu ausgefugt, was dem Ganzen einen etwas rustikalen Anstrich gibt. An der Westseite des Turmes, wo sich die Dachschräge des einstigen Langhauses ablesen läßt, haben sich Reste vom Verputz erhalten. Sie zeigen, daß sich diese Mauerpartien ursprünglich optisch von den Tuffquadern des Turmaufbaus kaum unterschieden, so daß auch kein Grund besteht, den Turm zwingend einer Erneuerung des 12. Jahrhunderts zuzuweisen. Westlich des Querhauses ist nur mehr ein Mauerrest des einstigen Langhauses als Wand einer gotischen Kapelle erhalten. Das Langhaus war mehr als 11 m breit und vermutlich ein ungeteilter Saal. Wie sich an der Westwand noch ablesen läßt, war der Durchgang vom Schiff ins Querhaus stark abgeschnürt. Die Querhausarme sind mit Tonnen überwölbt, die Vierung mit einer eigentümlichen Trompenkuppel. Man sieht, daß es den Erbauern nicht leichtfiel, eine adäquate Kuppellösung für das Querrechteck dieses Raumes zu finden. Außerdem deuten die Vierungspfeiler auf einen Planwechsel hin. Anders als bei den großen Cluniazenserkirchen der Westschweiz, aber ähnlich etwa der nahen Kirche von Bursins (Kt. Waadt), fehlen in Saint-Sulpice Chorjoche zwischen dem Querschiff und den Apsiden; der Bau folgt somit weniger burgundischen Gewohnheiten als solchen der Franche-Comté. Wie in vielen romanischen Kirchen ist auch in Saint-Sulpice in der Hauptapsis eine Majestas Domini dargestellt, nur stammen diese Fresken erst aus dem 14. Jahrhundert.

SAINT-PIERRE-DE-CLAGES. Die auf einem Schuttkegel eines rechten Nebenflusses der Rhône erbaute Kirche Saint-Pierre-de-Clages (Kt. Wallis) wird erstmals in einer Papstbulle von 1153 als Priorat der Benediktinerabtei St-Martin-d'Ainay in Lyon erwähnt. Nach Auflösung des Priorats 1580 gelangte die Kirche an den Bischof von Sitten. Ab 1661 war sie Rektorat und ist seit 1946 Pfarrkirche. 1947/48 und 1963–67 wurde der Bau restauriert.

Während der achteckige Vierungsturm schon von weitem sichtbar ist, erblickt man das breite, gedrungene Kirchenschiff erst aus unmittelbarer Nähe. Hinter der Giebelfassade, in der zwei kräftige Lisenen die Dreischiffigkeit des Baus anzeigen, verbirgt sich eine Staffelhalle mit Binnenquerschiff und dreiteiligem Chorschluß. Da der Giebel trotz ungleich breiter Seitenschiffe symmetrisch ist und das Portal in dessen Achse liegt, ergeben sich in der Fassadengliederung unregelmäßige Abstände. Zwischen den Lisenen und dem Portal öffnen sich biforenartig zwei Nischen, in denen ebenso wie im Tympanon letzte Reste spätmittelalterlicher Malereien sichtbar sind. Die heute steinsichtigen Mauern aus dunklem Bruchkalkstein differieren von ungleichmäßigen Lagen im Osten zu plattenartigem Quadermauerwerk in der Westfassade. Die Ecken, Lisenen und im Innern die Pfeiler sind teilweise mit hochkant gestellten Steinplatten verkleidet, wie wir das auch in der Cluniazenserkirche von Rüeggisberg (S. 383) beobachten können. Haupt- und nördliche Nebenapsis werden von einem Blendbogenfries bekrönt. Die südliche Nebenapsis gehört nicht zum ursprünglichen Bestand, sondern wurde in der Folge der auf dieser Seite anschließenden, z.T. noch mittelalterlichen Konventgebäude sekundär errichtet und mehrfach verändert. Ursprünglich endete das südliche Seitenschiff in einem gerade schließenden Chornebenraum. Der in der Nachfolge von Cluny III stehende Vierungsturm ist zweigeschossig: Auf ein aus Ziegeln gemauertes Geschoß folgt über einem Horizontalgesims das in

Tuff errichtete Glockengeschoß, dessen gekuppelte Schallarkaden von Rundstäben gefaßt sind. Die Doppelsäulchen der Arkaden sind mit überwiegend vegetabilen Kapitellen geschmückt; einzig ein Kapitell der Nordseite zeigt eine frontal dargestellte Figur. In der Wand darunter ist ebenso wie im westlich anschließenden Kompartiment jeweils eine plastische Maske sichtbar, wobei die eine als Teufelskopf gebildet ist, die andere zu einem Mischwesen gehört.

Ins Innere der schon bei ihrem Bau eingetieften Kirche hat man über einige Stufen hinabzusteigen. Quadratische Pfeiler mit einfachen, abgefasten Kämpferplatten gliedern das Langhaus in vier Joche, die mit Gewölben des 17. Jahrhunderts gedeckt sind. Das erste Pfeilerpaar nach der Vierung ist im oberen Bereich rund, vermutlich markiert es die ursprüngliche Trennung von Mönchs- und Laienbezirk, wobei ersterer durch eine Abtreppung der Archivolten zusätzlich ausgezeichnet ist. Über kreuzförmigen Vierungspfeilern wölbt sich eine flache Trompenkuppel, während Querschiffe und Chorjoch mit Tonnen überdeckt sind. Die Abtreppung der östlichen Vierungspfeiler läßt an eine ursprünglich anders geplante Vierungswölbung denken; es könnte sich aber auch um eine Bereicherung der Formen im Sinne einer Auszeichnung des Chores handeln. Möglicherweise erlaubten einst (heute geschlossene) Arkaden die Kommunikation zwischen Hauptchor und Nebenchören.

Problematisch erscheint die Datierung von St-Pierre-de-Clages: Einerseits wirken manche Formen und der Verzicht auf Kapitelle im Schiff eher frühromanisch, andererseits entstand der Turm gewiß erst im Laufe des 12. Jahrhunderts. Eine kürzlich erfolgte dendrochronologische Untersuchung des Dachstuhls hat die Datierungsfrage nicht gelöst, sondern zusätzliche Probleme geschaffen: sie erbrachte ein Datum »nicht vor 966« (aber wohl auch nicht wesentlich später), so daß wir vielleicht mit wiederverwendeten Dachbalken rechnen müssen. Denn vergleicht man die wichtigsten Grundzüge des Baus – queroblonge Joche, Binnenquerschiff, Trompenkuppel und Turm über der quadratischen Vierung, schmales Chorjoch, ja sogar die Strebepfeiler der Hauptapsis und der gerade Schluß zumindest eines Nebenchors – mit der 1107 geweihten Kirche des Mutterklosters in Lyon, so dürften an einer Datierung in der Nachfolge dieses Baus keine Zweifel mehr bestehen.

GLOCKENTÜRME IM VAL D'ENTREMONT. Zu erwähnen sind zwei romanische Glockentürme am Weg über den Großen St. Bernhard nach Aosta (wo sich übrigens in der Nordwestecke des Langhauses von Sant' Orso Reste eines sicher vorromanischen Turms erhalten haben).

Bereits im 8. Jahrhundert, gewiß aber vor 820, muß in Bourg-Saint-Pierre (Kt. Wallis) eine klösterliche Niederlassung bestanden haben. Im 10. Jahrhundert erlitt sie durch die Einfälle der Ungarn und der Araber großen Schaden; eine inzwischen verlorengegangene Bauinschrift überlieferte die Erneuerung der Kirche durch den Genfer Bischof Hugo II. (993–1020). Vermutlich stammt der noch heute stehende Glockenturm aus dieser Zeit, denn mit der Gründung des Hospizes auf dem Großen St. Bernhard verlor die ältere Niederlassung in Bourg-St-Pierre rasch an Gewicht und dürfte vorerst keine aufwendigen Baumaßnahmen mehr getätigt haben. Auch typologisch weist der Turm in frühromanische Zeit: Die allseitige Vertikalgliederung durch flache Lisenen wird unter dem Glockengeschoß durch doppelte Blendarkaden zusammengefaßt, ohne daß weitere horizontale Elemente den Turm in Geschosse gliedern. Die Schallöffnungen bestehen aus gekuppelten Arkaden mit einfachen, runden Mittelstützen. Vom einstigen Schiff, das im 18. Jahrhundert durch einen nordwärts verschobenen Neubau ersetzt wurde, zeichnet sich an der Westwand des Turms noch die Giebelhöhe ab. Außerdem schloß östlich des Turms ursprünglich eine kleine Apsis an. Neben der Kirche ist in die Friedhofsmauer ein römischer Meilenstein aus konstantinischer Zeit eingelassen, der ursprünglich in der Nähe der Paßhöhe gestanden haben muß.

Der zur heutigen neugotischen Kirche St-Nicolas quergestellte romanische Glockenturm von Orsières weist eine reichere Gliederung auf: Der Quaderbau verfügt über zwei Glockengeschosse mit jeweils zwei- bzw. dreiteiligen Schallöffnungen, deren Säulchen von Kapitellen mit Tierköpfen und Masken geziert werden. Der Turm von Orsières ist eines der interessantesten Beispiele einer im Wallis lange prägend bleibenden Gruppe romanischer Kirchtürme.

Deutschschweiz

Die sogenannten »Thunerseekirchen«: Amsoldingen, Einigen, Spiez

Um die Mitte des 15. Jahrhunderts berichtet der ehemalige Pfarrer von Einigen, Elogius Kiburger, in seiner »Strättliger Chronik«, daß im Jahre 933 ein später zum König gewählter Rudolf einen Traum hatte, in dem er eine Stadt mit Toren sah. Jedes dieser Tore wurde von einem Engel bewacht. Ein vom König um die Deutung dieser Vision befragter Priester riet ihm, zwölf Kirchen zu bauen und sie derjenigen von Einigen zu unterstellen. »Darnach vieng an küng Rudolf zwölf kilchen ze buwen und ze machen allenthalben umb in einem kreis. Unt warent diss zwölf kilchen hienach geschriben, namlich: Frutingen, Leuxingen, Eschi, Wimnis, Uttingen, Thieracher, Schertzlingen, Thun, Hilterfingen, Sigriswil, Annseltingen, und die sölt sin ein stifft (...) und Spietz.«

Obwohl die erst ein halbes Jahrtausend nach dem berichteten Ereignis geschriebene Chronik zahlreiche Widersprüche enthält und in erster Linie die Privilegierung der Einiger Kirche bezweckt, glaubte man lange Zeit, die genannten Bauten auf König Rudolf II. von Hochburgund (911–937) zurückführen zu können. Sowohl aus historischen wie architektonisch-archäologischen Gründen läßt sich diese These aber nicht aufrechterhalten. Dennoch können diese Kirchen – soweit uns heute ihre mittelalterliche Gestalt noch bekannt ist – zu einer Gruppe zusammengefaßt werden. Gemeinsam ist ihnen die Gliederung der Apsiden, manchmal überdies der Eingangsfront mit Blendarkaden und Lisenen und das kleinteilige Mauerwerk, das an statisch oder funktional wichtigen Stellen von Quadern aus Tuff oder Rauhwacke unterbrochen wird. Die einfacheren Saalbauten schließen im Osten mit einer halbrunden, leicht eingezogenen Apsis, die durch quadratische Pfeiler gegliederten, dreischiffigen Kirchen von Amsoldingen, Spiez und Wimmis (in der Spätgotik zur Saalkirche umgewandelt) mit drei Apsiden. Zusammen mit weiteren Charakteristika wie dem zweifach abgetreppten Mittelschiffdach, dem überwölbten und aufgrund der darunterliegenden Krypta erhöhten Vorchorjoch erweisen sich diese querschifflosen Dreiapsidenbasiliken somit als einer oberitalienischen Bautengruppe zugehörig, deren wichtigste Vertreter San Pietro in Agliate und San Paragorio in Noli sind. Keine dieser Kirchen ist genauer datiert, doch dürften wohl alle im letzten Jahrhundertviertel vor oder im ersten nach der Jahrtausendwende entstanden sein. Ihr Vorbild haben sie möglicherweise im damaligen Bau von Sant' Ambrogio in Mailand.

Amsoldingen. Die ehemalige Stiftskirche St. Mauritius

Die mit Abstand größte dieser »Thunerseekirchen« ist die ehemalige Stiftskirche St. Mauritius in Amsoldingen. Die erste sichere Quelle als *Ansoltingen, capitulum et parrochia* datiert von 1228; in einem jüngeren Dokument wird sie für 1175 erwähnt, und ein Schriftstück von 1266 weiß von Verwüstungen im Jahre 1191 zu berichten. Ein Visitationsbericht von 1453 erwähnt vier Altäre, einen davon in der Krypta. 1484 wurde das Stift aufgehoben, seit 1528 ist der Bau reformierte Pfarrkirche. Brände sind im 16. und 19. Jahrhundert bezeugt, 1812 brach man einen Lettner ab. 1908 sowie 1978–80 wurde der Bau restauriert; archäologische Grabungen anläßlich dieser jüngsten Restaurierung führten zur Aufdeckung von Mauerzügen im Osten des Mittelschiffs, die man mit dem Ausgräber Samuel Rutishauser wohl als Reste eines sehr kleinen frühmittelalterlichen Vorgängerbaus interpretieren muß. Im heutigen Bau vermauerte skulptierte Werkstücke dürften zur plastischen Dekoration dieses Vorgängers gehört haben.

Heute wird die Kirche von Amsoldingen vom mächtigen Turm überragt, der Ende 14. oder im 15. Jahrhundert an Stelle der südlichen Nebenapsis errichtet wurde. Der Chor und die weite Hauptapsis wurden außerdem nach einem Brand von 1576 erhöht, um das ganze Mittelschiff mit einem durchgehenden Dach zu decken. Dennoch läßt sich die einstige Struktur der querschifflosen Dreiapsidenbasilika außen problemlos ablesen (Bild 105): Mittelschiff, Chorjoch und Apsis waren ursprünglich in ihrer Höhe abgestuft, die beiden letzteren überdies gegliedert durch doppelte Blendarkaden mit nicht kommunizierenden Ni-

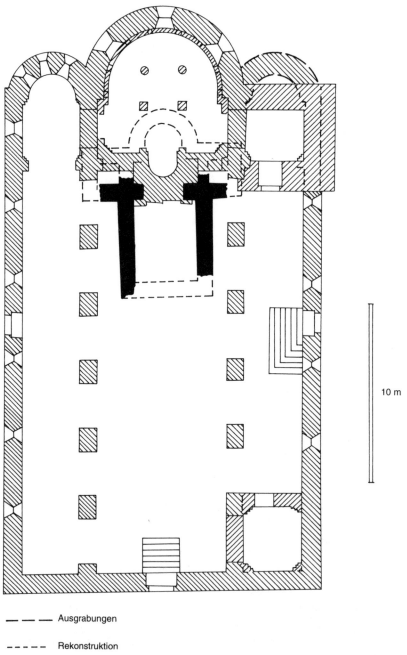

--- Ausgrabungen

----- Rekonstruktion

■ Vorgängerbau

▨ romanische Kirche

▨ spätere Anbauten

Amsoldingen

schen zwischen breiten Lisenen. Doppelarkaden und Lisenengliederung finden sich auch an der noch erhaltenen nördlichen Nebenapsis, in der sich – gleich wie in der Hauptapsis – drei Fenster öffnen. Auch die Westwand des Mittelschiffs zeigt eine Lisenengliederung, die allerdings sehr hoch ansetzt und deren verbindende Blendarkaden der erwähnten Dacherneuerung zum Opfer gefallen sind. Mit Ausnahme der Fenster, die in Obergaden und Seitenschiffen nicht axial übereinanderstehen, sind die Langhauswände ungegliedert. Sie werden ganz von der belebten *Pietra rasa*-Oberfläche des leicht geschlämmten Mauerwerks geprägt.

Das Innere beeindruckt durch die Einfachheit und Klarheit der Formen (Bild 107): Massive Rechteckpfeiler gliedern das Mittelschiff in sechs Joche und trennen es von den beiden Seitenschiffen. Einfache Kämpfergesimse setzen die gestelzten Arkaden von den Pfeilern ab. Die Holzdecke des Mittelschiffs stammt von 1661, die Decken der Seitenschiffe sind jünger. Das abgesetzte Chorjoch ist mit einer Tonne überwölbt und gegenüber dem Mittelschiff erhöht; eine hinaufführende zentrale Treppe wird von je einem Kryptenfenster flankiert. Nochmals leicht abgesetzt ist dann die sehr weite und helle Apsis. Der Taufstein im Hochchor stammt aus der ersten Hälfte des 14. Jahrhunderts; nur wenig älter dürfte der riesige Christophorus über dem zweiten nördlichen Langhauspfeiler sein. Das Westjoch des südlichen Seitenschiffs wird durch einen zweigeschossigen mittelalterlichen Einbau geschlossen, und im Osten desselben Schiffs eliminierte der Turmsockel den einstigen Nebenchor. Gegen das nördliche Seitenschiff begrenzt eine gemauerte Schranke die weite Arkade zwischen Hoch- und Nebenchor. Dieser ist kreuzgratgewölbt, wobei – typisch für die lombardische Frühromanik – die Grate ohne Zäsur bis zum Boden hinuntergezogen werden. Aus den Nebenchören betritt man die Krypta, die in dieser Form auf eine Erneuerung zu Beginn des 13. Jahrhunderts zurückgeht (Bild 106). Vier leider durch Kopien ersetzte römische Spolien tragen die von Joch- und Gurtbogen getrennten Kreuzgratgewölbe (in denen sich noch die Schalungsbretter abzeichnen) und teilen die Krypta in drei Schiffe und ebenso viele Joche. In der Mitte der Westwand buchtet eine Apsidiole aus, in der sich eine Fenestella zum Hochchor öffnet. Reste von Wandvorlagen im Fundament- und Sockelbereich lassen darauf schließen, daß in der ursprünglichen Krypta acht Freistützen den Raum in fünf Joche teilten.

Spiez. St. Laurentius

Erstmals erwähnt wird die Kirche von Spiez zusammen mit derjenigen von Scherzligen im Jahre 762 als Schenkung des Straßburger Bischofs Heddo an das elsässische Kloster Ettenheim. Anläßlich von Restaurierungen der 1940er Jahre stieß man bei archäologischen Untersuchungen im Innern der Kirche auf die Fundamente des Vorgängerbaus. Wie in Wimmis handelt es sich um eine Saalkirche mit seitlichen Annexen; ein südlich dieser Kirche angelegtes Reitergrab läßt sich aufgrund der Beigaben ins ausgehende 7. Jahrhundert datieren.

Vor dem heutigen Bau, der 1228 erstmals als Pfarrkirche erwähnt wurde, errichtete man im Nordwesten des Vorgängers einen Turm über beinahe quadratischem Grundriß. Die wohl unmittelbar danach erbaute frühromanische Pfeilerbasilika inkorporierte den Turm als nordwestliche Ecke; der Turm gab dabei die Breite des Seitenschiffs und die Tiefe des Westjochs vor.

BESICHTIGUNG

Ihre Hauptwirkung entfaltet die Kirche von Spiez dem vom See her Kommenden: Der hohe schlanke Bau mit den nach oben gestuften Volumina der Seitenapsiden und Seitenschiffe, der Mittelapsis, des Chorjochs und Mittelschiffs steigt dem Felssporn folgend empor, um im Turm zu gipfeln, der heute seinerseits vom Bergfried des weiter hinten

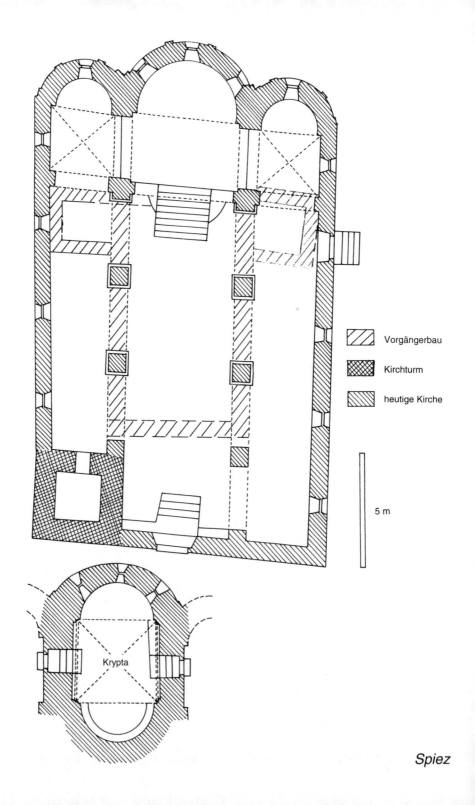

liegenden Schlosses überragt wird (Bild 109). Die Ostpartie weist auch die reichste Gliederung auf: Durch Lisenen rhythmisierte Blendbogen schließen die durchfensterten Apsiden ab. Zwischen den Fenstern und Blendarkaden öffnet sich in der Hauptapsis überdies eine Nischenreihe, die sich im Chorjoch fortsetzt und das Sanktuarium so zusammenfaßt. Anders als in Amsoldingen korrespondieren die Nischen nicht mit den Blendarkaden; jeder Nische entsprechen jeweils zwei bis drei Blendbogen. Die Nischen enden blind über den Gewölben; sie können als Vorform der Zwerggalerie gelten, welcher in der lombardischen und rheinischen Romanik dann eine prominente Rolle zukam. Ansonsten werden die Außenseiten des Langhauses einzig von den heute wieder auf romanische Dimensionen verkleinerten Fenstern gegliedert, die jeweils in der Achse eines Jochs liegen. In der Südwand sind überdies zwei frühere Eingänge ablesbar. Reste des originalen Mauermörtels im Südosten zeigen einen Kellenstrich. In der westlichen Eingangswand haben sich von der einstigen Blendgliederung einzig noch die Lisenen erhalten. Hier erscheint der Bau aufgrund des ansteigenden Terrains eher niedrig; entsprechend muß man auch beim Betreten der Kirche über vier Stufen ins schmal wirkende Mittelschiff hinuntersteigen. Quadratische Pfeiler aus weitgehend lagig versetzten kleinteiligen Quadern und Hausteinen trennen die drei Schiffe. Im Fugenmörtel ist zum Teil noch eine Nagelstrichquaderung erkennbar. Die ungefügten Sockel, das Fehlen von Basen und Kapitellen und die einfachen Schmiegekämpfer betonen die Wandhaftigkeit der Stützen. Die Seitenschiffe münden in kreuzgratgewölbte Chorjoche und schließen mit halbrunden Apsiden. Im Mittelschiff führt eine breite Treppe zum erhöhten Chor, über dem sich eine Tonne wölbt. Seitlich verbinden weite Arkaden mit gemauerten Brüstungen den Chor mit den Seitenschiffkapellen. Gurtbogen, Wandvorlagen und Arkaden des Chorjochs sind mit barocken Stukkaturen verziert.

Anläßlich der Restaurierung von 1950 wurden im Chor romanische Wandmalereien freigelegt, die streckenweise von einer spätgotischen Malschicht überlagert werden. Im Scheitel der Chortonne tragen vier Engel eine Mandorla mit dem thronenden Christus himmelwärts. Eigenartigerweise hat Christus nicht nur die Rechte segnend erhoben, sondern auch die weitgehend zerstörte linke Hand auf Kopfhöhe angewinkelt. In den seitlichen Feldern der Tonne stehen beidseits je sechs Apostel, wobei an der Südwand Petrus durch sein bischöfliches Gewand und die Frontaldarstellung hervorgehoben ist. Darunter – durch ein Mäanderband getrennt – erkennt man vor jeweils unterschiedlich farbigen Hintergründen noch schwach je fünf größere nimbierte Figuren, die als Propheten interpretiert werden.

In der Apsiskalotte ist unter einem spätgotischen Gnadenstuhl eine thronende Gestalt sichtbar, die sich aufgrund des zugehörigen Tetramorphs als Majestas Domini deuten läßt. Zwei Engel vervollständigen die Darstellungen in der Kalotte. Darunter sind in der Apsisrundung nur mehr wenige Fragmente erkennbar: In einem oberen Register standen Einzelfiguren, im unteren dagegen scheinen szenische Bilder gemalt gewesen zu sein; eine gekrönte (?) Figur und Reste eines Thrones lassen an eine thronende Muttergottes denken. Datiert werden diese Fresken einhellig in spätromanische Zeit, d. h. wohl bereits ins 13. Jahrhundert. Brenk und Eggenberger glauben Gemeinsamkeiten mit den Fresken von Montcherand erkennen zu können, doch dürften diese eine Folge der eher mäßigen Qualität beider Freskendekorationen sein. Nur noch schwach zeichnet sich eine mächtige, um 1300 gemalte Christophorusfigur an der Nordwand der Kirche ab.

Unter dem Chor erstreckt sich die aus den Seitenschiffkapellen zu betretende Krypta. Sie wurde beim barocken Umbau von 1670 zerstört, im Zuge der erwähnten letzten Restaurierung aber wieder freigelegt und nach Befund renoviert. Es handelt sich um eine singuläre, stützenlose Raumform mit einem quadratischen, kreuzgratgewölbten Mitteljoch, an das beidseitig niedrigere Apsiskalotten anschließen. Der westlichen Rundung sowie der Südwand sind Sitzbänke vorgebaut (Bild 111). Gegen Osten öffnet sich die Krypta mit drei Fenstern (Bild 110), über deren mittlerem außen ein wohl der Belüftung dienendes Rundloch in den Raum über der Kalotte führt.

Einigen. St. Michael

Die ehemalige Michaelskirche von Einigen ist das schönste und am besten erhaltene Beispiel der Gruppe der einschiffigen Thunerseekirchen. Erstmals wird der Bau 1228 erwähnt, doch soll hier nach Kiburgers Strättliger Chronik bereits im 3. Jahrhundert als Mutterkirche dieser ganzen Region ein Gotteshaus errichtet worden sein. Die Ausgrabungen anläßlich der Restaurierung von 1954 erbrachten den Nachweis einer in der Achse verschobenen kleineren Saalkirche mit gestelzter Rundapsis. In die Südwand dieses Baus war mit Tuffsteinen eine Grabstätte eingelassen, in der sich wohl die Kirchengründer beisetzen ließen. Im Grab fanden sich die Gebeine eines Paares: Zuerst hat man eine Frau beigesetzt, etwa eine Generation später einen Mann. Riemenzunge und Schnalle seines Gürtels erlauben eine Datierung in die Zeit um 700.

Auch der heute stehende Nachfolgebau ist eine Saalkirche mit nur wenig eingezogener, weiter Apsis, die mit Blendbogenpaaren zwischen Lisenen gegliedert ist (Bild XXXII). In Einigen ist auch die Blendgliederung der Westwand vollständig erhalten: Über einem sehr hohen Sockel entwickeln sich flache Lisenen, die mit Dreierarkaden verbunden sind, wobei die seitlichen Gruppen steigend angeordnet sind und so die ursprünglich flachere Dachneigung anzeigen. Das Innere des schlichten Raumes wird durch den sekundär eingefügten Chorbogen geprägt, in dem sich ein Törlein für die Kanzel öffnet (Bild 108). Eine noch bis 1905 lesbare Inschrift datierte diese Raumtrennung ins Jahr 1665. Der spätgotische Taufstein soll laut der Strättliger Chronik von deren Verfasser Elogius Kiburger erstellt worden sein.

Die Farbseiten

Einigen

XXXII Ostpartie der Kirche mit Blick auf den Thunersee.

Schweizerisches Landesmuseum Zürich

XXXIII Madonnenstatue aus Chur.
XXXIV Palmsonntagschristus aus Steinen (ausgestellt im Forum für Schweizer Geschichte in Schwyz).
XXXV Glasfenster aus Flums (Kt. St. Gallen) mit der Madonna mit Kind.

XXXIV

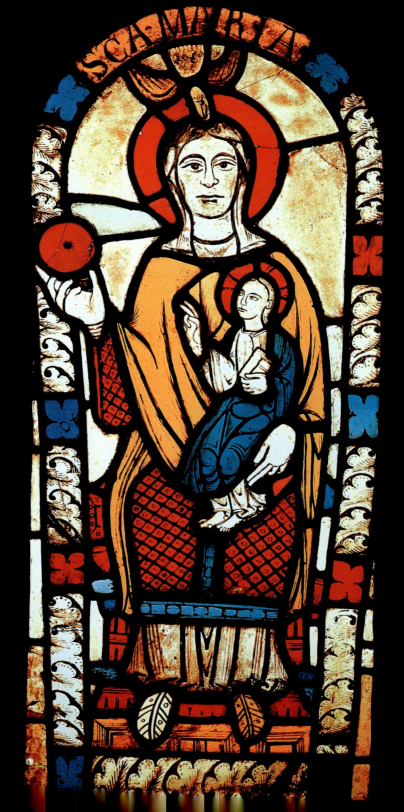

Schaffhausen. Das ehemalige Kloster Allerheiligen

Das Kloster Allerheiligen in Schaffhausen war nicht nur eine der bedeutendsten Reformabteien im ostschweizerisch-süddeutschen Raum, sondern gehört auch heute mit seinem Münster zu den eindrücklichsten mittelalterlichen Klosterkirchen der Schweiz, selbst wenn der etwas spröde Charme der (inzwischen bereits wieder überholten) purifizierenden Restaurierungen der 1950er Jahre den emotionalen Zugang nicht eben erleichtert. Im Museum Allerheiligen, das in den verbliebenen Resten der ehemaligen Konventbauten untergebracht ist, werden überdies plastische Bildwerke aus dem frühen 12. Jahrhundert aufbewahrt, welche die Gründer von Kloster und Stadt kommemorieren und mit zu den ältesten erhaltenen Grabmälern mit plastischen Figuren zählen.

Geschichte und Vorgängerbauten

Bereits im 10. Jahrhundert werden die Nellenburger, eine Nebenlinie der alamannischen Herzöge, als Grafen im Gebiet der späteren Ostschweiz genannt. 1045 erhielt der damalige Graf Eberhard III. von seinem Verwandten, Kaiser Heinrich III., das Münzrecht für den Ort Schaffhausen. Als wichtiger Umschlagplatz bei den nicht mit Schiffen passierbaren Rheinschnellen profitierte die junge Stadt rasch vom sich entwickelnden Handel. Graf Eberhard, der den Kaiser zweimal nach Rom begleitet und eine Jakobspilgerfahrt nach Compostela unternommen hatte, stiftete schon wenige Jahre nach der Stadtgründung in privilegierter Lage zwischen Stadt und Rhein ein Kloster. Dieses wird nach der Historiographie des 12. Jahrhunderts erstmals 1049 erwähnt, als Papst Leo IX. – auch er ein Verwandter des Stifters – persönlich die sogenannte »Urständs-(=Auferstehungs-)kapelle« geweiht haben soll, bei der Eberhard zwölf Mönche, die möglicherweise aus Einsiedeln kamen, ansiedelte. Am 3. November 1064 weihte der Konstanzer Bischof die erste Klosterkirche zu Ehren des Salvators, der Muttergottes und aller Heiligen. Zugleich trat Graf Eberhard als Mönch in sein Kloster ein, während sich seine Gemahlin Ita mit anderen Frauen in eine klösterliche Gemeinschaft zurückzog, aus der das Benediktinerinnenkloster St. Agnes entstand. Trotz dieser Abkehr von der Welt hatte sich die Gründerfamilie bei Papst Alexander II. das Abtswahlrecht und die erbliche Vogtei für Allerheiligen gesichert, das damit zum gräflichen Eigenkloster wurde. Was noch dem Vater selbstverständlich gewesen war, schien dem Sohn in Zeiten kirchlicher Reformbestrebungen bereits anrüchig, so daß Burkhard († 1101/02) nach dem Tode Eberhards (1075/79) diesen Status des Klosters änderte: Er verzichtete 1080 auf alle Vorrechte und übergab den Konvent dem Hirsauer Abt zur Reform, die nach cluniazensischem Vorbild die völlige Autonomie von jedem weltlichen Einfluß und die Konzentration auf geistliche Aufgaben bezweckte. Gleichzeitig oder nur kurz danach wurde ein Neubau in Angriff genommen, dessen Errichtung mit der heftigsten Phase des Investiturstreits einherging, in dem die Reformklöster auf päpstlicher Seite fochten. Der Zusammenbruch der kaiserlichen Partei unter Heinrich IV. im Jahre 1104 soll nach der lokalen Tradition mit der Weihe des neuen Münsters zusammengefallen sein. Daß dieses aber zu jenem Zeitpunkt noch nicht vollendet war, wird aus einer Kollekte deutlich, die Abt Ulrich I. zwischen 1145 und 1154 zugunsten zweier Türme der unfertigen Kirche (*hoc opus est inceptum*) ausschrieb (wobei dann nur der Nordturm ausgeführt wurde). Danach sind kaum mehr einschneidende Baumaßnahmen zu verzeichnen. Im 15. Jahrhundert wurden die Chorfenster erneuert; 1524 wandelte man die Benediktinerabtei in eine Propstei um. Fünf Jahre danach schloß sich Schaffhausen der Reformation an, und der Rat befahl, Altäre, Kultgegenstände und die Orgel zu entfernen. Das Allerheiligen-Kloster wurde in der Folge zu einer dem Rat unterstellten Pflegerei, die einstige Klosterkirche diente seit 1598 dem reformierten Gottesdienst. Seit dem 17. Jahrhundert erfolgten mehrere Reparaturen und kleinere Umgestaltungen, die hauptsächlich die Türme und Vorhalle sowie verschiedene Emporeneinbauten betrafen.

Nach und neben mehrfachen Umbauten und Renovationen fanden 1921/22 erste archäologische Beobachtungen durch Karl Sulzberger, 1951–58 Grabungen durch Walter Drack und 1964 durch Walter Guyan statt. Diese vermochten zwar nicht alle Fragen zu klären, bereicherten die Baugeschichte aber um höchst interessante Befunde. So bestätigten die Grabungen die Angabe in dem nach 1360 in mittelhochdeutsch abgefaßten »Stifterbuch«, wonach das erste Münster »das stuont da nu der crützegang stät (dort stand, wo nun der Kreuzgang steht)«. Denn tatsächlich lag die erste frühromanische Kirche nicht an der Stelle der nachfolgenden hochromanischen, sondern unmittelbar südlich von dieser. Die Salvatorkirche von Allerheiligen I hatte ein kurzes, dreischiffiges Langhaus, ein über dessen Flucht ausgreifendes Querschiff und daran anschließend einen dreiteiligen Chor. Guyans Grabungen zufolge sind die halbrunde Mittelapsis und das zugehörige Chorjoch durch einen Umbau entstanden, bei dem auch die östlich anschließende dreischiffige Außenkrypta errichtet worden ist. Rampenartige Stollen umfaßten den neuen Chor zangenartig und verbanden die Außenkrypta mit den Querhausarmen. Vor dieser Erweiterung hatte die Hauptapsis nur wenig über die beiden seitlichen Chorschlüsse hervorgeragt und war wie diese rechteckig ummantelt gewesen. Auch im Westen der Kirche war dem Langhaus ein querrechteckiger Baukörper vorgelagert, an den sich ein Atrium mit zentralem Brunnen und eine aufwendige Eingangspartie mit zwei symmetrischen Kapellen anschlossen. Da einzig von diesen noch aufgehende Mauern im heutigen Museumstrakt erhalten sind, der Rest aber ausschließlich in Fundamenten überliefert ist, bleibt die einstige Gestalt des ersten Münsters in mancher Hinsicht unscharf. Sicher müssen wir uns den Westbau der Kirche wegen der Massigkeit der Fundamente mit einem Turmpaar vorstellen. Ob das eine Doppelturmfassade wie diejenige im etwa gleichzeitig entstandenen Kloster Muri (Kt. Aargau) war, mit dem Schaffhausen auch das kurze Langhaus gemeinsam hat, oder ob – wie Hans Reinhardt aufgrund einer Quermauer im Westteil des Mittelschiffs postulierte – einer Dreiergruppe mit mächtigem Mittelturm der Vorzug zu geben ist, muß offenbleiben. Auch Art und Rhythmus der Langhausstützen bleiben spekulativ, während für die Ostpartie einige lang umstrittene Fragen gelöst scheinen. Da offenbar keine Vierung ausgeschieden war, dürfte ein Vierungsturm entfallen. Auch Chorflankentürme sind seit dem Nachweis der ursprünglichen Chorlösung nicht mehr anzunehmen. Aus dem wohl hohen, durchgeschobenen Querhaus traten im Osten die drei Chorummantelungen scheibenartig hervor, ähnlich wie es in Beromünster (Kt. Luzern) die dort halbrunden Apsiden der ottonischen Stiftskirche taten. Mit der Wahl eines durchgeschobenen Querschiffs verhielt man sich in Schaffhausen ausgesprochen retrospektiv; soll man darin einen Reflex von Eberhards Romreise vermuten? In Alt-St. Peter sah der Graf und zukünftige Stifter nicht nur eine Basilika mit einem solchen Querhaus, sondern auch ein Atrium, dessen Eingang von (im Grundriß) etwa symmetrischen Baukörpern flankiert wurde. Die Dimensionen freilich könnten kaum gegensätzlicher sein, maß das erste Schaffhauser Münster in der Länge doch nur rund 30 m und war damit auf die kleine Gemeinschaft der zwölf Mönche ausgerichtet, deren doppelgeschossiger Konvent südlich an die Kirche anschloß. Trotz der geringen Größe muß das Salvatorkloster aber ein ausgesprochen vielgliedriger Komplex gewesen sein, der statt durch seine Dimensionen durch die Vielfalt der Formen einen gehobenen Anspruch zur Schau stellte. Dazu trug in nicht geringem Maße der sogenannte »Rautenhof« bei, der sich als unregelmäßiges Polygon östlich der Kirche erstreckte. Zwei quadratische Vierkonchenbauten markierten die Eckpunkte in der Nord-Süd-Erstreckung, während der Ostabschluß von einem Dreiapsidenbau gebildet wurde, der exakt in der Achse des Münsters lag. Auch über dessen Gestalt läßt sich wenig Sicheres ermitteln, so daß man ihn auch schon mit den rätischen Dreiapsidensälen verglichen und entsprechend vorromanisch datiert hat. Sehr viel wahrscheinlicher ist allerdings, daß dies die »Urständ-Kapelle« ist, in der Papst Leo IX. nach dem Stifterbuch drei Altäre zu Ehren der Geburt, der Auferstehung und der Himmelfahrt Christi weihte und die demnach als erste Bauetappe des Klosters anzusehen ist. Seit den Ausgrabungen in der Stadtkirche St. Johann besteht auch kein Anlaß mehr, in der Dreiapsidenkapelle eine frühe Kirche der vorstädtischen Schaffhauser Siedlung zu vermuten, dürfte deren Gotteshaus doch mit dem ältesten Vorgänger der Johannes-Pfarrkirche identifiziert sein, die um oder vor die Jahrtausendwende datiert werden kann. Ungedeutet bleiben vorerst die Fundamente einer Exedra mit anschließenden Mauerzügen im Südwesten der ersten Salvatorkirche: Guyan vermutet hier die »Urständ-Kapelle«, die demnach aber unmittelbar nach der päpstlichen Weihe im Zuge des Kirchenbaus gleich wieder zerstört worden wäre. Wie dem auch sei, die dreiapsidiale Kapelle im Scheitel des Hofes gehört jedenfalls zum Konzept von Eberhards Kloster, das dieser zusammen mit dem baukundigen Mönch Liutbald entwickelt hatte und das schon von den Zeitgenossen allegorisch interpretiert wurde, wie Bernold von St. Blasiens Weihebericht zeigt, in dem er die Vierkonchenbauten mit dem Kreuz Christi zusammenbrachte. Im Stifterbuch wird auch nicht versäumt, von Heilig-Grab- und Heilig-Kreuz-Reliquien zu berichten. So hat die Forschung die Abfolge von Auferstehungskapelle, Hof, Salvatorkirche und Atrium wiederholt mit derjenigen der Grabeskirche in Jerusalem verglichen und – gestützt auf Richard Krautheimer – Schaffhausen I als Abbild von Jerusalem interpretiert. Es ist allerdings fraglich, ob der Hof in Schaffhausen tatsächlich frei stand oder ob sich darin nicht weitere Bauten befanden. In jedem Fall diente dieses von der Kirche und drei Kapellen gesäumte Areal als privilegierte Begräbnisstätte, deren vornehmster Platz gewiß die

Außenkrypta war, in der Eberhards Gebeine bis zur Anlage der Gründergrablege im neu errichteten Bau III ruhten.

Eine weitere Überraschung der archäologischen Untersuchungen war die Entdeckung, daß zwischen diesem ersten Kloster und der heutigen Kirche ein weiteres Kirchenprojekt lag. Unter dem Ostteil der Basilika und bereits auf deren Achse konnten die mächtigen Fundamente eines fünfschiffigen Baus erfaßt werden, der freilich nie ausgeführt wurde. Man hatte nordöstlich des ersten Münsters mit dem Neubau begonnen, um so vorerst nur die nördliche Flankenkapelle des »Rautenhofs« abbrechen zu müssen und die alte Kirche weiter benutzen zu können. Anhand von Verlauf und Stärke der Fundamente kann man sich das Neubauprojekt als fünfschiffige Basilika mit Binnenquerhaus mit Nebenkapellen und/oder Chorflankentürmen sowie Chorumgang vorstellen. Die Stärke der Fundierung deutet darauf hin, daß eine vollständige Einwölbung geplant war, womit der Bau einen ähnlichen räumlichen und formalen Reichtum aufgewiesen hätte wie die 1089 begonnene dritte Abteikirche von Cluny. Das Schaffhauser Neubauprojekt mit seiner enormen Größe von über 70 m Länge und 30 m Breite scheint den Aufschwung des Klosters nach der Hirsauer Reform zu reflektieren, als im Kloster täglich bis zu dreihundert Menschen verpflegt werden mußten. Dieser im Stifterbuch überlieferten Nachricht entgegnet unter anderen Albert Knoepfli, daß ein solch prestigiöser Bau dem Reformgeist widersprochen hätte und demnach noch vor 1080 geplant worden sein muß. Die Zeitspanne zwischen der Weihe des ersten Münsters und dem Neubauprojekt wird damit freilich arg kurz, zumal dazwischen ja noch der Umbau der Chorpartie des Gründungsklosters stattfand. Die Schriftquellen geben keinerlei Hinweise auf dieses Bauprojekt, das ohne archäologische Untersuchung unbekannt geblieben wäre, obwohl die schriftliche Überlieferung aus dem Hochmittelalter für Allerheiligen in einer sonst in der deutschen Schweiz unbekannten Fülle erhalten ist. Da das schließlich realisierte dritte Allerheiligenmünster zwar einfachere Formen aufweist und damit eher in der süddeutschen Tradition bleibt als das abgebrochene, burgundisch beeinflußte Projekt, in den Dimensionen diesem aber kaum nachsteht, scheint mir eine unmittelbare Abfolge dieser beiden Pläne ohne größeren Hiatus wahrscheinlich. Dadurch gewinnt die Frage nach den Baudaten der heutigen Basilika an Gewicht und ist erneut zu prüfen.

Aufgrund einer 1093 im Chor der *ecclesia sancti Salvatoris* ausgestellten Urkunde nimmt man gemeinhin an, der Chor des Neubaus sei damals bereits benutzbar gewesen. Allerdings gibt es dafür keine plausiblen Belege, spricht doch nichts dagegen, daß dieses Geschäft noch in der alten Kirche abgewickelt wurde. 1096 stirbt Abt Siegfried und wird – gemäß Stifterbuch – »mit großen êren begraben vor dem altar sancti stephany«, zu einem Zeitpunkt, als »der bu des münsters was noch do nicht vollebracht (mit großen Ehren vor dem Stephanusaltar begraben, als der (Neu)bau des Münsters noch nicht vollendet war)«. Im Stifterbuch wird auch erstmals die Weihe des Münsters mit dem Zusammenbruch der »ketzerischen« Kaiserpartei im Investiturstreit zusammengebracht, woraus dann seit dem 16. Jahrhundert auf das Datum 1103/04 geschlossen wird. Rudolf Gamper hat jüngst die Authentizität dieses konstruiert wirkenden Konnex bezweifelt und als Weihedatum die auf der Gedenkplatte (vgl. S. 322) lesbare Jahreszahl 1106 vorgeschlagen. Glaubt man, daß Siegfried schon in einem Teil des im Entstehen begriffenen Neubaus beigesetzt wurde, so muß der Baubeginn einige Jahre davor angenommen werden. Die schon früher in der Forschung geäußerte These, der Planwechsel vom fünf- zum dreischiffigen Bau könnte nach 1093 erfolgt sein, als Siegried und seine Mönche wegen des Investiturstreits den Gang ins südfranzösische Exil erwogen, gewinnt dadurch neue Kraft. Das heutige Münster wäre folglich um 1093 begonnen und nach dreizehn Jahren geweiht worden.

BESICHTIGUNG

Die ehemalige Klosterkirche von Schaffhausen präsentiert sich als schlichte, aber mächtige dreischiffige Basilika (Bild 112). Ihre Mauern bestehen aus kleinteiligen Sandsteinquadern, die einst verputzt waren. Das schlanke hohe Mittelschiff bildet mit dem über die Seiten hervortretenden Querschiff und dem Chor ein Kreuz mit einheitlicher Trauf- und Giebelhöhe. Im Westen werden die Besucher von einer vielfach veränderten Vorhalle empfangen, die sich schon im 12. Jahrhundert mit einer Arkadenreihe zum Vorplatz öffnete und durch eine zweite Querreihe von Pfeilern unterteilt wurde. Das Figurenportal, das von der Vorhalle in die Kirche führte und ein Jüngstes Gericht darstellte, wurde in der ersten Hälfte des 18. Jahrhunderts entfernt. Möglicherweise schmückten auch die heute im Museum aufbewahrten Lünetten mit den Reliefdarstellungen von Fabeln und der Stephanus-, Laurentius- und Johannesmartyrien einst die Vorhalle, der wichtige rechtliche und soziale Funktionen zukamen (Bild 115 bis 118).

Im Nordosten der Kirche erhebt sich ein für die Deutschschweiz ungewöhnlich prächtig gegliederter Turm. Seine Dekoration weist an den Oberrhein, wo am Basler Münster das erste, noch frühromanische Stockwerk des Martinsturms Lisenen und Blendbogen zeigt, die eine reiche Geschoßgliederung erahnen läßt, wie sie dann im Elsaß an zahlreichen romanischen Türmen auftritt. Über einem Sockel folgen drei durch Gesimse getrennte Geschoße mit jeweils vier Blendarkaden auf jeder Seite. Während sie in den beiden unteren auf Lisenen ruhen, sind es im dritten Stockwerk schlanke doppelte Halbsäulen, welche die Bogen aufnehmen. Darüber folgt das von einem Blendbogenfries abgeschlossene Glockengeschoß mit aneinandergereihten Klangarkaden. Die Spitze des Turmes wurde mehrfach verändert und dürfte in der Romanik aus einem flachen Pyramidendach bestanden haben. Die großen geglätteten Quader des Turms kontrastieren ebenso mit dem Kirchenschiff wie die reiche Turmdekoration mit den gänzlich ungegliederten Kirchenmauern. Es liegt daher nahe, den Turm mit dem erwähnten Spendenaufruf aus der Mitte des 12. Jahrhunderts zusammenzubringen. Der dort verwendete Plural läßt an die Planung eines Chorflankenturmpaares denken, doch scheint die Wirkung des Appells derart mäßig gewesen zu sein, daß man sich in der Folge auf diesen einen Turm beschränken mußte. Noch vor dem Turmbau war bereits der Chor verändert worden: der rechteckige Chorschluß, der stets als besonders charakteristischer baulicher Ausdruck für die Hirsauer Reform galt, ist nämlich, wie die Grabungen erwiesen haben, als Ersatz für eine halbrunde Apsis sekundär angefügt worden. Schließlich gehört zu dieser Erweiterungsphase auch die Erhardskapelle, die noch heute die Vorhalle nach Süden abschließt.

Das Innere des Münsters besticht durch die Klarheit und Prägnanz der Architektur (Bild 114). Wenn etwas an diesem Bau den Geist der Hirsauer Reform atmet, dann ist es die nüchterne Schlichtheit, die ohne Ornamentik oder plastische Bauzier auskommt. Und doch entfaltet der Bau dank seiner Größe und Monumentalität sowie der Qualität der Ausführung eine repräsentative Wirkung, die ihn beispielsweise in die Nähe der salischen Klosterstiftung von Limburg an der Hardt bringt. Über hohen Sandsteinsäulen mit großen Würfelkapitellen spannen sich die Mittelschiffarkaden, die durch den Farbwechsel der Quader akzentuiert werden. Ein einfaches Gesims trennt die Arkadenzone vom hohen Obergaden, in den ganz oben, knapp unter der flachen Holzdecke, die Fenster einschneiden. Bei der östlichsten Stütze des Mittelschiffs zeigt ein die Säulenstellung unterbrechendes Pfeilerpaar den einstigen Abschluß des Laienschiffs. Die archäologisch nachgewiesenen Chorschrankenmauern belegen, daß die Seitenschiffe hier mit Altären endeten, während im Mittelschiff eine erste Stufe zum Heiligkreuzaltar folgte, der um eine weitere Stufe erhöht unter dem westlichen Vierungsbogen stand und das Laienschiff abschloß. Die quadratische Vierung ist durch hohe Schwibbogen ausgeschieden; sie liefert das Grundmaß der Kirche, das sich im Chor einmal und im Mittelschiff viermal abstecken läßt. Dagegen sind die Querarme etwas schmaler. Während die Seitenschiffe sich als Seitenchöre fortsetzen und sich dort mit Pfeiler-

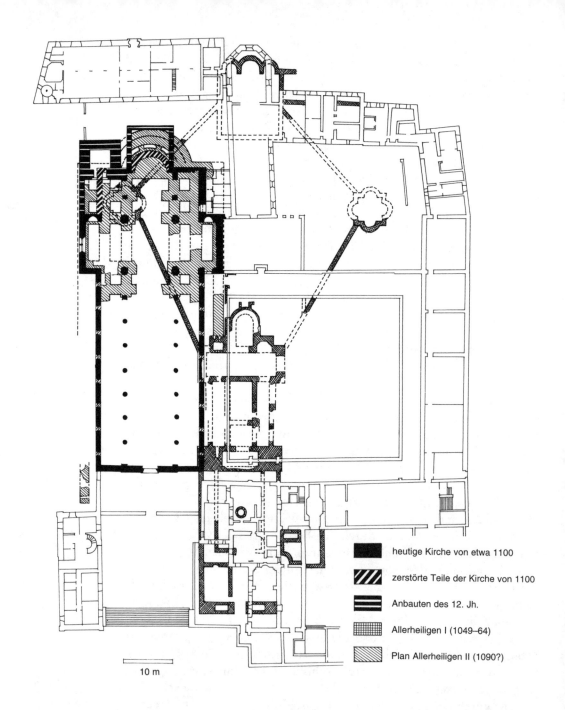

Schaffhausen
Allerheiligen

arkaden zum Chorjoch öffnen, sind die äußeren Flanken der Querarme als Kapellen mit halbrunden Apsidiolen ausgestaltet (Bild 113). Zusammen mit den Seitenchören dienten sie dazu, genügend Altarplätze zu schaffen, damit jeder Priestermönch – wie es gleich der Cluniazenser auch die Hirsauer Reform gebot – täglich eine Messe lesen konnte. Charakteristisch für Hirsauer Klosterkirchen ist überdies das Fehlen einer Krypta. Daß dies nicht den Verzicht auf privilegierte Bestattungsplätze im Kircheninnern bedeuten mußte, wird anhand der Nellenburger-Grablege deutlich.

Die Grab- und Denkmäler der Nellenburger

Die Grabplatten der Nellenburger Grafenfamilie gehören in die Frühzeit der figürlichen Grabmäler im deutschen Sprachraum und sind vor allem als eine der ältesten erhaltenen Gründergrablegen von außerordentlicher Bedeutung. Sie wurden bei den Renovationen von 1921 im Innern des Münsters etwa 10 m westlich der Vierung gefunden. Die einst vorhandenen Inschriften waren verloren, doch fiel eine Identifizierung nicht schwer, werden diese doch zusammen mit einer Zeichnung in der zwischen 1603 und 1605 entstandenen Chronik des Johann Jakob Rüeger überliefert. Bereits 1537 hatte man die Aufbauten der Grabanlage entfernt und die Platten damit auf Bodenniveau eingeebnet. 1753 wurden die Steine zerschlagen und für den neuen Fußboden wiederverwendet.

Laut der Chronik von Rüeger, der sich auf das Stifterbuch stützen konnte, hat Graf Burkhard seinen Vater aus der Außenkrypta des ersten Klosters exhumiert und »in das nüw groß münster für des crützes altar gelegt, da dann sin grabstein vor dem toufstein noch zou sehen« war (im neuen großen Münster vor dem Kreuzaltar bestattet, wo sein Grabstein noch jetzt [d.h. anfangs 17. Jahrhundert] vor dem Taufstein zu sehen ist). Burkhards Mutter Ita wurde zu ihrem Gatten »in den sarch« gelegt, der Sohn nach seinem baldigen Tod nebenan, ebenso dessen Frau Hedwig und die mit den Nellenburgern verwandte Nonne Irmendrut. Heute sind noch die Grabplatten von Eberhard III. und Burkhard weitgehend, die der Gräfin Ita teilweise erhalten und in der Erhardskapelle ausgestellt. Die drei Platten aus Schleitheimer Sandstein zeigen die Hochreli效figuren in sarkophagartigen Rahmen, die mit ornamentalen Friesen dekoriert sind. Anhand der Unterschiede dieser Rahmenleisten ließ sich das ursprüngliche Verhältnis der Platten zueinander plausibel rekonstruieren. Graf Eberhard III. liegt leicht erhöht in der Mitte; über seinem Kopf weitet sich der Rahmen zu einem Medaillon, in dem das Lamm Gottes noch eben erkennbar ist. Eberhard ist als Familienältester mit langem Bart und Haupthaar dargestellt. Er trägt ein vornehmes Gewand, und seine Füße ruhen auf einer Arkadenreihe. In den Händen hält er ein Kirchenmodell, das ihn als Gründer des Klosters ausweist. Sein Sohn Burkhard trägt ein ähnlich reiches Gewand und ein zylindrisches Barett; sein Bart ist im Unterschied zu dem seines Vaters kurz gestutzt. Mit einer leichten Drehung seines Fußes deutet er die Hinwendung zum väterlichen Grab – bzw. zum Lamm Gottes an dessen Kopfende – an. Wie bei Eberhard sind Standfläche und Gabe, die er in Händen hält, aufeinander abgestimmt. Ist es dort jeweils ein Architekturmotiv, so bei Burkhard eine Erdscholle, wobei aus derjenigen, die er in Händen hält, ein Zweig sprießt. Es ist die klassische *festuca*, das Rechtssymbol, mit dem die Übertragung seines Besitzes – hier an den Altar des Allerheiligenklosters – besiegelt wird. Von der Platte der Gräfin ist nur mehr der Kopf im Original erhalten, so daß sich eine angedeutete Drehung auch dieser Figur zur mittleren Platte mit dem göttlichen Lamm mehr erahnen als belegen läßt. Die in den Nellenburger Grabplatten angelegten narrativen Elemente gewinnen angesichts der ursprünglichen Lage der Gräber westlich der Chorschranken und damit wohl unmittelbar vor dem Leutaltar an Gewicht. Die Stiftungen an den durch den Altar repräsentierten Klosterpatron werden vergegenwärtigt und dabei auch die unterschiedlichen Stiftungsvorgänge differenziert dargestellt: Der Vater gründete das Kloster und errichtete die ersten Gebäude, während der Sohn dann auf Grund und Boden sowie Rechte verzichtete und diese dem Kloster übertrug. So sind diese Grabplatten, die wohl in der Zeit um Burkhards Tod in den ersten Jahrzehnten des 12. Jahrhunderts entstanden, ein lebendiges Zeugnis der Gründungsgeschichte von Allerheiligen und für das Kloster wohl ein Garant seiner Autonomie. Typologisch sind sie in der flügelähnlichen Staffelung der Platten und im Verhältnis der Figuren zum sargähnlichen Rahmen mit den berühmten Stuckplatten der Quedlinburger Äbtissinnen vergleichbar, mit denen sie auch die kunsthistorische Bedeutung für die Genese des figürlichen Grabmals teilen.

Im Allerheiligenkloster ließ man es mit der bildlichen Memorie an die Nellenburger Gründerfamilie freilich noch nicht bewenden. Die Münstergrabungen gaben nämlich im nördlichen Seitenschiff ein sekundär als Bodenplatte verwendetes Stifterdenkmal, ebenfalls aus rotem Schilfsandstein, frei. Die 2 x 0,75 x 0,13 m messende Platte ist stark abgerieben, weshalb die Inschriften nur noch teilweise gelesen werden können und manche Figuren nur als Schemen zu erkennen sind. Das Zentrum der rechteckigen Platte nehmen zwei übereinanderliegende Bildfelder mit jeweils einem oberen Inschriftenfeld ein. Seitlich werden sie von breiten Zonen mit ornamentalen Ranken gerahmt, während oben und unten je eine vierbogige Arkadenreihe die Platte abschließt. In den Bogen der oberen Reihe steht je eine männliche Figur: in der Mitte zwei Geistliche mit betend erhobenen Armen, links und rechts je ein vornehmer Weltlicher mit wehendem Mantel. Zwei ähnliche Figuren nehmen die inneren Arkaden der unteren Abschlußreihe ein, wo die Seitenbogen mit Blattranken gefüllt sind. Im oberen zentralen Bildfeld ist unter einer gedrückten Bogenstellung ein Mönch erkennbar, der sich einer nimbierten Figur zuwendet. Im besser erhaltenen unteren Feld ist es bei gleicher Komposition eine Frau, die einer Heiligen einen Gegenstand überreicht. Dank den lesbaren Inschriftenresten und den Familiennachrichten im Stifterbuch, gelang Hans Lieb eine überzeugende Deutung der Darstellungen. Oben und unten sind die sechs Söhne von Graf Eberhard III. und Ita dargestellt – die Töchter waren in diesem Kontext offensichtlich nicht bildwürdig. Als Erzbischof von Trier bzw. Abt der Reichenau erlangten zwei der Söhne hohe geistliche Ämter, in denen sie, wie auf der Tafel wiedergegeben, für das Seelenheil der Familie zu beten hatten. In den großen Bildfeldern sind dann konsequenterweise die Eltern zu vermuten, und zwar oben Eberhard als Mönch, wie er dem Erlöser das Kloster Allerheiligen überreicht, und unten Ita, die der heiligen Agnes ihr Benediktinerinnenkloster dediziert. Als weitere Information ist im Rahmen GEBEH... MCVI zu lesen, woraus mit aller Vorsicht auf Bischof Gebhard von Konstanz und das Jahr 1106 zu schließen ist. Die einst bestimmt aufrecht stehende Platte könnte dann als Memorialstein für die Stifterfamilie, deren Mitglieder keineswegs alle in Schaffhausen bestattet waren, im Zusammenhang mit der Neuweihe des Münsters und der definitiven Einrichtung der Stiftergräber angefertigt und aufgestellt worden sein. Bekanntlich war mit Burkhard der letzte Nellenburger bereits kurz nach 1100 verstorben, seine Brüder zum Teil schon Jahrzehnte bis ein halbes Jahrhundert zuvor. Außerordentlich erfolgreich haben sie es aber verstanden, mit der Stiftung des reichen und blühenden Klosters die Erinnerung an die Gründerfamilie lebendig zu halten, indem kurz nach dem Tode des letzten Sprosses und der Weihe der neuen Kirche mit Grablege und Gedenkplatte steinerne Zeugen errichtet wurden, die nicht nur das Stifterbuch im 14. Jahrhundert angeregt haben, sondern die Memoria bis heute anschaulich wachhält.

Zürich. Das Großmünster

Die seit 1322 unter dem Namen Großmünster bekannte Zürcher Propstei der Heiligen Felix und Regula war mit ihren 24 Chorherren und 32 Kaplänen neben der Kathedrale in Konstanz das bedeutendste mittelalterliche Stift im ganzen Bistum, das außer der Bodenseegegend und dem Nordufer des Rheins bis nach Freiburg auch die ganze Nordostschweiz umfaßte. Diese herausragende Stellung des Zürcher Großmünsters spiegelt sich anschaulich in dessen romanischer Stiftskirche, die als Quaderbau mit Doppelturmfassade, Langchor und reicher Bauplastik einen hohen, zum Teil fast bischöflichen Anspruch repräsentiert.

Geschichte und Vorgängerbauten

Laut der Legende der Zürcher Stadtheiligen Felix und Regula sollen die Anfänge des Großmünsters ins frühe 4. Jahrhundert zurückgehen; hagiographische und archäologische Forschungen gehen heute von einem baulichen Beginn im 8. Jahrhundert aus. Nach der spätestens um 800 entstandenen *Passio Felicis et Regulae* soll das Geschwisterpaar auf Weisung des Mauritius ihre Gefährten der Thebäischen Legion verlassen und sich nach Zürich begeben haben, wo sie schließlich von Maximinians Häschern aufgegriffen und enthauptet worden seien. Die Märtyrer ergriffen aber ihre Häupter und stiegen von der Richtstätte an der Limmat »40 Ellen bergan bis zur Stätte, wo sie begraben werden wollten, 200 Ellen vom Kastell entfernt«. Funde vom Plateau, auf dem das

Großmünster steht, sprechen für die Existenz eines römischen Friedhofs an dieser Stelle, so daß sich die Frage stellt, ob hier bereits seit der Spätantike Gräber verehrt wurden, dieser Kult aber erst im 8. Jahrhundert faßbar wird, oder ob man erst damals einen vergessenen Friedhof wiederentdeckte und sich um ein besonderes Grab eine Heiligenverehrung entwickelte. Jedenfalls muß sich dann um das Heiligengrab rasch ein Konvent gebildet haben, der um 870 von Kaiser Karl dem Dicken als Kollegiatsstift bestätigt wurde. Schon knapp 20 Jahre vorher war ein Teil der Märtyrergebeine ins Damenstift Fraumünster übertragen worden, das Ludwig der Fromme am linken Limmatufer gestiftet hatte. Damit war die Pilgerachse geschaffen, die von der Grablege der Stadtheiligen im Großmünster über deren von der Wasserkirche bezeichneten Hinrichtungsstätte zum vornehmen Fraumünster mit den Reliquien führte und die Sakraltopographie Zürichs im Mittelalter prägte.

Die Nennung des Kastells in der Heiligenvita gibt uns auch einen Hinweis auf die nur zum Teil topographisch begründbare außergewöhnliche Orientierung des Großmünsters und seiner Vorgängerkirchen: Nicht nur in spätrömischer, sondern noch in karolingischer und jüngerer Zeit war das Kastell auf dem Lindenhof der Sitz der weltlichen Autorität über die Stadt, und noch das heutige Großmünster nimmt mit seiner Fassade Bezug auf diesen Ort. Noch präziser war diese Orientierung beim einzigen, bisher einigermaßen deutlich faßbaren Vorgängerbau, dessen Achse gegenüber der jetzigen um 4–6° stärker nach Nord-Süd gerichtet war. Dieser wurde – neben bislang nicht zusammenhängend deutbaren älteren Befunden – in den 1930er Jahren mit wenigen Sondierungen in den Seitenschiffen und im Westen des Großmünsters erfaßt und als dreischiffige Basilika mit zumindest im Norden bereits einem Fassadenturm rekonstruiert. Als Ostabschluß dieser wohl um 1000 zu datierenden Kirche hat Sennhauser kürzlich mit guten Gründen einen Langchor mit Seitenkapellen postuliert. Dieser Bau stand nachweislich nicht allein: im Nordosten war das Claustrum des Stifts angebaut, das zum Kirchplatz hin mit einer Marienkapelle abgeschlossen wurde, einem Saalbau, der mit Quertonnen überwölbt war und vermutlich um die Jahrtausendwende errichtet worden war. Südlich der Kirche und parallel zu ihr lag ein weiterer, kleinerer Saalbau unbekannter Funktion.

Für den Neubau des Großmünsters sind einige Daten überliefert, die es erlauben, eine erste Bauetappe mit Krypta und Chor recht exakt zu datieren. Für das Langhaus sind die Schriftquellen dagegen weit weniger ergiebig, so daß wir uns hier auf bauarchäologische Beobachtungen stützen müssen. Eine Altarweihe von 1104 steht wohl im Zusammenhang mit Umgestaltungen der liturgischen Einrichtung wegen beginnender Bauarbeiten. Im August 1107 weihte Bischof Gebhard von Konstanz – dem wir bereits als Verantwortlichem der Konsekration des Schaffhauser Allerheiligenmünsters begegnet sind – die Krypta, einen Monat später den Marienaltar im Chor des Neubaus. Nach weiteren zehn Jahren erfolgte unter Propst Rudolf von Homberg, der zugleich Bischof von Basel war, die Schlußweihe des Chors durch den Trierer Erzbischof Bruno. Von einer nächsten Altarweihe erfahren wir 1146, und zwar für einen Magdalenenaltar *in gradibus*, also wohl an der Treppe zum Choraufgang. 1150 muß ein Turm vorhanden gewesen sein, wird doch in jenem Jahr ein Geläut erwähnt. 1177 hören wir von einem eigenen Leutpriester; 1218 wird das Stift nach dem Aussterben der Zähringer reichsunmittelbar, d.h. als einzige weltliche Autorität direkt dem Kaiser unterstellt. 1233 werden Karlsreliquien von Aachen nach Zürich überführt. Ablässe, die noch im ganzen 13. und bis ins 14. Jahrhundert für Beiträge an die *fabrica* des Großmünsters gewährt werden, deuten kaum mehr auf einen unvollendeten Bau, sondern dürften mit dessen Ausstattung in Zusammenhang stehen.

Diese wurde auch im weiteren Verlauf des Mittelalters stetig bereichert; als eigentliche Baumaßnahmen sind dagegen nur die Erhöhung des Chordaches und der Türme im 15. Jahrhundert erwähnenswert. 1519 tritt Huldrych Zwingli die Leutpriesterstelle am Großmünster an; fünf Jahre später beschließt der Rat, Altäre und Bildwerke aus der Kirche zu entfernen und den Kirchenschatz aufzulösen. Das verwertbare Baumaterial wird zu einem Kanzellettner zusammengefügt, um die Kirche dem Primat der Predigt anzupassen. Das nun reformierte Stift existierte weiter bis 1832, als es im Jahr vor der Gründung der Zürcher Universität – die gewissermaßen dessen Nachfolge antrat – vom Rat aufgelöst wurde. Am Großmünster mußten nach Bränden im 16. und im 18. Jahrhundert die Türme erneuert werden. Auch die Dächer, Gewölbe und Fenster erfuhren zum Teil Veränderungen; so wurde schon um 1500 der Chor erhöht, um mit dem Mittelschiff von einem einheitlichen Dach überdeckt zu werden. Eine nochmalige, allerdings nur geringe Erhöhung erfolgte im Hinblick auf einen neuen Dachstuhl in der Mitte des 17. Jahrhunderts. 1897 wurde das Innere reromanisiert, 1907 das Hauptportal saniert und 1913–15 im Inneren, 1931–41 außen renoviert. Seit den 1960er Jahren werden laufend konservierende Unterhaltsarbeiten ausgeführt.

weiter Seite 354

Die Bildseiten

Amsoldingen

105 *Blick von Nordosten auf die Kirche.*
106 *Krypta*
107 *Mittelschiff und Chor.*

Einigen

108 *Das Innere mit Blick zum Chor.*

Spiez

109 *Mittelschiff und Chor.*
110 und 111 *Krypta*

Schaffhausen, Kirche und Museum Allerheiligen

112 *Blick vom Kreuzgang auf die Südseite der Kirche.*
113 *Das Südquerhaus aus dem südlichen Seitenschiff.*
114 *Mittelschiff und Chor.*
115 bis 118 *Museum: Reliefierte Bogenfelder mit Darstellungen von Fabeln und Märtyren.*
119 *Museum: Gräber der Grafen von Nellenburg.*

107

EINIGEN

SPIEZ ▶

110

111

SCHAFFAUSEN

115

116

117

118

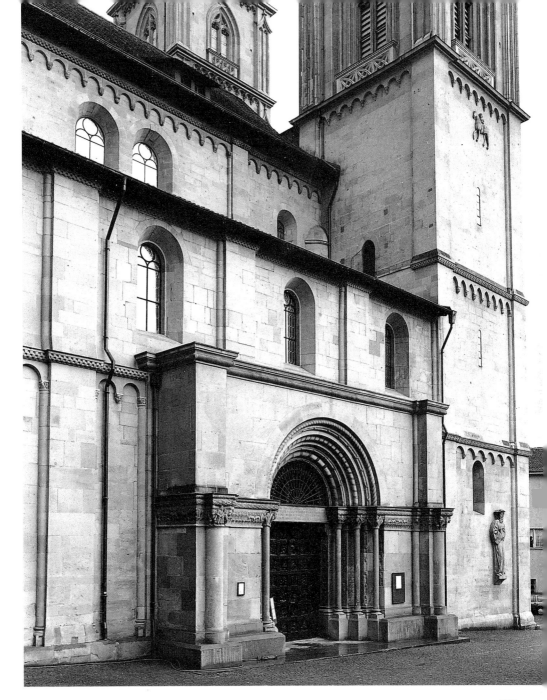

ZÜRICH

121

124

BASEL

125

127

128

130

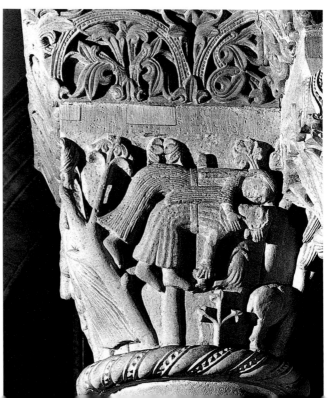

131

133

134

135

Zürich, Großmünster

120   *Nordportal.*
121 und 122   *Kapitelle im Mittelschiff.*
123   *Krypta.*

Basel, Münster

124 und 125   *Gewände der Galluspforte.*
126   *Galluspforte.*
127   *Außendekoration des Achsenfensters des Chors: Elefant.*
128   *Belebter Rankenfries im Chor: Jagdszenen.*
129   *Mittelschiff und Nordquerhaus von Südosten.*
130 und 131   *Kapitelle im Chor: Pyramus und Thisbe.*
132   *Fröwlerkapelle: Apostelplatte.*
133   *Fröwlerkapelle: Misericordia-Relief.*
134   *»Baumeister«-Relief.*
135 und 136   *Schalerkapelle: Vincentiusplatte (Details).*

Baugeschichte

Wie wir sahen, lassen sich einzig der Neubau von Chor und Krypta als erste Bauetappe des romanischen Großmünsters mit Schriftquellen hinreichend belegen. Daniel Gutscher hat mit bauarchäologischen Beobachtungen die weitere Baugeschichte verfeinert und in seiner Baumonographie dargestellt. Demnach ist während eines ganzen Jahrhunderts mehr oder weniger kontinuierlich an der Kirche gebaut worden, wobei das Projekt manche Änderung erfuhr, einige früh angelegte Vorgaben aber mit erstaunlicher Konsequenz beibehalten wurden. Bevor wir uns mit einzelnen Bauteilen beschäftigen, ist vorauszuschicken, daß im folgenden der Einfachheit halber die beträchtliche Abweichung der Kirchenachse vom Meridian vernachlässigt und die Turmfront im Westen, der Chor im Osten angenommen wird.

Nach dem 1117 geweihten Chor fundierte man im darauffolgenden Jahrzehnt in der zweiten und dritten Bauetappe zuerst im Uhrzeigersinn die Außenmauern des neuen Langhauses und mauerte dann im Südosten die Chorflankenkapelle auf. Die Wand- und folglich auch die Innengliederung standen damit bereits fest und wurden nicht mehr verändert. Als Westabschluß muß ein querriegelartiger Narthex geplant gewesen sein, dessen genaue Gestalt unbekannt bleibt. Denn bereits mit der nächsten Etappe war ein Planwechsel verbunden, der unter anderem die Doppelturmfassade einführte. Dazu war der Westteil des Altbaus, dessen Mittelschiff noch immer als Notkirche diente, abzubrechen. An dem damals errichteten westlichen Pfeilerpaar unter den Türmen läßt sich ablesen, daß doppelgeschossige Seitenschiffe mit hohen Emporenbögen projektiert waren. Offensichtlich war eine Emporenhalle angestrebt, denn für einen belichteten Obergaden wäre bei der durch den Chor und besonders die Turmgliederung vorgegebenen Mittelschiffhöhe kein Platz mehr gewesen. Bereits der erste Großmünsterplan hatte neben oberrheinischen Elementen wie dem flachen Chorschluß und der Hallenkrypta mit der Anlage des Stützensystems und dem Verzicht auf ein Querhaus auch oberitalienische Bezüge gezeigt; nun denkt man mit der Emporenhalle an Sant' Ambrogio in Mailand. Allerdings sind da die Emporenarkaden sehr viel niedriger als im zweiten Großmünsterplan, dessen hohe Bögen eher an die Normandie mit dem Schlüsselbau von St-Etienne in Caen erinnern (wobei dieser freilich über einen basilikalen Aufriß verfügt).

Der mit der fünften Bauetappe in der zweiten Hälfte des 12. Jahrhunderts verfolgte dritte Bauplan brachte dann in eben diesem Bereich eine Klärung: Die Öffnungen der Emporen wurden auf das in der Lombardei übliche Maß reduziert, womit das Großmünster sich in Schnitt und Aufriß noch stärker an San Michele in Pavia annäherte. Wie dort waren vermutlich in dieser Phase auch am Großmünster nur kleine Obergadenfenster vorgesehen. Das sollte sich mit der sechsten und letzten Etappe im ersten Viertel des 13. Jahrhunderts ändern: noch einmal korrigierte man den Plan und versah den Lichtgaden nun paarweise mit relativ hohen schlanken Fenstern. Nachdem die Emporen bereits in der vorherigen Etappe eingewölbt worden waren, schloß man nun auch das Mittelschiff mit feinen Kreuzrippengewölben, erneuerte auf höherem Niveau die Chorwölbung und schloß den Südturm provisorisch über dem dritten Geschoß ab. Das romanische Großmünster war damit vollendet, und es dauerte mehr als zwei Jahrhunderte, bis seine äußere Gestalt merklich verändert wurde.

Besichtigung

Ob man sich dem Großmünster vom Chor oder von Westen her nähert, stets beeindruckt der graue Sandsteinquaderbau durch seine schlanke Höhe bei gleichzeitiger Kompaktheit, die vor allem durch die doppelgeschossigen Seitenschiffe betont wird (Bild 120). Die Doppelturmfront ist in die Flucht der dreischiffigen, querschifflosen Pfeilerbasilika eingebunden. Ein quadratisches Chorjoch und ein leicht eingezogenes und somit etwas kleineres, flach schließendes Sanktuarium bilden den Langchor, dem sich im Süden die Zwölfbotenkapelle als Chorflankenraum anschmiegt, während im Norden die Bauten des ehemaligen Chorherrenstifts anschließen. Über dem Chor sitzt ein einfacher Dachreiter, während die mächtigen Westtürme in sechs Geschosse gegliedert sind. Die drei untersten, mit breiten, durch Blendbogenfriese verbundenen Ecklisenen gehören zum romanischen Bau. Das vierte Geschoß des Südturms stammt aus dem 15. Jahrhundert und diente in den 1780er Jahren als Vorlage für das fünfte Stockwerk sowie für die beiden entsprechenden Abschnitte des Nordturms. Gleichzeitig schloß man die beiden Türme mit den eigenartigen und die Stadtsilhouette seither prägenden Helmen ab – eine als Ganzes erstaunliche Leistung barocker Nachgotik.

Am Südturm prangt spätestens seit dem 15. Jahrhundert eine Sitzstatue Karls des Großen, dem wie vielenorts auch in Zürich die lokale Legende die Gründung der Stadt und des Stifts zuschreibt. Heute ist die Figur durch eine Kopie ersetzt, während das stark verwitterte Original in der Krypta ausgestellt ist. Auf schon fast mirakulöse Weise ohne Verwitterungsspuren ist dagegen das Reiterrelief am Nordturm auf uns gekommen. Es stammt noch aus dem 12. Jahrhundert und ist damit die älteste Reiterplastik der Schweiz. Das Hochrelief wurde von einem Mei-

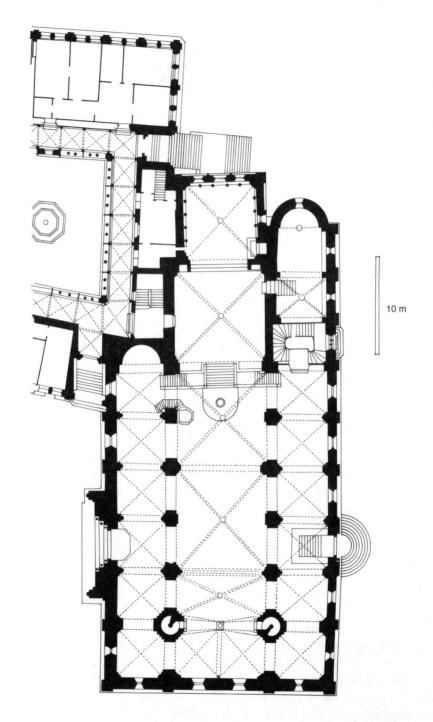

Zürich
Großmünster

ster aus dem Umkreis des berühmten oberitalienischen Bildhauers Benedetto Antelami geschaffen und dürfte denkmalhaft die Stadtherrschaft repräsentieren. Adolf Reinle vermutet daher Herzog Berchtold IV. von Zähringen als Auftraggeber, der nach dem Aussterben der Lenzburger 1173 die Reichsvogtei über Zürich innehatte und der mit diesem Werk das bekannte oberitalienische Reiterstandbild des sogenannten *Regisole* in Pavia zitiert hätte. Die Paveser wie die Zürcher Figur gehen aber letztlich auf das vergoldete Reiterstandbild Kaiser Marc Aurels zurück, das im Mittelalter beim Lateran in Rom stand und als vermeintlicher Konstantin verehrt und bewundert wurde. Am Großmünster ist schließlich auf die Bildwerke eines Pferdes und eines Hornbläsers zu verweisen, die – freilich nur noch in Kopien der 1930er Jahre – das große, in der fünften Bauetappe entstandene Westfenster flankieren. Verblüfft bei ersterem die interessante Frontaldarstellung, so handelt es sich bei letzterem um eine im Elsaß an Kirchen des 12. Jahrhunderts öfter zu beobachtende Figur, der wir auch am Basler Münster begegnen und die wir – als Reflex dieser oberrheinischen Gruppe – bereits am Chor von St-Ursanne gesehen haben. Der Hornbläser, der in romanischen Kalenderillustrationen das Frühlingserwachen personifiziert, gilt hier als Symbol des Tagesanbruchs, doch steht eine umfassende Studie zu dieser Figur noch aus.

Das gleiche Gliederungs- und Dekorationssystem wie die romanischen Turmgeschosse ziert auch das Langhaus: breite, von viertelrunden Eckdiensten gerahmte Lisenen gliedern die Obergadenwand und die Seitenschiffe und machen so die innere Jochgliederung am Außenbau ablesbar. Am Obergaden und den Seitenschiffen ist diese Vertikalgliederung anders als an den Emporengeschossen durch Blendbogenfriese, die auf skulptierten Konsolen ruhen, verbunden. Auch die Anordnung der rundbogigen Fenster gibt Hinweise auf die Innenstruktur des Großmünsters: ihr Zusammenrücken im Obergaden läßt auf drei gewölbte Mittelschiffjoche schließen, denen – wie die Seitenschiff- und Emporenfenster zeigen – sechs Seitenschiffjoche entsprechen. Das Langhaus des Großmünsters ist folglich im gebundenen System errichtet worden, d. h., zu einem quadratischen Mittelschiffjoch gehören zwei ebenfalls quadratische Seitenschiffjoche.

Dies bestätigt sich, wenn man den Bau betritt. Das Hauptportal liegt auf der nördlichen Längsseite, der es als rundbogiges, reich skulptiertes Stufenportal kastenartig vorgesetzt ist. In der Achse gegenüber liegt das wesentlich schlichtere Südportal, das gemäß der Bauchronologie früher, nämlich noch in der ersten Hälfte des 12. Jahrhunderts errichtet worden ist.

Den ersten Eindruck im Innern bestimmen die überall aufsteigenden Steinmassen: Mächtige Wandpfeiler, umlaufende Emporen und ein hoher Chor mit tiefem Triumphbogen lassen den nicht unterteilten Raum der beiden östlichen Mittelschiffjoche vergleichsweise eng erscheinen. Die beinahe schachtartige Wirkung wird unterstützt durch die nach oben zunehmende Lichtfülle der Doppelfenster des 13. Jahrhunderts. Rippen und Gurte der gebusten Mittelschiffgewölbe werden von flachen Pilastern mit Eckdiensten aufgefangen und geschoßweise nach unten abgeleitet. Ein verkröpftes Gurtgesims trennt die beiden Ebenen. Die weiten Rundbogenarkaden sind im Erd- und Emporengeschoß weitgehend gleich gestaltet.

Etwas seltsam mag die Westempore erscheinen, die das ganze westliche Mittelschiffjoch einnimmt. Oben ist die Empore ganz offen, während im Erdgeschoß ein von Säulen getragener Bogen den Rhythmus der Seitenschiffjoche weiterführt. Allein die mächtigen kreuzförmigen Pfeiler, die gleichzeitig die Funktion von Treppenhäusern erfüllen, zeigen, daß hier über beide Geschosse die Türme in kühner Weise ausgehöhlt sind und nicht als feste Körper in Erscheinung treten.

Seitlich des Aufgangs zum Hochchor steigt man in die Krypta hinunter. Entsprechend der Zweiteilung des Chores besteht sie aus zwei dreischiffigen, dreijochigen Hallenkrypten, die durch drei tiefe Arkaden verbunden sind (Bild 123). Die Leonhardskirche in Basel oder – formal noch näherliegend – die Krypta von Andlau im Elsaß sind als Vorläufer der Großmünsterkrypta zu nennen; ganz ohne Zweifel sind es oberrheinische Anregungen in der Nachfolge des Speyrer Doms, die hier Pate gestanden haben. Als Reminiszenz an die Mauernischen in den Querarmen der Speyrer Krypta lassen sich auch die beiden Nischen verstehen, die sich in den Zungenmauern zur westlichen Kryptenhalle öffnen. Aufgrund dieser stark abschnürenden Wandstücke sind – anders als bei den genannten oberrheinischen Krypten – die seitlichen Durchgänge wesentlich kleiner als der mittlere. Die Kapitelle der Krypta zeigen einen breiten Fächer des spielerisch-dekorativen Umgangs mit der strengen Grundform des Würfelkapitells.

Über den Krypten liegt der Hochchor, dessen zwei Teile einst in der Höhe gestaffelt waren. Der tiefe Triumphbogen und ein Mauerrücksprung im Chorjoch lassen dessen einstige Gewölbehöhe abschätzen. Im Sanktuarium wird die Sockelzone durch eine vorgestellte Blendbogengliederung ausgezeichnet.

Kapitelle

Während das Großmünster außen relativ spärlich, wenn auch mit hochwertiger figürlicher Bauplastik dekoriert ist, finden sich im Innern rund 120 Kapitelle, Kämpfer und Schlußsteine. Dazu kommt der überaus reiche Skulpturenbestand des Kreuzgangs, der beim Abbruch der ehemaligen Stiftsgebäude 1849 zerlegt und im neuromanischen Nachfolgebau wieder aufgerichtet wurde. Anhand dieser Kreuzgangplastik hat Paul Michel in einer exemplarischen Studie Möglichkeiten und Grenzen der Interpretation romanischer Bauplastik dargelegt.

Hier können wir nur ein paar wenige Kapitelle im Kirchenschiff ins Auge fassen, die ikonographisch interessant sind und zugleich Hinweise auf die Herkunft der am Großmünster beschäftigten Bildhauer geben (Bild 121 und 122). Bereits die fast spielerische Auflösung der strengen Form der Würfelkapitelle in der Krypta dürfte auf Kenntnisse oberitalienischer Plastik zurückgehen, ohne daß daraus zwangsläufig auf zugewanderte Handwerker geschlossen werden muß. Dagegen stehen die Pfeilerkapitelle, die im Laufe der dritten Bauetappe, d. h. vermutlich im dritten Jahrzehnt des 12. Jahrhunderts, in der Zwölfbotenkapelle und im südlichen Seitenschiff angebracht wurden, einigen Kapitellen in Pavia so nahe, daß eine andere Erklärung als die Tätigkeit lombardischer Meister in Zürich kaum denkbar ist. Dargestellt ist das stets wiederkehrende Thema des Menschen, der in die Fänge dämonischer Mächte und Wesen geraten ist.

An diese Gruppe schließen die um die Jahrhundertmitte entstandenen Reliefs der Mittelschiffpfeiler an. Am interessantesten sind die Darstellungen an den beiden Stützen, die jeweils nach Durchschreiten der Eingangsjoche beim Eintritt ins Mittelschiff zu passieren waren. Als einziges Kapitell, das zum Mittelschiff hin figürlich dekoriert ist, stellt dasjenige auf der Nordseite die legendäre Auffindung der Felix- und Regula-Gebeine durch Karl den Großen dar. Der gekrönte Kaiser, hoch zu Roß, reitet zur Jagd, wofür der wohl einen Falken meinende Raubvogel spricht. Mit seiner Linken hält Karl ein Lilienszepter (oder eine Lanze?). Das Pferd scheint zu straucheln bzw. geht in die Knie, als es die Gräber der beiden Heiligen passiert. Felix und Regula sind als antikisch gekleidete Figuren mit Nimbus und Palmzweig der Märtyrer im Dialog dargestellt. Den gegenüberliegenden Pfeiler ziert unter dem Scheidbogen das sogenannte GVIDO-Relief. Es ist nach der Inschrift auf dem Schwert benannt, mit dem ein voll gerüsteter Ritter ausholt, um seinen Zweikampfgegner zu treffen. Das wird ihm allerdings nicht gelingen, im Gegenteil: Während sein Arm vom bärtigen Mann einer hinter ihm stehenden Zweiergruppe zurückgehalten wird, kann sein Gegner ungehindert mit einem Dolch zustechen. Auch hinter dem erfolgreichen zweiten Kämpfer sind zwei weitere Männer dargestellt, die sich jedoch nicht ins Geschehen einmischen, sondern nur heftig gestikulierend das ungeheuerliche Geschehen gleichsam zu kommentieren scheinen. Die Deutung der Szene ist unklar: Schloß man früher aus der Schwertinschrift auf ein tödliches Duell im 10. Jahrhundert zwischen dem Königssohn Guido von Ivrea und Herzog Burkhard II., so neigt man heute eher dazu, den Namen auf einen Bildhauer zu beziehen und in der Szene die Ermordung Abners durch Joab (2 Sam 3, 22–27) zu sehen. Davids Feldherr Joab erstach Sauls desertierten Heerführer Abner und verletzte damit das Gastrecht des Königs. Aufgrund seines tückischen Vorgehens wurde Joab in der spätmittelalterlichen Typologie zum alttestamentlichen Vorgänger des Judas. Folgt man dieser Interpretation, so kann man im kauernden König, der von Löwen flankiert am selben Pfeiler im Seitenschiff das Kapitell des Jochbogens ziert, den gekrönten David sehen. Aufgrund motivlicher Parallelen in der katalanischen Bauplastik hat man diese ganze Gruppe der Mittelschiffpfeiler iberischen Bildhauern zuschreiben wollen. Zu Recht hat die Katalonienthese in neuerer Zeit an Gewicht verloren, indem man auf Kontinuitäten dieser Gruppe mit der vorangehenden lombardischen verwies. Ob die von Daniel Gutscher ins Feld geführten Gemeinsamkeiten zwischen dem Felix- und Regula-Relief und dem Adelochus-Sarkophag in Straßburg allerdings ausreichen, um eine tragende Verbindung zur oberrheinischen Plastik herzustellen, bedarf weiterer Studien.

Würdigung

Das Großmünster als Hauptkirche der – wie Otto von Freising meinte – »schönsten Stadt in Schwaben« repräsentiert die Ansprüche von Stift und Stadt schon durch seine stadtbeherrschende Silhouette und die qualitätvolle Mauertechnik und Bauplastik. Trotz einer Bauzeit von mehr als hundert Jahren und mehreren Planänderungen entstand kein Stückwerk, sondern dank konsequenter Beachtung des einmal gesetzten Grundrasters und gleichbleibend hoher Bautechnik ein strenger und konsistenter Bau. Wie bei anderen Großbauten des 12. Jahrhunderts wurden auch beim Großmünster Anregungen verschiedener Seiten verarbeitet. Wie schon Reinle feststellte, fehlten im 12. Jahrhundert verbindliche Vorbilder, so daß die Auftraggeber relativ frei zwischen den am Oberrhein, in Norditalien, aber auch in entfernteren Regionen wie der Normandie entwickelten Möglichkeiten wählen konnten. Diese Formenvielfalt zeugt auch von der größeren Mobilität der Gesellschaft. Die Lage Zürichs im Alpenvorland begünstigte die Verbindung in die Lombardei, von wo denn auch nicht nur Konzepte, sondern auch Handwerker am Großmünster nachweisbar sind.

Basel. Das Münster

Hoch über dem Rheinknie in Basel thront in beherrschender Stellung der rote Sandsteinbau des Münsters. Bis zur Reformation war es die Maria geweihte Hauptkirche des Bistums Basel, das als Suffragan der Erzdiözese Besançon den Nordjura vom Bielersee bis zur Aaremündung und das obere Elsaß bis Schlettstadt (nicht aber das rechtsrheinische Kleinbasel) umfaßte. Zusammen mit dem Zürcher Großmünster und dem Churer Dom gehört das Basler Münster zu den wichtigsten spätromanischen Bauten auf dem Gebiet der heutigen Schweiz. Adolf Reinle betont zu Recht, daß es sich jeweils um ausgesprochene Individuen handelt, deren Gestalt nicht aus einer Traditionskette oder mit einfachen Abhängigkeiten erklärt werden kann. Wie in Zürich sind es auch in Basel Elemente verschiedener Kernregionen der romanischen Baukunst, die fruchtbar zu einer neuen Einheit verschmolzen wurden. Anders als bei den genannten Vergleichsbauten ist die Baugeschichte des Basler Münsters mit dem Abschluß des romanischen Baus allerdings nicht im wesentlichen beendet, sondern setzt sich – nicht zuletzt aufgrund eines großen Erdbebenschadens – bis in die Spätgotik auf hohem Niveau fort.

Geschichte und Vorgängerbauten

Die Anfänge des Bistums wie der Kirchenbauten auf dem Basler Münsterhügel sind unklar. Im Laufe des Frühmittelalters muß sich das Zentrum vom *Castrum Rauracense* – dem Kastell Kaiseraugst, in dem eine spätrömische Bischofskirche nachgewiesen ist – auf den geschützten Hügel am Rheinknie verschoben haben. Ein aus dem Kloster Luxeuil stammender Bischof Ragnacharius dürfte zu Anfang des 7. Jahrhunderts wenigstens zeitweise in Basel residiert haben. Mit Walaus setzt um 740 die Bischofsliste ein, und mit Bischof Heito (spätestens 805–823), der als Abt der Reichenau zugleich die dortige Marienkirche neu errichtete, können wir auch die Baugeschichte des Münsters klarer fassen. Dieser errichtete *ab imo*, d. h. von Grund auf, eine neue Kirche, deren Grundzüge seit den archäologischen Untersuchungen von Hans Rudolf Sennhauser 1963–74 bekannt sind. Ob ein großes spätrömisches Gebäude, das unter diesem Bau ergraben wurde, nach einer Erneuerung im Frühmittelalter bereits als Kirche genutzt wurde, kann zwar vermutet, aber nicht belegt werden.

Bischof Heitos Kirche setzte neue Akzente auf dem Basler Münsterhügel, indem sie die römische Straße, die das Plateau in seiner Länge gerade durchmessen hatte, überbaute. So entstand der auffällige Knick, mit dem die Straße an der Südwestecke des Münsters auf den Münsterplatz einbiegt. Die neue Kirche war seit der Antike der erste Großbau in Basel und darf so als Auftakt zur mittelalterlichen Stadt bezeichnet werden. Die ergrabenen Reste erlauben die Rekonstruktion eines dreiteiligen Langhauses, das Sennhauser als dreischiffige Pfeilerbasilika rekonstruiert. Die Fassade wurde von zwei runden Türmen flankiert, den Chorschluß hat man sich als eingezogene Apsis vorzustellen. Zwei Säulenfundamente in der Mitte des Schiffes markieren eine Schrankenanlage, mit welcher der Laienraum vom großen Chor separiert wurde. Dieser Chorraum war halbiert, indem der Ostteil wegen der darunterliegenden Krypta erhöht lag. Später wurde diesem Bau eine Außenkrypta angefügt, die östlich des heutigen Chorhaupts unter dem Pflaster der Pfalz teilweise erhalten ist. Drei im Osten und Westen durch Quergänge verbundene Stollen münden in drei Apsiden, in denen jeweils ein Altar stand. Solche oft sekundär angefügten Außenkrypten sind aus mehreren karolingischen Kirchen bekannt; auch die leichte Verschiebung der Achse treffen wir ähnlich etwa in Saint-Denis. Eigenartig ist nur, daß der Anbau in Basel nicht unmittelbar an die Apsis des von Sennhauser zeichnerisch rekonstruierten Münsters anschließt. Lag dazwischen vielleicht ein Teil der Bischofsresidenz, oder ließe sich gar der Chorschluß des Münsters anders – beispielsweise um die Breite eines Querschiffs nach Osten verschoben – rekonstruieren? Erst die abschließende Publikation der Grabungen wird zeigen, welchen Interpretationsspielraum hier die von den jüngeren Krypten weitgehend zerstörten Befunde bieten.

916 wurde Basel von den Ungarn geplündert; von Auswirkungen auf das Münster wissen wir nichts. Der nächste Neubau der Kirche erfolgte

etappenweise ein rundes Jahrhundert nach dieser Katastrophe. Spätmittelalterlicher Überlieferung zufolge soll dieser Bau in Gegenwart Kaiser Heinrichs II. und seiner Gemahlin Kunigunde im Oktober 1019 geweiht worden sein. Das Kaiserpaar gilt denn auch als eigentlicher Stifter dieses Baus und wurde später – ähnlich wie in Zürich Karl der Große – verehrt und gleich mehrfach am Münster selber bildlich dargestellt. Heinrich II. ist als Wohltäter des ottonisch-salischen Münsters auch durchaus glaubhaft, weil Basel kurz zuvor in der Erbmasse Burgunds von dessen letztem kinderlosen König Rudolf III. dem Deutschen Kaiser vertraglich zugesichert worden war und Heinrich guten Grund hatte, sich an diesem wichtigen Ort zu profilieren. So ist denn auch unwidersprochen, daß die Stifter, die sich am Goldantependium aus dem Basler Münster (Paris, Musée Cluny) Christus zu Füßen werfen, das salische Kaiserpaar Heinrich II. und Kunigunde darstellen.

Das sogenannte Heinrichsmünster wurde weitgehend auf den Fundamenten des Vorgängers errichtet, verzichtete allerdings auf die Fassadentürme, was vermutlich mit Chorflankentürmen kompensiert wurde. Jedenfalls erstreckte sich das Münster spätestens jetzt weiter nach Osten, wobei offenbleibt, ob diese Verlängerung durch ein Binnenquerschiff oder einen Langchor geschah. Auch die Krypta wurde nach Osten erweitert: der Westteil dieser Hallenkrypta war fünfschiffig, der Ostteil dreischiffig und wie der Chor halbrund geschlossen. Möglicherweise führte bereits um diesen Chor ein Umgang, der sich zwar nicht nachweisen läßt, von Sennhauser aber vermutet wird, weil mehrere andere Elemente des Heinrichsbaus sich im spätromanischen Münster wiederfinden. Auch die Arkadenweiten im Mittelschiff scheint der heutige Bau vom salischen übernommen zu haben, wobei im älteren die Arkaden wohl auf Säulen ruhten. Im späten 11. Jahrhundert setzte man vor die Fassade dieses Baus im Norden einen Turm, dessen beide ersten Geschosse noch heute im Georgsturm erhalten sind und sich durch die helleren Quader von den jüngeren Bauphasen absetzen: Ein ungegliederter Sockel wird von einem Entlastungsbogen abgeschlossen, darüber folgt eine flache Blendarkatur, die eine lebendige Rhythmisierung des Turms erahnen läßt, wie das am Oberrhein mehrfach bezeugt ist und worauf wir bereits beim Schaffhauser Allerheiligenturm hingewiesen haben.

Im letzten Drittel des 12. Jahrhunderts nahm man dann einen Neubau in Angriff, der – um ein Querhaus erweitert – im wesentlichen den Baulinien des bzw. der Vorgänger folgte. Eine Altarweihe in der Apsis ist für 1202 bezeugt. Eine andere um 1190 in der Magdalenenkapelle zeigt, daß der große Kreuzgang im Süden der Kirche mit dieser gleichzeitig errichtet wurde. Den Abschluß der Bauarbeiten dürfen wir in den beiden ersten Jahrzehnten des 13. Jahrhunderts vermuten. Doch bald wurde am Münster erneut gearbeitet: Ein Brand im Jahre 1258 scheint

Umgestaltungen im Eingangsbereich zur Folge gehabt zu haben, und bald danach begann man, den Seitenschiffen Grabkapellen anzufügen. Im frühen 14. Jahrhundert vereinheitlichte man diese zu eigentlichen durchgehenden Seitenschiffen. Das Erdbeben von 1356 ließ die Obergeschosse der vier Ecktürme und den Vierungsturm einstürzen, wobei Chor und Krypten massive Schäden erlitten. Sofort machte man sich an den Wiederaufbau, wobei man auf die Türme im Chor- und Vierungsbereich verzichtete. Bereits 1363 konnte der neue Hochaltar geweiht werden. Die Arbeiten standen unter der Leitung von Johannes Parler, der zugleich in Freiburg im Breisgau am Münster tätig war. Sein einfühlsames Basler Renovierungskonzept ist bemerkenswert: mit Ausnahme des Obergadens des Chorhaupts erfolgten sämtliche Reparaturen in romanischen Formen; einzig den oberen Chorschluß schuf Parler in der lichten Bauweise zeitgenössischer Gotik neu. Im 15. Jahrhundert wurde an den Fassadentürmen weitergebaut und der große Kreuzgang im Stil des Flamboyant erneuert.

Im Gefolge der Reformation – die mit einem offenbar eher selektiven Bildersturm verbunden war – übernahm der städtische Rat 1529 das Münster als Hauptpfarrkirche. Für das 16. und 18. Jahrhundert sind mehrere Renovationen bezeugt, doch scheinen erst Mitte des 19. Jahrhunderts im Zusammenhang mit einer neuen Orgelempore massive Umbauten vorgenommen worden zu sein, bei denen – im Glauben, mit der Steinsichtigkeit die Würde des Baus zu heben – auch sämtliche Farb- und Verputzreste entfernt wurden. Die Veränderungen der Bodenniveaus und die Verfüllung der Vierungskrypta wurden bei der jüngsten Gesamtrestaurierung 1963–75 wieder rückgängig gemacht. Bereits 1880 einsetzende Bemühungen um laufende Konservierung des Denkmals gipfelten 1985 in der festen Installierung einer permanenten Münsterbauhütte, welche laufend gefährdete Teile auswechselt. Die Originale wurden bisher im Stadt- und Münstermuseum im Kleinen Klingental aufbewahrt, ihr Schicksal ist nach dessen Schließung ungewiß.

Besichtigung

Außenbau

Nähert man sich dem roten Sandsteinbau des Basler Münsters, so erblickt man zuerst das hohe Turmpaar, das die Eingangsfassade flankiert und die dahinter unter einem Dach kreuzförmig zusammengefaßten Volumina von Mittel-, Querschiff und Chor dominiert. Einzig die unteren Geschosse des Nordturms sind noch romanisch und stammen, wie bereits erwähnt, von einem nach 1085 erfolgten Turmanbau an das salische Münster. Die übrigen Partien der Fassade sind gotisch, so die in der zweiten Hälfte des 13. Jahrhunderts errichtete Portalanlage, deren Figurentympanon wie die Marienstatue am Mittelpfeiler im reformatorischen Bildersturm zerstört wurde. Erhalten blieben die Archivoltenfiguren und die Statuen der nach den berühmten Straßburger Figuren geschaffenen törichten Jungfrau und des Verführers sowie die des Stifterpaares Heinrich und Kunigunde, die als Heilige und Patrone verehrt wurden. Die Türme sind nach den Ritterheiligen Georg und Martin benannt, deren ebenfalls spätmittelalterliche Statuen in Kopien die Turmsockel zieren. Der Georgsturm wurde um 1429, der (südliche) Martinsturm sogar erst um 1500 vollendet. Gotisch sind auch die äußeren Seitenschiffe, welche in der ersten Hälfte des 14. Jahrhunderts die zwischen den Strebebogen errichteten Grabkapellen zusammenfaßten. Außen angebrachte Familienwappen – so im ersten Joch dasjenige des einst einflußreichen Geschlechts der Münch – lassen zum Teil die Stifter und Nutznießer der dahinterliegenden Kapellen identifizieren. Über den äußeren Seitenschiffen erkennt man als schmalen Mauerstreifen mit (neuen) Okuli das Emporengeschoß der romanischen Seitenschiffe, hinter denen die Hochschiffwand emporsteigt. Sie wird durch Strebebogen und einfache romanische Rundbogenfenster rhythmisch gegliedert. Wie am Zürcher Großmünster ist dadurch die Aufteilung des Mittelschiffs in drei Joche auch hier außen ablesbar, nur sind die Türme nicht in dieses System integriert, sondern gehören zu einem zusätzlichen Eingangsjoch.

Einen Höhepunkt romanischer Kunst erwartet einen dann an der Nordquerhausfassade. Ein Gesims scheidet das untere Drittel, in dem sich mit der Galluspforte eines der ältesten Figurenportale im deutschen Sprachraum öffnet, von den höhergelegenen Partien. Während der steile Giebel mit dem Maßwerkfenster aus der Zeit nach dem Erdbeben stammt, gehört das Radfenster in seiner Form noch zum romanischen Bestand. Die Speichen und der innere Kranz bestanden ursprünglich allerdings aus Eichenholz; die originalen Reste sind im Stadt- und Münstermuseum im Kleinen Klingental zu besichtigen. Dort befinden sich auch die Originalskulpturen der sich an die Radfelge klammernden steigenden und fallenden Figuren, die heute in Kopien um das Fenster angeordnet sind. Zusammen mit der im Zenit unter einem Baldachin thronenden *Fortuna* weisen sie das Basler Querhausfenster als Glücksrad aus. Diese drastische Versinnbildlichung des wechselvollen Laufs der Zeiten ist in der mittelalterlichen Buchmalerei häufig zu finden, monumentale Beispiele sind dagegen selten; zu verweisen ist etwa auf St-Etienne in Beauvais oder San Zeno in Verona.

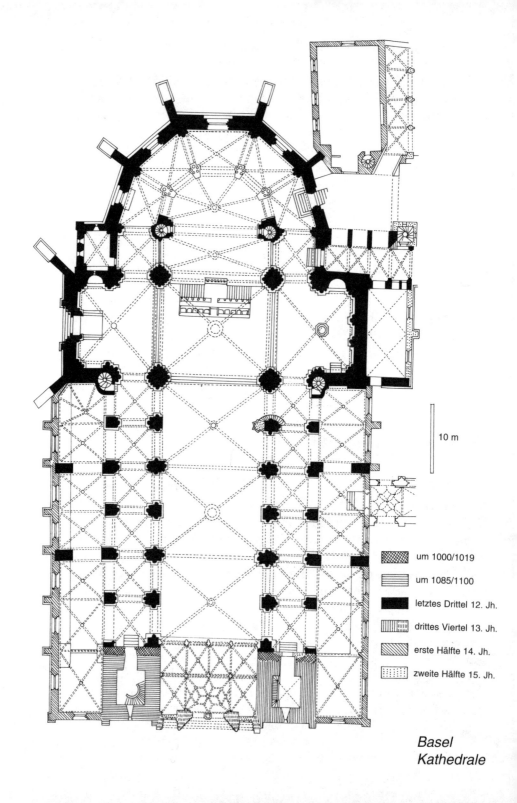

Die Galluspforte

Unser Hauptinteresse beansprucht aber fraglos die sogenannte Galluspforte, die als Inkunabel des Figurenportals im deutschen Raum gilt (Bild 126). Ihren Namen verdankt sie nicht den Darstellungen, sondern dem Patron des einstigen Hauptaltars im dahinterliegenden Nordquerhaus. Das Portal setzt sich aus einem kastenartigen Rahmen mit seitlichen Ädikulen zusammen, die oben durch ein verkröpftes Gesims verbunden sind. In die abgestuften Gewände sind Säulen und Statuen eingestellt, Tympanon und Türsturz – beide figürlich skulptiert – werden von einem Rahmen mit Rankenfries eingefaßt. Im Zentrum des Bogenfeldes thront Christus, der von den Apostelfürsten flankiert wird. Während Paulus eine Dame vor den Thron führt, die überdies von einem kleinen Engel sanft gestoßen wird, kniet hinter Petrus der Portalstifter, der ein Modell seiner Donation darbringt. Im Türsturz ist die Parabel der klugen und der törichten Jungfrauen dargestellt: Während erstere von Christus an der offenen Himmelspforte mit dem Segen empfangen werden, versuchen letztere vergebens, die verschlossene Türe zu bewegen. Durch die vertikale Anordnung der beiden Szenen wird der Wunsch des Stifters bzw. Stifterpaares anschaulich umgesetzt: Mit der Donation des Portals zum Haus Gottes erhoffen sie sich dereinst am Portal des Himmels ebenso willkommen geheißen zu werden wie die klugen Jungfrauen. Dafür sind freilich gute Taten erforderlich, die jeweils in drei übereinander angeordneten Nischen des äußeren Rahmens durch sechs Werke der Barmherzigkeit vorgeführt werden. Auch die Verkünder der göttlichen Heilsbotschaft – die Evangelisten – sind dargestellt, und zwar als Gewändestatuen, über denen die entsprechenden Symbole erscheinen (Bild 124 und 125). Oberhalb der Kämpferzone sind seitlich der Archivolten je zwei weitere Nischen angebracht. In den größeren stehen links Johannes der Täufer als letzter Prophet, rechts eine jugendliche Gestalt, in der man Johannes den Evangelisten vermutet. Dieser ist auch Autor der umfassendsten Endzeitvision; auf den Jüngsten Tag spielen denn auch die Engel in den kleineren Nischen darüber an, die mit ihren Posaunen die Toten erwecken. Diese sehen wir in zwei schmalen Bändern, die in die Zwickel hineinragen, wie sie aus ihren Gräbern steigen und ihre Glieder zusammensuchen.

Das Portal hat Erdbeben, Bildersturm und bisher auch die Luftverschmutzung weitgehend unbeschadet überstanden. Einzig ein Laubkapitell über der ersten linken Gewändesäule zeugt von einer Reparatur in gotischer Zeit, während das aus Mörtel statt aus Sandstein gefertigte Köpfchen der Stifterin wohl die Folge eines »Unfalls« beim Aufbau des Portals ist. Das hier nur kurz skizzierte Programm der Galluspforte erscheint durchaus konsistent. Dennoch kapriziert sich bis heute ein Teil der Forschung darauf, das Portal in verschiedene Phasen zu zerlegen und es als heterogenes Werk aus verschiedenen Teilen einer ursprünglichen Westportalanlage zu schildern. Gewiß mag den modernen Betrachter irritieren, daß die Gewändefiguren von den Säulen verdeckt werden und daß die Auferstehenden in keineswegs symmetrischen Gruppen angeordnet sind. Auch die Unregelmäßigkeiten im Steinschnitt und -versatz, die unter anderem François Maurer festgestellt und Dorothea Schwinn in ihrer konzisen Forschungs- und Restaurierungsgeschichte zusammengestellt hat, sind zweifellos nicht zu negieren. Nur können Unregelmäßigkeiten auch auf gewisse immer wieder zu beobachtende praktische Schwierigkeiten, vermeintliche Ungereimtheiten aber auf andere Sehgewohnheiten hinweisen. Jedenfalls gibt es keine zwingenden Gründe, dieses außerordentlich wirkungsvolle und architekturgeschichtlich wichtige Portal quasi als zusammengewürfeltes Zufallsprodukt zu verstehen.

Obwohl die Stifter selber am Portal erscheinen, gibt dies keine Hinweise auf deren Namen und die Entstehungszeit. Mit François Maurer sind wir aber der Meinung, daß die Galluspforte dem 1173 vollendeten Hauptportal der Klosterkirche Petershausen bei Konstanz als Vorbild gedient haben muß. Da Kleidung und Auftreten des Stifterpaares auf einen hohen Rang hinweisen, schlägt Maurer Graf Friedrich von Montbéliard und Pfirt (1093–1160) und dessen Gemahlin Stephania von Vaudémont-Egisheim (1140–60) als Donatoren vor, ein Paar, das als einziges seines Ranges in jenen Jahren im Jahrzeitbuch des Domstifts verzeichnet ist. Diese Identifizierung der Stifter hieße, daß das Portal noch in den 1150er Jahren in Auftrag gegeben worden wäre.

Die Ecken der Querhauswand sind – wie diejenigen des Chorpolygons – mit Strebepfeilern verstärkt. Am östlichen dieser Pfeiler, der den Übergang vom Querhaus zum polygonalen Chor markiert, ist über dem Würfelgesims die Relieffigur eines Hornbläsers angebracht, den wir als Vergleich bereits beim Zürcher Großmünster erwähnten. Reich mit Bauplastik dekoriert ist auch das Erdgeschoß der fünf Chorwände: Den Sockel ziert eine Blendbogengliederung mit kurzen Halbsäulchen auf hohen Postamenten, darüber folgt ein Rankenfries, der mit zahlreichen Vögeln und anderen Tieren belebt ist, die sich in mannigfaltiger Weise in den Ranken verstricken (Bild 128). Die großen Erdgeschoßfenster werden von Wülsten gerahmt, die unter anderem von kuriosen Elefanten getragen werden (Bild 127). Ein Rundbogenfries auf figürlichen Konsolen schließt dieses Geschoß ab. Im Emporengeschoß mit großen Rundfenstern tritt die Wand zurück; die oberen Chorpartien mit dem Obergaden erweisen sich durch die charakteristischen Formen der Parlerkunst als Erneuerung nach dem Erdbeben. In Ansätzen sind noch die beiden Chorflankentürme sichtbar, die den Chor des spätromanischen

Münsters zusammen mit einem Vierungsturm bis zur Katastrophe im 14. Jahrhundert wirkungsvoll überhöhten. Im Bodenbelag vor dem Chorhaupt sind die Umrisse der karolingischen Außenkrypta markiert. Unmittelbar daneben führt ein schmaler Durchgang zwischen Chor und Niklauskapelle zu den beiden Kreuzgängen, die durch eine schöne zweischiffige Halle verbunden werden. Hier an der Südflanke des Münsters haben sich vom romanischen Bestand die Zugänge in die Katharinenkapelle sowie der Kern der im 19. Jahrhundert verkürzten Magdalenenkapelle ganz im Südwesten erhalten.

Der Innenraum

Man betritt das Basler Münster durch die Vorhalle, mit welcher in einer ersten gotischen Erweiterungsphase die Westfassade auf die Flucht der beiden Türme vorgerückt wurde. Das dreijochige Mittelschiff ist für eine romanische Basilika ungewöhnlich breit, was darauf zurückzuführen ist, daß die Ausdehnung des Langhauses vom karolingischen Bau vorgegeben und seitdem stets weitgehend beibehalten wurde. In der Folge davon sind die Mittelschiffjoche, deren Gewölbe im 14. Jahrhundert erneuert wurden, querrechteckig. Ansonsten ist man dem »gebundenen System« verpflichtet, womit einem Mittelschiffjoch zwei anliegende Seitenschiffjoche entsprechen (Bild 129). Letztere geben auch den Rhythmus für die äußeren Seitenschiffe vor, die – wie ausgeführt – erst im Spätmittelalter als Grabkapellen dem zuvor dreischiffigen Münster hinzugefügt wurden. Das Mittelschiff und die außerordentlich kräftig modellierten inneren Seitenschiffe münden in ein ebenfalls sehr breites Querhaus und setzen sich jenseits von diesem in einem kurzen Chorjoch bzw. im Chorumgang fort, der das polygonale Chorhaupt umzieht. Seit der letzten Restaurierung ist das Bodenniveau der Vierung gegenüber dem Langhaus wieder leicht erhöht und läßt damit die darunter ergrabene Vierungskrypta erahnen, die einst über Treppen direkt aus dem Mittelschiff zu betreten war. Aus der Vierung steigt man zum Hochchor empor, der sich heute auch über den Umgang erstreckt. Wie die Stützen- und Gliederungselemente, aber auch ein bei der letzten Restaurierung wieder freigelegtes romanisches Wandbild zweier Bischöfe im Scheitel des Umgangs zeigen, reichte dieser Umgang ursprünglich vom Kryptenniveau über zwei Geschosse hoch bis zur Empore. Die vielfältigen Ausformungen von Chorumgängen, welche die mittelalterliche Architektur kennt, wird damit um eine weitere, einzigartige Variante bereichert. Ginge der Chorumgang, wie dies Sennhauser erwägt, wirklich bereits auf den Heinrichsbau zurück, so gehörte das Basler Münster zusammen mit der Kathedrale von Ivrea zu jenen Kirchen, welche als Verbindungsglieder zwischen den karolingischen Umgangskrypten (z. B. Altfrid-Bau in Hildesheim) und den im 11. Jahrhundert in Frankreich aufkommenden Chorumgängen denkbar sind. Ist der Basler Chorumgang dagegen eine Neuschöpfung des spätromanischen Baus, so sind keine fernen Vergleiche zu bemühen, sondern mit Peter Kurmann beispielsweise auf die frühen Zisterzienserchöre wie Clairvaux II zu verweisen, die den Basler Chor in burgundische Tradition einreihen ließen.

Betrachten wir den Aufriß des Münsters, so fällt vor allem die Konsequenz auf, mit der das einmal gewählte, keineswegs alltägliche Schema eingehalten wurde: Was im Langhaus und Chor als Wanddurchbruch vorgegeben ist, wird im Querhaus als Blendgliederung weitergeführt. Die Erdgeschoßarkaden sind durchwegs spitzbogig, ihre Kapitellzone im ganzen Bau gleich nivelliert. Über den Arkaden zieht sich ringsum ein Gesims mit Schachbrettfries und markiert damit die Bodenhöhe der Emporen. Diese öffnen sich mit Dreierarkaden auf Doppelsäulchen zum Mittelschiff, wobei jede Gruppe etwas zurückversetzt ist und von einem halbkreisförmigen Schildbogen zusammengefaßt wird. Darüber folgt die hohe Obergadenwand mit Fenstern, deren Gewände stark abgeschrägt sind, um auch die Gewölbezone gut zu belichten. Durchflutet von Licht – das nun wieder durch die Glasfenster des 19. Jahrhunderts gedämpft wird – ist der Chor. Johannes Parler hat dessen Obergaden weit geöffnet und mit schönem Maßwerk versehen, dessen Bahnen so weit nach unten gezogen sind, daß sie zugleich die Choremporen »vergittern« und so auf geniale Weise die gotischen mit den romanischen Partien verbinden.

Das Motiv der halbkreisförmig überfangenen Dreierarkaden der Emporen hat die Forschung wiederholt beschäftigt und bereits vor gut hundert Jahren lombardischen Einfluß konstatieren lassen. Im Brennpunkt steht dabei die Kathedrale von Modena, wo sich in der Hochschiffwand ähnliche Drillingsarkaden auf Scheinemporen öffnen und das gleiche Motiv zusätzlich den ganzen Außenbau umzieht. Nachdem diese Übereinstimmung zeitweise zu gewichtigen Hypothesen Anlaß gab, hat Kurmann neulich zu Recht darauf hingewiesen, daß sich dieses Motiv beispielsweise auch im Kreuzgang des Zürcher Großmünsters wiederfindet und demnach wohl als verbreiteter formaler Rückgriff auf lombardische Vorlagen zu gelten hat.

Mit dem Einzug der spätgotischen Gewölbe im Umgang muß sich die Raumwirkung der Krypta markant verändert haben. Breite keilförmige Pfeiler trennen den dreischiffigen, dreijochigen Hallenraum vom Umgang. In die Mauerstärke der drei mittleren Polygonseiten sind halbrunde Nischen mit zentraler Fensteröffnung eingetieft, die von der Hallenkrypta aus wie Kapellen wirken. In ihnen liegen heute ein Bischofssarkophag aus dem 10. Jahrhundert und die Grabplatte eines Baumeisters aus dem 13. Jahrhundert. Ursprünglich standen in diesen Nischen Altäre, in der mittleren derjenige der Münsterpatronin Maria. Der grottenähnliche Standort in der Kryptennische mag dabei sinnreich an die Gottesgebärerin und den Ort der Geburt Jesu erinnert haben. Die zentrale Konche wird flankiert von den beiden spätromanischen Bischofsbildern, die wir bereits erwähnten. Während das rechte einen nicht sicher identifizierten älteren Bischof darstellt, ist es im linken Lütold von Aarburg, der 1202 den Marienaltar weihte. Die qualitätvollen, stilistisch in den Straßburger Raum weisenden Darstellungen sind – zusammen mit einem erst jüngst in seiner Bedeutung erkannten Rest eines Christuszyklus in der Krypta der Leonhardskirche – die einzigen Zeugen hochmittelalterlicher Wandmalerei in der Nordwestschweiz. Fenster in der Rückwand der Kryptenhalle gewähren einen Blick in die ehemalige Vierungskrypta, in der außer Sarkophagen vor allem die Reste der Treppe zum Mittelschiff gut erkennbar sind.

Romanische Plastik im Innern

Die Schönheit des Basler Münsters beruht nicht zuletzt auf der Feinheit und Präzision, in der die farblich leicht variierenden Sandsteinquader verarbeitet sind. Dazu gesellt sich die hohe Plastizität der Gliederung, deren bestimmendes Element das am Oberrhein besonders gepflegte Würfelkapitell ist. Daneben kommen figürliche Kapitelle und – wie am Außenbau – ganze Friese mit geometrischen oder pflanzlich-figürlichen Ornamenten zum gezielten Einsatz. An den Pfeilern der Langhausarkaden tritt die figürliche Dekoration noch hinter die ornamentale zurück; neben allgemeinen, in der romanischen Kapitellplastik stets wiederkehrenden Darstellungen treten singuläre Szenen wie der Bogenschütze an der östlichsten Südarkade, der auf ein aufrecht gehendes Tier zielt, welches einer Säulensphinx opfert. Eine Steigerung erfährt die Bauplastik im Chorhaupt, wo wiederum höhere Ansprüche verwirklicht worden sind: Zwischen großartigen Pflanzenkapitellen entfaltet sich ein vielfältiges mythologisches Programm, unter anderem mit (von Norden) dem Sündenfall und Alexanders Himmelfahrt, Dietrich von Bern und Sintram, Pyramus und Thisbe (Bild 130 und 131) sowie dem Isaak-Opfer und Abrahams Schoß; einer zeittypischen Kombination biblischer, antiker und genuin mittelalterlicher Geschichten.

Neben dieser romanischen Bauplastik kann das Basler Münster überdies mit ein paar ausgesprochenen »Spezialitäten« aus derselben Epoche aufwarten. In die Rückwand über dem Aufgang zum Georgsturm ist das sogenannte »Baumeister-Relief« eingelassen (Bild 134): Zwei Herren mit langen Röcken und Mänteln sitzen unter einer Doppelarkade. Über ihnen ist zwischen zwei Türmchen eine Giebelplatte mit der Inschrift AULA CELESTI·LAP(I)DES/ VIVI·TITULANTUR/ HI DUO TEMPLI·HUIUS·QUIA/ STRUCTURE FAMULANTUR (Am Himmelshof werden diese Zwei lebendige Steine genannt, helfen sie doch beim Bau dieses Gotteshaus) eingelassen. In Anlehnung an den ersten Petrusbrief (1 Petr 2,5) wird den beiden dargestellten Männern für ihre Mitarbeit am Kirchenbau also himmlischer Lohn verheißen. Da der linke, der aufgrund seiner Körperhaltung seinem Gegenüber etwas zu erläutern scheint, eine enganliegende Kappe trägt, wie sie im Hochmittelalter für Bauleute charakteristisch war, sieht man in ihm wohl zu Recht einen Baumeister. Die Verdienste seines Partners sind dagegen schwieriger zu erahnen. Sein Griff in die Tasselschnur dürfte ihn als Adligen ausweisen, so daß wir an einen Stifter denken können, der um 1200 einen bedeutenden Beitrag an den spätromanischen Neubau leistete. Daß die beiden in Kleidung und Gebärden sehr ähnlich gestaltet sind, zeigt das Selbstbewußtsein des Baumeisters, der ja wohl für die Ausführung des Reliefs verantwortlich war.

In die Schalerkapelle im Nordosten des äußeren Seitenschiffs ist die hochromanische Vincentiustafel eingebaut. In vier Reliefs wird die Geschichte des frühchristlichen Heiligen erzählt, wie er (links oben) vor dem Statthalter zu erscheinen hat, gefoltert wird und schließlich den Feuertod stirbt; sodann (unten) wie Raben seinen Leichnam verteidigen, dieser schließlich von Gläubigen geborgen und in einer neu errichteten Kirche beigesetzt wird (Bild 135 und 136). Weitgehend dieselben Szenen finden sich übrigens an einem Eckpfeiler der Basler Leonhardskirche aus der Zeit um 1135, heute im Historischen Museum; ein zweiter Pfeiler zeigt die Nikolauslegende. Gerade der Vergleich mit den ikonographisch sehr ähnlichen Reliefs aus der Leonhardskirche macht den Qualitätsunterschied deutlich und läßt vermuten, daß die Vincentiustafel im Münster in Kenntnis antiker Plastik gefertigt worden ist. Mit ihrer lebendigen Erzählweise entzieht sich die Tafel bisher einer exakten Datierung ebenso wie der Lokalisierung des Meisters. Auch die Funktion ist nicht restlos geklärt, doch scheint die Zugehörigkeit zu einer Schrankenanlage am wahrscheinlichsten. Dies nicht zuletzt aufgrund der Parallelen mit der Aposteltafel, die im südlichen Pendant, der Fröwlerkapelle, aufbewahrt wird (Bild 132). Sie entstammt derselben Werkstatt und hat ein ähnliches Format; die Komposition ist freilich völlig anders. Sechs mit ihren Namen beschriftete Apostel stehen in Zweiergruppen unter Arkaden, die an diejenigen spätantiker Stadttorsarkophage gemahnen. Sie weisen nach links, wo sich einst nicht nur ein Gegenstück mit den anderen sechs Aposteln, sondern dazwischen auch ein Verehrungszentrum befunden haben muß. Die gelängten Figuren mit ihren antikischen Gewändern und die Aufreihung unter Arkaden lassen in diesem Zentrum den Altar vermuten, der mit dem goldenen Antependium verkleidet war, das sich heute im Pariser Musée Cluny befindet. Vermutlich um 1100 hätte man dann mit einer neuen Schrankenanlage ganz bewußt auf die damals schon rund hundertjährige Altarzier mit den vergoldeten Relieffiguren von Christus zwischen den Erzengeln und Benedikt Bezug genommen. Die Unterschiede zwischen der Bildhauerkunst der Aposteltafel und derjenigen aus der Bauzeit des Münsters werden deutlich, wenn man den Blick von der Tafel auf das kleine Misericordia-Relief emporwendet, das im Arkadenscheitel über der Aposteltafel angebracht ist (Bild 133).

Würdigung

Das Basler Münster hat als Ganzes keine Nachfolge gefunden; dafür war es nicht nur ein allzu anspruchsvoller und zugleich individueller Großbau, sondern stand auch eindeutig am Ende einer Epoche. Noch einmal werden Formen, die in der romanischen Kunst des Oberrheins, aber auch der Lombardei und der Normandie entwickelt worden sind und im Laufe eines Jahrhunderts eine weite Verbreitung gefunden hatten, zu einer neuen Synthese verbunden, in der freilich auch zukunftsweisende Elemente eingeflossen sind. Noch einmal ist es auch die romanische Steinmetztechnik, welche durch die Präzision ihrer Quaderbearbeitung einen Bau prägt. Schon die bald nach Fertigstellung des Münsters begonnenen Bettelordenskirchen gehören in Gestaltung und Technik einer anderen Welt an. Das heißt freilich nicht, daß das Münster keine Wirkung entfaltet hätte: Der für eine Dorfkirche überaus aufwendige Chor der Arbogastkirche im benachbarten Muttenz (Kt. Baselland) dürfte ebenso der Basler Münsterbauhütte zuzuschreiben sein wie Teile der Bauplastik im Kloster Schöntal (S. 385). Aber auch der fast gleichzeitige Bau der Collègiale von St-Ursanne wird von Basel profitiert haben. Die Interferenzen mit manchen ebenfalls zeitgleichen Kirchenbauten im Elsaß – genannt seien nur Rouffach, Guebwiler, Sigolsheim, Colmar und natürlich Straßburg -, in denen Hans Reinhardt Reflexe des Basler Münsters zu erkennen glaubte, können hier nicht diskutiert werden und bedürften neuerlicher Überprüfung. Ohne Zweifel stellt das Basler Münster aber einen späten Höhepunkt oberrheinischer Romanik dar und bildet damit gleichsam einen Kontrapunkt zu den frühen salischen Domen am anderen Ende des Oberrheingrabens.

Einzelwerke romanischer Kirchenausstattung

DIE PALMSONNTAGSGRUPPE AUS STEINEN IM FORUM DER SCHWEIZER GESCHICHTE IN SCHWYZ. Die Ausstattungen der Kirchen waren bis weit in die Neuzeit bedeutenden Veränderungen im Verlauf des Kirchenjahres unterworfen. Heute zeugen noch die (erst im Spätmittelalter unter franziskanischer Federführung aufgekommenen) Weihnachtskrippen dafür, daß einst vielen Bildwerken nur während genau definierten kurzen Perioden des Kirchenjahres eine Funktion zukam, die oft mit Ritualen und Spielen verbunden war. In der Form von Prozessionen fanden solche gemeinschaftsfördernden und zugleich die biblischen Botschaften anschaulich erlebbar machenden Aufzüge auch regelmäßig außerhalb der Kirchenmauern statt. Inzwischen sind Prozessionen sehr viel seltener geworden, und oft legen nur mehr liturgische Handschriften oder Chroniken Zeugnis vom einstigen Geschehen ab. Dagegen haben sich von den Palmsonntagsprozessionen mehrere mittelalterliche Figurengruppen erhalten. Schon in ottonischer Zeit wird berichtet, man habe an Palmsonntag *effigies sedentis Domini super asinum* (ein plastisches Abbild des Herrn, der auf einem Esel sitzt) (Vita S. Udalrici) mitgeführt.

Christus reitet auf einem dank Rädern mobilen Esel, mit dem der Einzug Jesu in Jerusalem, der am Anfang der Passionszeit steht, sehr lebensnah szenisch nachvollzogen werden konnte. Die älteste dieser Palmchristus-Gruppen in der Schweiz und eine der frühsten erhaltenen überhaupt gehört noch zur romanischen Kunst und dürfte um 1200 geschaffen worden sein (Bild XXXIV). Sie wurde im Beinhaus des zentralschweizerischen Dorfes Steinen (Kt. Schwyz) gefunden, befindet sich seit 1893 im Besitz des Schweizerischen Landesmuseums und ist seit 1995 in dessen neuer Filiale in Schwyz ausgestellt. Die polychrom gefaßte Gruppe ist 177 cm hoch und 136 cm lang und als große Ausnahme unter den erhaltenen mittelalterlichen Holzskulpturen aus Tannenholz gefertigt. Der Erlöser sitzt frontal geradeausblickend auf dem Esel. Mit der Linken hält er seinen Rock geschürzt und preßt zugleich einen geschlossenen Codex an die Brust. Dem angewinkelt nach vorne gerichteten rechten Arm fehlt die Hand, mit der Christus die Gläubigen und Schaulustigen, die seinen Einzug in die Stadt flankierten, segnete. Der eigenartigerweise im Paßgang daherschreitende Esel ist möglicherweise etwas jünger als die Reiterfigur; er ist auf ein zweiachsiges Wägelchen montiert, welches die Mobilität der Gruppe gewährleistete und deren Funktion für Prozessionen offenbart.

DAS MARIENFENSTER AUS FLUMS IM SCHWEIZERISCHEN LANDESMUSEUM ZÜRICH.

Die »Madonna von Flums« ist die älteste erhaltene Glasmalerei der Schweiz (Bild XXXV). Seit 1898 ist sie im Besitz des Schweizerischen Landesmuseums und wird in Zürich ausgestellt; zuvor schmückte sie das Chorfenster der Jakobskapelle beim Schloß Gräplang oberhalb der St. Galler Gemeinde Flums. Eine moderne Kopie gibt dort zumindest einen Eindruck von der einstigen Anordnung und bildet zusammen mit den 1941 aufgedeckten Malereien aus der Zeit um 1300 noch heute ein beachtenswertes Ensemble. Die ursprünglich der Muttergottes geweihte Kapelle lag in churrätischem Gebiet, doch belegt eine Urkunde Kaiser Friedrich Barbarossas von 1155 Rechte und Güter des Hochstifts von Konstanz in Flums.

Die 63 cm hohe und 28 cm breite rundbogige Scheibe wird von einem Palmettenfries eingefaßt, der von alternierend blauen und roten Blütenblättern gegliedert und im Bogenscheitel von der Inschrift S(an)C(t)A MARIA unterbrochen wird. Blau und rot sind neben dem Gelb von Mariens Obergewand auch die Farben, in denen sich die Figurengruppe vom neutralen Hintergrund der Scheibe – ein Charakteristikum romanischer Glasgemälde – abhebt. Die Darstellung der thronenden Muttergottes mit dem Kind auf dem linken Knie folgt dem byzantinischen Typ der *Hodegetria*, der auf eine berühmte Ikone des 6. Jahrhunderts aus dem Konstantinopeler Kloster Hodegos zurückgeht. Die Madonna sitzt auf einem roten Thron, ihre Füße ruhen auf einem Fußschemel (*Suppedaneum*). Bekleidet ist sie mit einer weißen Albe, einem engaliegenden roten Gewand mit Rautendekor und einer gelben *Pänula*, einem Obergewand, das an die Kasel der Priesterkleidung erinnert. Möglicherweise ist das bereits eine bewußte Anspielung auf die Priesterrolle Mariens, wie sie dann in der mariologischen Theologie des 13. Jahrhunderts eine große Bedeutung erlangen sollte.

Ein weißes Maphorion bedeckt das Haupt der Madonna, das von einem roten Nimbus umfaßt wird. Dieser wird von einer Taube durchbrochen, die mit ausgebreiteten Flügeln von oben das Haupt der Muttergottes berührt und diese als erleuchtet vom Heiligen Geist ausweist. Die rechte Hand der Madonna überschneidet den Palmettenrahmen und hält eine rote Kugel, die gleichermaßen die göttlich-herrscherliche *Sphaira* wie den Apfel der neuen Eva, der neuen Mutter im Zeichen des Heils, darstellt. Zugleich bildet die rote Scheibe das Pendant zur roten Blüte, die auf gleicher Höhe in den linken Rahmen eingefügt ist. Dieser horizontalen roten Achse antwortet eine leicht schräge vertikale mit den Nimben Mariens und des Christuskindes. Dieses sitzt auf dem linken Knie der Mutter und wird von ihr gehalten. Es wendet sich segnend der *Sphaira* zu und hält in seiner Linken ein Buch. Bekleidet ist der Christusknabe mit einem weißen Untergewand und einer blauen Toga.

Studiert man die Geschichte der Flumser Jakobskapelle, von der wiederholt größere Zerstörungen überliefert sind und in der während der Reformationszeit bekannte Exponenten der Erneuerung predigten, so grenzt es an ein Wunder, daß die romanische Chorscheibe die Zeiten zwar nicht unbeschadet, aber doch weitgehend intakt überstanden hat. Die größte und einschneidendste Reparatur ist die vermutlich mehrfache Erneuerung des Marienkopfes, der in seiner heutigen Zeichnung ein Produkt des späten 19. Jahrhunderts ist. Versucht man die authentischen Teile der Scheibe stilistisch zu beurteilen, so kann man Ellen Beer folgen, die auf Parallelen mit Miniaturen und Bildwerken der schwäbischen Schule hingewiesen hat, was angesichts der erwähnten Beziehungen zur Bischofsstadt Konstanz nicht erstaunt. Es sind vor allem Handschriften aus dem Umkreis der sogenannten »Hirsauer Reformbewegung«, die vergleichbare motivische und stilistische Eigenheiten aufweisen. Vielleicht noch offensichtlicher sind Vergleiche mit plastischen Werken der Zeit: während das Gewand der Gregorstatue des Portalgewändes von Petershausen (um 1175) denselben Rautendekor wie Marias Kleidung zeigt, stellt die Holzstatue aus Obercastels im Disentiser Klostermuseum nicht nur denselben Marientypus wie in Flums dar, sondern weist auch weitgehende Parallelen in der Kleidung auf. Nur fehlt dieser Marienfigur das gelbe Übergewand, das wir bei unserer Flumser Madonna versuchsweise als Hinweis auf die liturgische Rolle der Maria-Ecclesia deuteten. Alle diese Vergleiche legen eine Datierung des ältesten Glasgemäldes der Schweiz ins letzte Viertel des 12. Jahrhunderts nahe.

BEROMÜNSTER. DIE STIFTSKIRCHE ST. MICHAEL. Der Marktflecken Beromünster (Kt. Luzern) wird antithetisch von seinen zwei Kirchen eingefaßt, die beide in den letzten Jahren von Peter Eggenberger archäologisch erforscht wurden. Die Pfarrkirche St. Stephan am unteren Dorfausgang wurde 1623 neu erbaut, hatte aber mehrere Vorgängerbauten bis hin zu einer Holzkirche des 8. Jahrhunderts. Auch die Michaelskirche des Chorherrenstifts am oberen Ortsende ist, wie die barocke Vierungskuppel, der Abschluß des mächtigen Glockenturms und die dreibogige Vorhalle von weitem verraten, in ihrem aktuellen Bestand neuzeitlich geprägt und verfügt im Innern über eine qualitätvolle Rokokoausstattung. Zugleich stellt der aufmerksame Besucher aber rasch fest, daß er hier eine frühromanische Basilika vor sich hat, die zwar mehrfach umgebaut und erweitert wurde, deren Grundsubstanz aber noch immer erhalten ist und die großen Formen der Kirche bestimmt. Vor allem die weitgehend intakte Ostpartie ist zur Bestimmung des ursprünglichen Bautyps sehr aufschlußreich: An ein nur wenig vorstehendes, hohes Querschiff schließen drei halbrunde Apsiden an, wobei die mittlere nicht nur durch ihre Größe hervorragt, sondern auch durch eine kurze Mauerscheibe ausgezeichnet ist, die wie ein schmales Chorjoch die Apsis vom Querhaus trennt. Da sie bis zur Giebelhöhe von Quer- und Langhaus aufsteigt, haben sich die Dächer dieser Hauptteile vor Errichtung der Vierungskuppel kreuzförmig durchdrungen. In den Querhausgiebeln ist noch die ursprüngliche Blendbogengliederung erhalten. An das basilikale Langhaus schloß im Westen ein Vorhof an, in dem – wie bereits ältere Grabungen gezeigt haben – in der Kirchenachse eine kreuzförmige Peterskapelle stand. Im Innern der Michaelskirche haben schon von jeher Säulen die Obergadenwand getragen. Die Chorpartie wurde mehrfach umgestaltet, doch ließ sich unter dem Chor die ursprüngliche Krypta rekonstruieren, in der die legendäre Gründungsgestalt, Graf Bero, verehrt wurde. An diesen vermeintlichen Vorfahren knüpfte Ulrich von Lenzburg 1036 mit der Neugründung des Stifts als Grablege an, nachdem eine Vorgängerinstitution offenbar eingegangen war. Reste eines wohl karolingischen Vorgängerbaus sind nachgewiesen, ohne viel Aufschluß über dessen Gestalt zu geben; vor allem deshalb, weil Ulrich – sollte wirklich er damit begonnen haben – für den Neubau das Gelände terrassieren ließ. Der gewählte Bautyp der dreischiffigen Basilika mit durchgeschobenem Querschiff und unmittelbar anschließenden Apsiden reicht in karolingische Zeit zurück (vgl. Zürich, Fraumünster oder Heiligenberg, St. Michael). An frühromanischen Vergleichsbeispielen läßt sich dann meistens die Bildung einer Vierung beobachten (z. B. St-Imier). Dennoch muß der Bautyp von Beromünster nicht nur retrospektiv betrachtet werden, denn ausgehend von Montecassino fand die dreischiffige Basilika mit durchgeschobenem Querhaus und drei daran anschließenden Apsiden in der zweiten Hälfte des 11. Jahrhunderts in Süditalien eine weite Verbreitung. In Beromünster wurde dann im späteren Mittelalter der in spätromanischen Formen gehaltene Turm angebaut; seit dem 17. Jahrhundert erfolgten in mehreren Phasen die Barockisierungen. Romanische und sogar frühmittelalterliche Kunstwerke lassen sich in Beromünster überdies im Stiftschatz bewundern, der zu den wichtigsten seiner Art in der Schweiz gehört.

BUBIKON. DIE JOHANNITERKOMENDE. Das sogenannte Ritterhaus in Bubikon (Kt. Zürich) ist die einzige in ihrem mittelalterlichen Bestand überkommene Schweizer Niederlassung des Kreuzritterordens der Johanniter. Nach Ausweis des Stifterbildes in der Kapelle wurde die Komturei 1192 von den Freiherren von Toggenburg zusammen mit denen von Rapperswil gegründet. Dank eines Arrangements mit Zürich überstand die Johanniterniederlassung in Bubikon auch die Reformation und wurde erst 1789 vom Orden verkauft. Seit 1936 wird die Anlage von der »Ritterhausgesellschaft« unterhalten.

Zeugnisse aus der Entstehungszeit haben sich in der Kapelle bewahrt, einem schönen rechteckigen Saal im Nordosten der Anlage. Man betritt ihn aus einer später angefügten Vorhalle durch ein weitgehend erneuertes romanisches Stufenportal. Aus attischen Basen mit Eckknollen steigen Halbsäulen, die durch einen Bogenwulst verbunden sind. Die Kapitelle zeigen Muschelornamente und Masken. Über dem Portal kann man spärliche Reste eines Jüngsten Gerichts erkennen.

Neben gotischen Freskenfragmenten enthält das Innere der Kapelle auch zwei Streifen romanischer Wandmalerei. Sehr interessant sind die Darstellungen über dem ehemaligen Chorbogen (der schon bald verkleinert und nach Abbruch des Chors ganz geschlossen worden ist). Über dem Bogenscheitel erscheint in einem Halbmedaillon mit Sternengrund ein mächtiges Brustbild Christi, der seine Rechte segnend ausstreckt, mit der Linken das geöffnete Buch zeigt. Flankiert wird der Weltenrichter von den stehenden Figuren der Maria und Johannes des Täufers. Diese *Deesis*-Gruppe wird um die Stifter erweitert, die sich mit ihren Gaben in Erwartung der Fürbitte der beiden Intercessoren darstellen lassen. Von links wendet sich ein durch den Schild mit drei Rosen als Rapperswiler ausgewiesenes Paar an die byzantinisch gewandete Maria und überreicht ihr – zum Zeichen und als Rechtssymbol einer Landschenkung – ein Bäumchen. Zur Linken Christi ist es die durch ihr Wappen als Toggenburger gekennzeichnete Stifterfamilie, die Johannes dem Täufer (mit Agnus Dei-Medaillon) ein doppeltürmiges Gebäude übergeben, mit dem die unter dem Johannespatrozinium stehende Komturei gemeint ist. Eine Inschrift datiert diesen Vorgang: +ISTI.FVNDAVERVNT.HANC.DOMV(S).ANNO/DOM(INI).M.C.XC.II.+ (Diese gründeten dieses Haus im Jahre des Herrn 1192). Ist damit das frühestmögliche Entstehungsdatum für die ausschließlich in grünlichem Ocker und erdigem Rot auf weißem Grund gehaltenen Malereien gegeben, so dürfte 1226 als spätestes Datum gelten, hat doch in diesem Jahr der Stiftersohn Graf Diethelm II. von Toggenburg seinen ebenfalls dargestellten Bruder Friedrich ermordet. Aus stilistischen Gründen möchte man einem näher bei diesem Ereignis als bei der Gründung gelegenen Entstehungsdatum den Vorzug geben.

Erst kürzlich freigelegt wurden die Reste eines in gleichen Farben gemalten Johanneszyklus an der Nordwand. Von Osten (rechts) nach Westen sieht man Zacharias als Hohepriester, dem ein Engel die Geburt eines Sohnes und dessen Namen verkündet, die Begegnung von Zacharias und Elisabeth, dann zwei nicht mehr eindeutige Szenen. In der ersten erkennt man einen Thron oder das Bett einer Geburtsszene, in der zweiten einen faßähnlichen Zuber, vermutlich das oft mit der Geburt zusammen dargestellte Bad des Johannes. Die beiden letzten Szenen sind dann wieder eindeutig: Taufe Christi und das Gastmahl des Herodes mit der tanzenden Salome (links) und dem Haupte des Täufers (rechts), eine an die Mittelapsis von Müstair erinnernde Ikonographie.

DEGENAU-BLIDEGG. DIE NIKOLAUSKAPELLE. Der bereits in spätkarolingischer Zeit bezeugte Hof Degenau (Kt. Thurgau) dürfte aufgrund seiner Lage am Pilgerweg nach St. Gallen und der Fähre über die Sitter zu einem Gotteshaus gekommen sein. Ein Rechtecksaal mit einem schönen barocken Vorzeichen, dessen Fachwerkaufbau die Empore birgt, mündet in ein eingezogenes quadratisches Altarhaus, das Wandbilder aus dem mittleren 12. Jahrhundert birgt. Roter Ocker, verblaßte Helltöne und zu Schwarz oxidiertes Blau bestimmen den Eindruck dieser Malereien, die in der späten Nachfolge der Reichenauer Kunst stehen. Dünne Arkaden mit Turmabbreviaturen in den

Zwickeln gliedern die Hauptzone. In den Bögen stehen – ausgehend vom Fenster in der Ostwand – Christus, der Petrus die Schlüssel übergibt, sodann an der Nordwand fünf und im Osten rechts des Fensters zwei weitere Apostel. Die übrigen werden einst die Südwand geziert haben. Dargestellt ist also die *Traditio legis*, wobei der Einbezug aller Apostel und ihre Rahmung mit Arkaden an die frühchristliche Sarkophagplastik erinnert. In die Laibung des Ostfensters ist das Opfer Kains und Abels gemalt. Gottvater erscheint als Halbfigur im Bogenscheitel und segnet das von der »guten Seite« dargebrachte Opfer Abels. Über der Fensternische wird der Mäander, welcher den Raum umzieht, von einem Medaillon mit dem Lamm Gottes durchbrochen. Weitere Medaillons schmücken das Gewände des Triumphbogens und die Chorbogenwand. Erkennt man in ersteren noch die Paradiesströme, so sind letztere schwer lesbar: im Bogenscheitel die Muttergottes, dann Szenen aus der Nikolaus-Legende und Reste eines Monatszyklus. Mit alt- und neutestamentlichen Darstellungen, Teilen einer Heiligenvita sowie kosmologischen Bildern und Mischwesen ist in Degenau folglich auf kleinstem Raum ein Programm gemalt, in dem alle Themenbereiche großer Ausstattungsprogramme der Zeit anklingen.

MEIRINGEN. DIE KIRCHE ST. MICHAEL. Neben dem Barocksaal der Meiringer Kirche steht frei der mächtige, von einem erneuerten Barockhelm abgeschlossene Glockenturm, dessen südlich geprägte spätromanische Fenstergliederung anzeigt, daß hier mit einem älteren Gotteshaus zu rechnen ist. Tatsächlich stand hier nicht nur die älteste, sondern bis 1476 auch die einzige Kirche des Haslitals (Kt. Bern). Überschwemmungen haben diese mittelalterliche Kirche jedoch verschüttet und das Geländeniveau stark angehoben. Vermauerte Fensteröffnungen im Sockel der Kirchensüdwand zeigen aber, daß der wohl schon im ausgehenden Mittelalter begonnene Neubau in diesem Bereich auf die Mauer seines kleineren Vorgängers gesetzt wurde. 1915/16 hat man Teile der hochmittelalterlichen Anlage ausgegraben und über eine Treppe aus der Vorhalle zugänglich gemacht. Etwa 5 m unter dem heutigen Kirchenboden liegen die Reste eines frühromanischen Apsidensaals, der vermutlich im 12. Jahrhundert nach Westen und Süden erweitert und dessen Apsis gleichzeitig durch einen Rechteckchor ersetzt wurde. Die Mauern dieses Altarhauses sind noch mehr als mannshoch erhalten und lassen Fenster, Wandnischen und den Durchgang zur nördlich angrenzenden Sakristei erkennen. Auch der gemauerte Block des Hochaltars hat sich erhalten, ebenso ein Seitenaltar an der nördlichen Chorschulter. In spätromanischer Zeit wurde das Sanktuarium mit einer massiven lettnerartigen Brüstungsmauer abgetrennt. Zwei seitliche Durchgänge erlaubten den Zugang zum Altarhaus, dazwischen gewährten drei Gucklöcher zusätzlich den Betenden die Sicht auf den Hauptaltar. Gleichzeitig wurde im Süden des Chores ein Annex angebaut, vor dem sich eine Arkosolnische mit einem zweiten Seitenaltar zum Schiff öffnet. Es sind diese liturgischen Einbauten, welche der Meiringer Michaelskirche eine überregionale Bedeutung geben, sind doch bei Gotteshäusern, die bis heute genutzt werden, solche Einbauten infolge veränderter Liturgien in aller Regel entfernt worden. Hinzuweisen gilt es daneben aber auch auf die malerische Ausstattung dieser Kirche, von der sich in der Südwestecke des heutigen Baus Reste des ehemals obersten Registers eines alttestamentlichen Zyklus aus dem späteren 13. Jahrhundert erhalten haben.

MURI. DIE KLOSTERKIRCHE. 1027 gründete Ita von Lothringen, die Gemahlin des Klettgauer Grafen und Stammvaters der Habsburger, mit Unterstützung Bischof Wernhers von Straßburg das Benediktinerkloster Muri (Kt. Aargau) und besiedelte es mit Mönchen aus Einsiedeln, denen 1082 im Rahmen einer cluniazensisch geprägten Reform solche aus St. Blasien folgten. Zahlreiche Um- und Neubauten veränderten den Baubestand des Konvents stets von neuem. Noch heute stammen aber große Partien der Klosterkirche aus der romanischen Gründungszeit: die unteren, mit Blendbogen und Lisenen gegliederten Geschosse des Süd- und der Sockel des Nordturms, die Vierung, der Chor und die Querschiffe mit dem ebenfalls von Blendarkaden dekorierten Nordgiebel und schließlich die Ansätze der Seitenschiffe. Der weitaus größte Teil des Langhauses mußte dagegen in den letzten beiden Jahrzehnten des 17. Jahrhunderts der großartigen Kuppel weichen, mit der Caspar Moosbrugger und Giovanni Bettini den hochbarocken Umbau des Klosters krönten. Diese Lösung wurde durch den beinahe quadratischen Grundriß des romanischen Langhauses begünstigt: Zwischen den Fassadentürmen – die ursprünglich einen vortretenden Eingangsbau flankierten – und der ausgeschiedenen Vierung erstreckte sich ein kurzes basilikales Langhaus. Die Art und Zahl seiner Stützen ist umstritten; da das Mittelschiff aber genau die doppelte Länge des Vierungsquadrats aufweist, ist eine zweijochige Lösung mit jeweils einem Stützenwechsel derjenigen mit drei Pfeilerarkaden vorzuziehen. Da die Vierung auch das Maß des Altarhauses und der Querschiffquadrate vorgibt, wäre der Bau folglich konsequent nach dem »quadratischen Schematismus« proportioniert. Lange Zeit vermutete man das architektonische Vorbild für Muri in Einsiedeln, doch dürfte diese Theorie obsolet geworden sein, seit Sennhauser das vortretende Querhaus dort einem Umbau des 16. Jahrhunderts zuweisen konnte. Vielmehr geht der Grundriß von Muri jenem der 1095 neu begonnenen Abteikirche von St. Blasien voran und entspricht einem von süddeutschen Reformklöstern bevorzugten Bautyp, der mit seinem kurzen Langhaus und der vom Quadrat bestimmten Ostpartie bis auf das karolingische Münster der Reichenau zurückgeht.

Zu dem 1064 geweihten Gründungsbau gehört auch noch die dreischiffige Hallenkrypta unter dem Chorquadrat, die ursprünglich von der Vierung, heute von den Seitenschiffen aus zu betreten ist. Eine *Fenestella confessionis* im Zentrum der Rückwand schuf die Verbindung zu den Reliquien des Hauptaltars. Zwei Reihen zu drei Säulen mit attischen Basen und scharf geschnittenen Würfelkapitellen gliedern den Raum in regelmäßige Joche. Stützen und Grundriß stellen die Krypta von Muri in die Nachfolge oberrheinischer Krypten wie derjenigen des Wernherbaus von Straßburg oder der salischen Kaiserstiftungen Speyer und Limburg an der Haardt.

RHEINAU. DAS PORTAL IM SÜDTURM DER KLOSTERKIRCHE. Wohl im Zusammenhang mit der karolingischen Territorialsicherung gründete im letzten Viertel des 8. Jahrhunderts ein fränkischer Adliger auf einer Insel in einer schon prähistorisch besiedelten Doppelschleife des Hochrheins oberhalb der Thurmündung das Kloster Rheinau (Kt. Zürich). 878 starb dort der irische Mönch Fintan, der seit dem 12. Jahrhundert als Schutzpatron verehrt wird und dessen Grab seit seiner Auffindung im 15. Jahrhundert auf Plazierung und Gestalt der nachfolgenden Klosterkirchen einwirkte. Nach einer mehrheitlich blühenden Geschichte wurde der Konvent 1862 aufgehoben, nachdem selbst Reformation und napoleonische Verwaltung nur zu kurzen Unterbrechungen geführt hatten. Die Gebäude dienen seither als psychiatrische Klinik. Die erste Kirche, von der wir Zeugnis haben, ist die 1114 geweihte dreiapsidiale Pfeilerbasilika, deren Portal im heutigen Südturm erhalten ist. Es wurde in den gotischen Eingangsturm integriert, der seinerseits in Franz Beers prachtvollen Barockneubau übernommen und durch ein nördliches Pendant zur Doppelturmfassade ergänzt wurde. 1901 legte man das vermauerte romanische Portal wieder frei. Sein Gewände ist doppelt abgetreppt und mit Dreiviertelsäulen bereichert. Das Tympanon wird von einem halbrunden Wulst und einem Karnies gerahmt. Das Flachrelief des Bogenfeldes kennt weder stilistische noch ikonographische Parallelen in der romanischen Plastik der Schweiz. In seinem *Horror vacui*, dem Bemühen, die Fläche restlos mit Skulptur zu bedecken, und dem scheinbar chaotischen Neben- und Ineinander von Tieren und Ranken erinnert es an frühmittelalterliche Goldschmiedearbeiten. Einem Kreismedaillon, das im Zenit des Bogenfeldes in dessen Rahmen einschneidet, ist das Lamm Gottes eingeschrieben. In dessen Achse erscheint an der Basis des sturzlosen Tympanons eine bärtige Maske. Der Rest des Feldes wird von Ranken überwuchert, aus denen in drei Registern verschiedene Tiere hervortreten: oben, zu Seiten des Medaillons, ein Hase und zwei an einer Traube pickende Vögel, in der Mitte Hirsche, die von Hunden verfolgt werden, und zuunterst beidseits der Maske je ein Löwe und zwei Meerungeheuer. Alle diese Motive haben eine lange Bildtradition und verkörpern Gläubige bzw. böse Mächte, welche diese verfolgen, ihnen aber im Schoße der Kirche dank dem Opfertod Christi nichts anhaben können. Das Gesamtthema des Rheinauer Portals ist damit nicht ungewöhnlich und für Kircheneingänge durchaus gebräuchlich (vgl. z.B. Schöntal S. 385 f.). Allein die Ausführung befremdet und zeigt – wie Adolf Reinle zu Recht festhält –, daß »zu Beginn des 12. Jahrhunderts noch kein Kanon hierfür und kein fremdes Vorbild bekannt war«. Wie es in der Frühzeit der Mittelschiffwölbungen im 11. Jahrhundert zu singulären Versuchen kam, so entstanden auch in der Anfangsphase der figürlichen Portalprogramme Lösungen, die sich nicht durchsetzen konnten, singulär blieben und uns – in Kenntnis der ganzen Wirkungsgeschichte – heute seltsam anmuten.

RÜEGGISBERG. DIE RUINE DER EHEMALIGEN CLUNIAZENSERKIRCHE ST. PETER UND PAUL. Die Kirche des ersten Cluniazenserpriorats im deutschsprachigen Raum ist heute nur noch eine Ruine, die in herrlicher Lage an einer Hangkante auch so noch eindrücklich die einstige Größe und Pracht erahnen läßt. Nach 1070 stiftete ein lokaler Adliger hier einen Konvent, den er der burgundischen Großabtei übergab, die dem nachmaligen Prior von Payerne, Ulrich von Regensburg, den Klosterbau übertrug. Von der einst 52 m langen Pfeilerbasilika mit ihrem 27 m breiten Querhaus und dem Staffelchor sind nur mehr das nördliche Querhaus aufgehend und die übrigen Außenwände in den Grundmauern erhalten. Der Rest wurde nach der Reformation abgebrochen, nachdem das Kloster bereits im Spätmittelalter verarmt und zunehmend verwahrlost war. Unschwer läßt sich aber noch erkennen, daß die Kirche von Rüeggisberg im Grund- wie im Aufriß weitgehend jenem Bau folgt, der in der Forschung als Cluny II bekannt ist. Die hohen Querarme waren mit Tonnen gedeckt, die von je einem Gurtbogen verstärkt wurden; eine Trompenkuppel wölbte sich über der Vierung und wurde von einem Turm überhöht. Alle Chorjoche der Schiffe und der Querhauskapellen waren mit Kreuzgratgewölben gedeckt. Dagegen waren die Seitenschiffe ungewölbt, während über den Abschluß des Mittelschiffs keine gesicherten Aussagen zu gewinnen sind. Eine Tonnenwölbung, wie sie für Cluny II postuliert wird, ist allerdings eher unwahrscheinlich.

Interessant ist nun, daß der Bautyp zwar ohne Zweifel aus dem Burgund kommt, an der Ausführung aber offensichtlich lombardische Bauleute beteiligt waren. Dafür spricht die Bauplastik an der Nordwand und am Portal des Querhauses (sowie aus dem Zusammenhang gelöste Werkstücke im Lapidarium), die François Maurer mit Como vergleicht; für italienische Herkunft der Bauleute spricht aber auch die eigenartige Bautechnik, bei der die wichtigen Bauglieder mit Platten verkleidet wurden, obwohl der lokale Sandstein dafür wenig geeignet war. Es scheint also, daß man in Rüeggisberg mit der Übergabe des Klosters an Cluny von dort auch den Plan bezog, für die Ausführung aber auf Leute aus jener Gegend vertraute, aus der bereits Jahrzehnte zuvor für die größeren der nahen »Thunerseekirchen« die verantwortlichen Bauleute zugezogen worden waren.

SCHÄNIS. DIE EHEMALIGE DAMENSTIFTSKIRCHE. Zwischen 814 und 824 gründete der rätische Markgraf Hunfried mit Unterstützung Kaiser Ludwigs des Frommen ein Damenstift in Schänis (Kt. St. Gallen), das er unter anderem mit einem Reliquienkreuz ausstattete. Das weltliche Adelsstift, das sich mit Berufung auf seine alten Privilegien Reformbestrebungen stets widersetzte, wurde im Gefolge der Französischen Revolution aufgelöst; die ehemalige Stiftskirche St. Sebastian und Laurentius dient seither als Pfarrkirche.

Vom karolingischen Gründungsbau haben sich Reste der Ausstattung erhalten: neben vorzüglich erhaltenen Schrankenplatten und -pfosten mit Rebstock-, Lebensbaum- und Flechtrankenrelief aus Vintschgauer Marmor (Kopien im Kryptenaltar), ein Kalksteinkapitell mit Kreuz und Kerbschnittrosette (heute im Historischen Museum St. Gallen). Auch von einer wohl in die erste Hälfte des 11. Jahrhunderts zu datierenden Bauphase sind nur zwei in der Krypta wiederverwendete Säulenkapitelle und ein im St. Galler Museum aufbewahrtes reliefiertes Kämpferkapitell erhalten. Dagegen bildet die um oder nach 1100 errichtete romanische Pfeilerbasilika noch immer den Kern der heutigen Kirche und bestimmt Breite und Aufriß des Langhauses. Chor und Turm sind spätgotisch, das Langhaus wurde barock umgestaltet und 1910–12 um das Westquerhaus verlängert. Bei der damaligen historisierenden Renovation wurde auch die romanische Hallenkrypta wiederentdeckt und rekonstruiert, wobei der Ostabschluß nur noch außen sichtbar ist, da die Fundamente des polygonalen gotischen Chorhaupts die Mauern der alten Apsis durchschneiden. Die Krypta lag als dreischiffige Säulenhalle mit fünf Jochen unter dem Langchor der romanischen Basilika, der von zwei Seitenkapellen flankiert wurde. Diese traten querschiffartig über die Seitenschifffluchten hervor und endeten wie der Chor in eingezogenen Halbkreisapsiden. Der romanische Bau von Schänis gehört damit zu einem Typus, der bis in karolingische Zeit zurückreicht, so daß sich die Frage stellt, ob das Grundmuster bereits von Vorgängern übernommen wurde. Allerdings erfreute sich dieses Schema auch in der Romanik – vor allem für Stiftskirchen – großer Beliebtheit. Das Westportal öffnete sich in ein risalitartig vorspringendes Eingangsjoch; es wurde 1912 neoromanisch rekonstruiert und ergänzt in den neuen Westbau übernommen. Vom Original haben sich in der Krypta, zusammen mit anderen skulptierten Werkstücken des romanischen Baus, Einzelteile (z.T. in Kopie) erhalten. Hingewiesen sei nur auf das Mittelstück eines Frieses mit der Darstellung dreier untersetzter Figuren: die beiden seitlichen akklamieren der mittleren, die aufgrund ihres Segens- oder Grußgestus wohl Christus sein dürfte. Beachtenswert ist überdies ein stark plastisches Relief mit einem Reiterzweikampf. Während sich der Figurenstil der rohen, ungelenken Schäniser Sandsteinarbeiten einer genaueren Einordnung weitgehend entzieht, zeigt der Palmettenfries auffällige Übereinstimmungen mit Kapitellen der Krypta von Muralto (Kt. Tessin) und weist damit erneut Richtung Lombardei.

Wenige hundert Meter nördlich der Stiftskirche steht der Gallusturm, der Glockenturm einer 1827 abgebrochenen romanischen Kapelle, deren Apsis mit Lisenen und Blendarkaden gegliedert war. Der heute isolierte, 15 m hohe Turm hat zwei Schallgeschosse mit jeweils einem Zwillingsfenster pro Seite. Aufsehen erregt der Gallusturm aber vor allem wegen seinen in der oberen Hälfte abgerundeten Ecken. So singulär er damit heute dasteht, scheint er aber nicht immer gewesen zu sein, sind doch mehrere Kirchen im Gebiet Linthebene-Zürcher Oberland überliefert, die einst ebenfalls runde oder gerundete Türme hatten.

SCHÖNENWERD. DIE EHEMALIGE STIFTSKIRCHE.

Bereits im 8. Jahrhundert ist ein kleiner Konvent *de Weride* als Straßburger Besitz bekannt. Dieses Klösterchen hatte zuvor einem Bischof Rapertus gehört, den man aufgrund des St. Trophim-Patroziniums in Rapertus von Arles vermutet. Auch Straßburg hinterließ im Patrozinium Spuren, kam doch als zweiter Patron der elsässische Heilige Leodegar dazu. Im zweiten Viertel des 11. Jahrhunderts muß das Kloster auf den Bühl bei Gösgen verlegt und die heutige Kirche in Angriff genommen worden sein. Wohl in dieser Zeit wurde der Konvent in ein Regularkanonikerstift umgewandelt, das im 13. Jahrhundert zum weltlichen Stift wurde. Dieses existierte bis zur Säkularisation im mittleren 19. Jahrhundert, seither ist das Gotteshaus christkatholische Pfarrkirche. Trotz Veränderungen ist der frühromanische Bau noch weitgehend erhalten. Es ist eine Pfeilerbasilika, deren drei Schiffe direkt in drei halbrunden Apsiden enden, also ein Vertreter jenes querschifflosen, flachgedeckten Bautyps, der schon früh in der Lombardei auftrat und von dort aus unter anderem für die sogenannten Thunerseekirchen bestimmend wurde. Auch Schönenwerd (Kt. Solothurn) verfügt über einen erhöhten Chor, verzichtet aber auf die sich in der Regel bei diesen Kirchen darunter befindende Krypta. Der Chor ist denn auch nicht mehr quer-, sondern längsrechteckig, wodurch das Chorgestühl entlang der Arkadenwände aufgestellt werden konnte. Während längs der Südflanke der barocke Kreuzgang anschließt, haben Apsis und nördliches Seitenschiff die ursprüngliche Lisenengliederung bewahrt. An allen drei Apsiden steigen aus einem Sockel einfache Lisenen empor, die durch Rundbogen verbunden sind. Sockel wie Bogen fehlen am Seitenschiff; hier sind es schmale Lisenen, die auf halber Höhe in die vorgezogene Wand münden. Da ihr Rhythmus auf die Fenster und damit auf die Jochfolge keine Rücksicht nimmt, hat man auf eine Planänderung geschlossen, die durch Grabungen bestätigt werden konnte: Ursprünglich waren mehr aber kürzere Joche mit einem schmaleren Mittelschiff geplant gewesen, aber bei der Ausführung war dann der Plan geändert worden. Aus typologischen Gründen nimmt Gottlieb Loertscher auch an, die Doppelturmfassade, deren Ansätze noch sichtbar sind, sei erst mit dem neuen Plan dazugekommen, als das lombardische Bauschema um burgundische und rheinische Elemente bereichert worden war. Erhalten hat sich davon noch die Obergeschoßkapelle über der tonnengewölbten Eingangshalle, der im 17. Jahrhundert ein mächtiger Frontturm vorgesetzt wurde. In der zweiten Hälfte des 18. Jahrhunderts wurde das Innere mit einer Rokoko-Dekoration überzogen und eingewölbt, ohne daß dadurch der frühromanische Raumcharakter ausgelöscht worden wäre.

SCHÖNTAL BEI LANGENBRUCK. DIE EHEMALIGE BENEDIKTINERABTEI. 1145 gründeten der Frohburger Graf Adalbero und seine Frau Sophie in einem Seitental am Südhang des Hauensteins ein Kloster, das möglicherweise von Anfang an als Doppelkonvent geführt wurde. Die Absicht der Stifter war wohl, mit diesem Hauskloster den wichtigen Paß zwischen ihrem Stammland am Jurasüdfuß und dem Oberrhein, wo die Frohburger von 1137 bis 1179 den Basler Bischof stellten, zu sichern. Schon bald verloren die Grafen aber das Interesse an ihrer Gründung, so daß das Kloster nie richtig blühte. Nach vielen Krisen wurde es im Gefolge der Reformation aufgelöst und zu einem Gutsbetrieb profaniert.

Vom romanischen Gründungsbau steht noch die 1187 der Muttergottes geweihte Kirche. Es fehlen allerdings die drei Apsiden, deren Ansatz aber an der Ostwand noch sichtbar ist. Archäologische Untersuchungen gaben 1987–89 Aufschluß über die Innendisposition der heute in Wohnungen unterteilten Kirche. Offenbar lehnte man sich an den sehr altertümlichen

Typ des Dreiapsidensaals an, unterteilte dessen Osthälfte aber durch Längsmauern in drei »Schiffe«, die mittels Quermauern weiter gegliedert wurden, so daß ein Innenraum entstand, der sehr an das etwa zeitgleiche Benediktinerkloster Feldbach im Elsaß erinnert.

Das kunsthistorische Hauptinteresse in Schöntal gilt der giebelförmigen Fassade aus fast fugenlosem Quadermauerwerk. Ein profiliertes Gesims gliedert sie horizontal; im oberen Teil öffnet sich ein Rundfenster, im unteren das skulptierte Portal. Über dem Agnus Dei des Türsturzes rahmt ein Rundstab das leere Tympanon. Diese Archivolte, in deren Zenit eine Figur mit einem Tier zwischen den Beinen sitzt, endet rechts auf dem Kopf einer zweiten Figur, die durch ein Schwert als Ritter gekennzeichnet ist. Das linke Pendant bildet ein Löwe, vor dem die schwer deutbare Inschrift +HIC EST RODO zu lesen ist. Ob dieser Rodo der Bildhauer war oder ein mythischer Gründungsheros, den wir vielleicht im Ritter erkennen dürfen, ist nicht zu entscheiden. Beidseits des Portals ist je eine kastenähnliche Aedikula angebracht; die rechte enthielt eine heute weitgehend zerstörte Gründer- oder Heiligenfigur, die linke eine thronende Madonna vom Typ der *Hodegetria*. Die Drachen unter ihrem Thron lassen in Anlehnung an das Portal von St-Ursanne an das apokalyptische Weib denken. Im Gewände ihres Tabernakelrahmens ist in einer Nische noch die Figur einer weiblichen Stifterin zu erkennen, ihr Gegenüber ist zerstört. Anders als die eher groben Portalfiguren, zeigt die Mariennische noch in ihrem fragmentarischen Zustand eine Qualität, die an Bildhauer im Umkreis des Basler Münsters denken läßt. Vergleiche mit Siegelbildern des Basler Domkapitels lassen für die Madonnenstatue ein (verlorenes) Basler Vorbild vermuten. Da man auch im Portaltyp deutliche Anklänge an die Galluspforte erkennen kann, scheinen die Auftraggeber in Schöntal eine bewußte Kombination von modernen Zitaten und altertümlichen Elementen realisiert zu haben.

STEIN AM RHEIN. DIE EHEMALIGE KLOSTERKIRCHE ST. GEORGEN. Der vielgliedrige Komplex des ehemaligen Georgenklosters schließt das Städtchen Stein am Rhein (Kt. Schaffhausen) nach Osten ab. Während die zwischen dem Fluß und der heutigen Stadtkirche gelegenen Konventsbauten im wesentlichen zwischen dem 14. und dem 16. Jahrhundert entstanden, stammt die Basilika selber noch aus dem späten 11. Jahrhundert und damit ungefähr aus der gleichen Zeit wie die Kirchen der nahen Klöster Wagenhausen und Allerheiligen in Schaffhausen. Sie muß einen Vorgängerbau besessen haben, wurde das um 970 von der Herzogin Hadwig auf dem Hohentwil gegründete Stift doch bereits um die Jahrtausendwende in die Ebene hinunter verlegt, um damit auch den wichtigen Flußübergang zu sichern. Die schlichte Eingangsfront mit dem (erneuerten) Rundbogenportal wurde mehrfach verändert; ursprünglich eine Doppelturmfassade mit Eingangshalle und Emporenkapelle, hat man den Nordturm im 16. Jahrhundert ersetzt, während sein Pendant im Süden weitgehend abgetragen und der Stumpf dem Mittelschiffgiebel eingepaßt wurde. Der Innenraum erinnert in seiner Einfachheit und der gerade dadurch erzielten feierlichen Wirkung an das Allerheiligenmünster in Schaffhausen. Im einzelnen orientieren sich die Formen aber am Rumold-Bau des Konstanzer Münsters: Die Säulen der Mittelschiffarkaden mit ihren Ecknasen an den attischen Basen und den achteckigen Würfelkapitellen sind weitestgehende Nachbildungen der Konstanzer Vorlagen, nur sind in Stein die einzelnen Schilde jeweils doppelt gerahmt. Auch das im Gegensatz zu Allerheiligen schon ursprünglich quadratische Altarhaus mit den rechteckigen Nebenkapellen von der Breite der Seitenschiffe folgt der nahen Bischofskirche. Verzichtet hat man in Stein dagegen auf das Querhaus. Der Mönchschor erstreckte sich daher weit ins Langhaus hinein: Bis 1584 besaß dieses nur die fünf westlichen Arkadenpaare, während in der ganzen Osthälfte massive Mauern die Schiffe trennten und entlang dieser Wände im Mittelschiff das Chorgestühl gestanden hat. Beim nachreformatorischen Umbau wurden die Trennmauern geöffnet und in bemerkenswerter Anpassung an den romanischen Bau je drei weitere Säulen samt Basen und Kapitellen eingefügt. Erst mit diesem Wissen fallen dem Betrachter geringfügige Abweichungen der Kapitelle, vor allem aber die stärkere Verjüngung der nun aus einzelnen Trommeln zusammengesetzten Schäfte auf.

WAGENHAUSEN. DIE EHEMALIGE PROPSTEIKIRCHE. 1083 gründete ein gewisser Tuoto in Wagenhausen (Kt. Thurgau), wenige Kilometer unterhalb des Ausflusses des Rheins aus dem Untersee, auf eigenem Grund ein Benediktinerkloster und unterstellte es dem von seinen Nellenburger Verwandten gegründeten Allerheiligenkloster in Schaffhausen. Da die Reformabtei dem neuen Konvent keine Selbständigkeit zubilligte, kam es zu heftigen Auseinandersetzungen zwischen Allerheiligen und dem Stifter, der seine Eigenrechte geschmälert sah und den Gehorsam verweigerte. Zwar mußte sich Tuoto 1094 unterwerfen, doch nutzte er in der Folge die Probleme, in die Allerheiligen durch den Investiturstreit geriet, um seine Stiftung dennoch autonom zu leiten. 1105 mußte Allerheiligen auf Wagenhausen verzichten, zugleich hatte aber Tuoto sein Kloster dem Konstanzer Bischof zu übertragen, der es vorerst dem ebenfalls der Hirsauer Reform verpflichteten Kloster Petershausen, nach dem Tod des Stifters 1119 direkt dem Domstift unterstellte. Nach einer kurzen Blüte mit etwa 25 Mönchen im mittleren 12. Jahrhundert mehrten sich schon im folgenden die Zeichen des Niedergangs. 1417 wurde das völlig verarmte Kloster als Propstei wieder Allerheiligen übergeben, mit dem Wagenhausen 1529 die Reformation annahm. Nach einer kurzen Phase als selbständige Gemeinde blieb die Kirche bis ins 19. Jahrhundert Schaffhausen unterstellt. Seit 1861 gehört sie der Gemeinde Wagenhausen.

Von der dreischiffigen Basilika, die im ausgehenden 11. Jahrhundert erbaut wurde, sind heute noch das Mittel- und das südliche Seitenschiff erhalten. Das unmittelbar über dem Rheinufer errichtete Nordseitenschiff wurde abgebrochen, als es aufgrund der schwachen Fundamente einzustürzen drohte. Auch die westliche Eingangspartie, in deren Obergeschoß sich eine Michaelskapelle befand, ist einschneidend verändert und durch eine Empore ersetzt worden. Schließlich baute man auch den Chor um, indem die Außenflucht des östlichen Konventtrakts weitergezogen und die einst halbrunde Apsis durch einen geraden Chorschluß ersetzt worden ist. Der so entstandene Torso ist freilich noch immer stimmungsvoll und läßt die Gestalt der ursprünglichen Klosterkirche erahnen. Es handelte sich um eine flachgedeckte Pfeilerbasilika mit Staffelchor und doppelstöckigem Westriegel (der aber nach außen nicht turmartig in Erscheinung trat und so nicht als Westwerk zu bezeichnen ist). Die Seitenchöre öffneten sich mit Durchgängen zum Vorchorjoch des Mittelschiffs, auf welches das durch den Triumphbogen ausgeschiedene eigentliche Chorjoch folgte. Dessen Quadrat bildete das Modul für das ganze Mittelschiff, wo jeweils zwei Arkaden die Ausdehnung eines Quadrats beanspruchen. Weitere Schwibbögen, die den kleinen querrechteckigen Psallierchor (mit dem Durchgang in den Kreuzgang) und westlich davon das Laienschiff vom *Chorus minor* trennten, sind nur mehr an der Mittelschiffwand ablesbar. Die aus Feldsteinen gemauerten Wände dürften ebenso wie die quadratischen Pfeiler einst verputzt und bemalt gewesen sein, wofür noch spätmittelalterliche Reste zeugen. Pfeiler und Arkaden werden nur von einer einfach geschmiegten Deckplatte getrennt. Sie bilden die einzige plastische Gliederung der Kirche, die vor allem in diesem Verzicht auf plastischen Baudekor und der Beschränkung auf elementare Architekturglieder mit Allerheiligen verwandt ist. Der Staffelchor erinnert an den dortigen ersten Bau, die mit dem Mittelschiff kommunizierenden Nebenchöre eher an Bau III. Für die Staffelung der drei Apsiden lassen sich aber auch in Oberitalien im 11. Jahrhundert querschifflose Pfeilerbauten vergleichbarer Dimension finden, eine Bautengruppe, zu der auch Spiez und Amsoldingen zu zählen sind. Wagenhausen vereinigt damit die wichtigsten architektonischen Strömungen, die im Gebiet der Ostschweiz an der Wende vom 11. zum 12. Jahrhundert virulent waren.

Bibliographie

Die allgemeine Literatur zur romanischen Kunst in der Schweiz wird in alphabetischer Reihenfolge, die Spezialliteratur zu den ausführlich besprochenen Werken in chronologischer Ordnung und die Schriften zu weiteren romanischen Denkmälern in alphabetischer Folge der Ortsnamen aufgeführt. Erwähnungen der einzelnen Werke in der allgemeinen Literatur werden nicht zitiert. Mit Ausnahme unentbehrlicher Standardwerke ist in der Regel nur neuere Literatur aufgelistet worden.

Allgemeine Literatur

P. Bouffard e.a., *Suisse Romane*. La nuit des temps 8, 2. Auflage, Pierre-qui-Vire 1967.
B. Brenk, *Die romanische Wandmalerei in der Schweiz*. Basler Studien zur Kunstgeschichte N.F. Bd.5, Bern 1963.
C. u. D. Eggenberger, *Malerei des Mittelalters*. Ars Helvetica V, Disentis 1989.
V. Gilardoni, *Il romanico. Catalogo dei monumenti nella Repubblica e Cantone del Ticino*. Arte e monumenti della Lombardia prealpina III, Bellinzona 1967.
L. Hertig, *Entwicklungsgeschichte der Krypta in der Schweiz*. Biel 1958.
H. Horat, *Sakrale Bauten*. Ars Helvetica III, Disentis 1988.
P. A. Jaccard, *Skulptur*. Ars Helvetiva VII, Disentis 1992.
W. Jacobsen, L. Schaefer und H. R. Sennhauser, *Vorromanische Kirchenbauten. Katalog der Denkmäler bis zum Ausgang der Ottonen, Nachtragsband*. München 1991.
A. Knoepfli, *Kunstgeschichte des Bodenseeraums*, Bd.1, Stuttgart 1961.
Kunstführer durch die Schweiz, begründet von H. Jenny. 5., vollständig neu bearbeitete Auflage, hg. von der Gesellschaft für Schweizerische Kunstgeschichte, 3. Bde., Bern 1972–81.
F. Maurer, *Romanische Kapitellplastik in der Schweiz*. Basler Studien zur Kunstwissenschaft, N. F. Bd.11, Bern 1971.

F. Oswald, L. Schaefer und H. R. Sennhauser, *Vorromanische Kirchenbauten. Katalog der Denkmäler bis zum Ausgang der Ottonen.* München 1966–71.
A. Reinle, *Kunstgeschichte der Schweiz,* Bd.1, Frauenfeld 1968.
B. Schmedding, *Romanische Madonnen der Schweiz. Holzskulpturen des 12. und 13. Jahrhunderts.* Scrinium Friburgense., Freiburg i. Ue. 1974.
H. R. Sennhauser, *Romainmôtier und Payerne. Studien zur Cluniazenserarchitektur des 11. Jahrhunderts in der Westschweiz.* Basel 1970.
H. R. Sennhauser, St. Ursen – St. Stephan – St. Peter. Die Kirchen von Solothurn im Mittelalter. Beiträge zur Kenntnis des frühen Kirchenbaus in der Schweiz, in: *Solothurn. Beiträge zur Entwicklung der Stadt im Mittelalter,* Zürich 1990, S. 83–219.
Zisterzienserbauten in der Schweiz. Neue Forschungsergebnisse zur Archäologie und Kunstgeschichte. Veröffentlichungen des Instituts für Denkmalpflege an der ETH Zürich 10, 2 Bde., Zürich 1990.

Objektbezogene Darstellungen

Müstair

J. Zemp und R. Durrer, *Das Kloster St. Johann zu Müstair in Graubünden,* Genf 1906/11.
I. Müller, *Geschichte des Klosters Müstair,* 2. Auflage, Disentis 1982.
M. Sennhauser-Girard, H. R. Sennhauser, H. Rutishauser und B. Gubelmann, *Das Benediktinerinnenkloster St. Johann in Müstair, Graubünden.* Schweizerische Kunstführer 384/385, Bern 1986.
J. Wirth, Bemerkungen zu den Stifterbildern von St. Benedikt in Mals und St. Johann in Müstair, in: H. R. Meier, C. Jäggi und P. Büttner (Hg.), *Für irdischen Ruhm und himmlischen Lohn. Stifter und Auftraggeber in der mittelalterlichen Kunst,* Berlin 1995, S. 76–90.

Chur

E. Poeschel, *Die Kunstdenkmäler des Kantons Graubünden, Bd.VII: Chur und der Kreis der fünf Dörfer.* Die Kunstdenkmäler der Schweiz Bd. 20, Basel 1948.
E. Doberer, Die ursprüngliche Bestimmung der Apostelsäulen im Dom zu Chur, in: *Zeitschrift für Schweizerische Archäologie und Kunstgeschichte* 19 (1959), S. 17–43.
W. Sulser und H. Claussen, *Sankt Stephan in Chur. Frühchristliche Grabkammer und Friedhofskirche.* Veröffentlichungen des Instituts für Denkmalpflege an der ETH Zürich 1, Zürich 1978.
G. Descœudres und A. Carigiet, Archäologische Untersuchungen an der Kirche St. Martin in Chur, in: *Zeitschrift für Schweizerische Archäologie und Kunstgeschichte* 47 (1990), S. 261–284.
Churer Stadtgeschichte, Bd.I: Von den Anfängen bis zur Mitte des 17. Jahrhunderts, Chur 1993.

Zillis

S. Brugger-Koch, *Die romanische Bilderdecke von Sankt Martin, Zillis (Graubünden), Stil und Ikonographie.* Muttenz 1981.
D. Rudloff und P. Heman, *Zillis. Die romanische Bilderdecke der Kirche St. Martin,* Basel 1989.

H. Blanke, Kreuzestheologie und Kaisermythos. Zur geistigen Herkunft der Zilliser Bilderdecke, in: *Bündner Monatsblatt. Zeitschrift für bündnerische Geschichte und Landeskunde* 1 (1990), S. 19–49.
M. Bilfinger, Die Bilderdecke zu St. Martin in Zillis. Internationales Kolloquium zu Fragen der Konservierung der romanischen Bilderdecke, in: *Zeitschrift für Kunsttechnologie und Konservierung* 5/1 (1991), S. 150–154.

Prugiasco-Negrentino

I. Marcionetti, *San Carlo di Negrentino*, Lugano 1977.
R. Cardani, La controfacciata del Sant' Ambrogio Vecchio a Prugiasco-Negrentino, in: *Kunst + Architektur in der Schweiz* 46/2 (1995), S. 190–193.

Muralto

Y. Christe, A propos des peintures murales de San Vittore de Muralto: La voix du sang d'Abel, in: *Arte Christiana* 74 (1986), S. 37–40.
R. Cardani, La sirena nel San Vittore di Muralto, in: *Unsere Kunstdenkmäler* 40 (1989), S. 393–401.

Payerne

C. Bertelli, Restaurée puis retrouvée, in: *Connaissance des Arts* 422 (1987), S. 58–67.
H. R. Sennhauser, *Die Abteikirche von Payerne*. Schweizerische Kunstführer Nr. 495, Bern 1991.

Grandson

S. Steinmann-Brodbeck, Les chapiteaux sculptés de l'église Saint-Jean de Grandson, in: *Congrès archéologique de France* 110 (1952), S. 294–301.

Saint-Ursanne

C. Lapaire, *Les constructions religieuses de Saint-Ursanne et leurs relations avec les monuments voisins, VIIe-XIIIe siècle*, Porrentruy 1960.

Genf

H. Maurer, *Die romanischen und frühgotischen Kapitelle der Kathedrale Saint-Pierre in Genf*. Basler Studien zur Kunstgeschichte 6, Basel 1952.
C. Freigang und P. Kurmann, *La cathédrale romano-gothique de Genève: réflexions sur sa chronologie et sa place dans l'histoire de l'architecture médiévale. Saint-Pierre de Genève au fil des siècles.* Genf 1991.
C. Bonnet, *Les fouilles de l'ancien groupe épiscopal de Genève (1976–1993)*. Cahiers d'archéologie genevoise 1 (1993).

St-Maurice d'Agaune

L. Blondel, Les anciennes basiliques d'Agaune. Etude archéologique, in: *Vallesia* 3 (1949), S. 9–57.
D. Thurre, *L'atelier roman d'orfèverie de l'abbaye de Saint-Maurice*, Sierre 1992.
(vgl. auch die Rezension von J. Huber, in: *Zeitschrift für Schweizerische Archäologie und Kunstgeschichte* 50 (1993), S. 314–317)

Sitten

H. Holderegger, *Die Kirche von Valeria bei Sitten*, Zürich 1930 (Sonderdruck aus: *Anzeiger für Schweizerische Altertumskunde* N.F. 31/32).
A. Antonini, F.-O. Dubuis und A. Lugon, Les fouilles récentes dans la cathédrale de Sion (1985 et 1988), in: *Vallesia* 44 (1989), S. 61–114.
F. Jakob, M. Hering-Mitgau, A. Knoepfli und P. Cadorin, *Die Valeria-Orgel. Ein gotisches Werk in der Burgkirche zu Sitten/Sion.* Veröffentlichungen des Instituts für Denkmalpflege an der ETH Zürich 8, Zürich 1991.
J. Huber: La dite »grande châsse de Sion« dans le trésor du chapitre de Sion en Valais (Suisse): Etat de la recherche, in: *Cahiers de Saint-Michel de Cuxa* 24,1993, S. 115–122.
L. Golay, La sculpture médiévale en bois: cas particuliers et problèmes de la recherche, in: *Zeitschrift für Schweizerische Archäologie und Kunstgeschichte* 51 (1994), S. 9–22.

Schaffhausen

H. Lieb, Das Stifterdenkmal im Münster zu Schaffhausen, in: *Zeitschrift für Schweizerische Archäologie und Kunstgeschichte* 17 (1957), S. 121–127.
W. Drack und A. Knoepfli, Überlegungen zur Baugeschichte des Münsters, in: *Im Dienst einer Stadt. Festschrift für Walther Bringolf*, Schaffhausen 1960, S. 55–94.
A. Reinle, Das Schaffhauser Stiftergrab als Denkmal romanischer Plastik, in: *Unsere Kunstdenkmäler* 22 (1971), S. 7–15.
W. U. Guyan, Das Salvator-Kloster zu Schaffhausen. Ergebnisse der Allerheiligen-Grabung von 1963 bis 1965, in: *Zeitschrift für Schweizerische Archäologie und Kunstgeschichte* 36 (1979), S. 151–204.
C. Sauer, *Fundatio und Memoria. Stifter und Klostergründer im Bild; 1100 bis 1350.* Veröffentlichungen des Max-Planck-Instituts für Geschichte Bd.109, Göttingen 1993.
U. Beleffi Sotriffer, Die Lünetten aus dem Kloster Allerheiligen in Schaffhausen, in: *Kunst + Architektur in der Schweiz* 45/3 (1994), S. 269–276.
R. Gamper, Studien zu den schriftlichen Quellen des Klosters Allerheiligen von 1050 bis 1150, in: *Schaffhauser Beiträge zur Geschichte* 71 (1994), S. 7–41.

Zürich

A. Reinle, Der Reiter am Großmünster, in: *Zeitschrift für Schweizerische Archäologie und Kunstgeschichte* 26 (1969), S. 21–46.
P. Michel, *Tiere als Symbol und Ornament. Möglichkeiten und Grenzen der ikonographischen Deutung, gezeigt am Beispiel des Zürcher Großmünsterkreuzgangs*, Wiesbaden 1979.
D. Gutscher, *Das Großmünster in Zürich. Eine baugeschichtliche Monographie.* Beiträge zur Kunstgeschichte der Schweiz 5, Bern 1983.

Basel

E. J. Beer, Die stilistische Herkunft der Apostel- und Vincentiustafel im Münster zu Basel, in: *Walraff-Richartz-Jahrbuch* 36 (1974), S. 23–64.
F. Maurer-Kuhn, *Das Münster von Basel*. Schweizerische Kunstführer, Bern 1981.
F. Maurer-Kuhn, *Galluspforte, Querhausportal des Basler Münsters*. Schweizerische Kunstführer Nr. 468, Bern 1990.
P. Kurmann, Das Basler Münster – ein Denkmal staufischer Reichspolitik?, in: *Unsere Kunstdenkmäler* 43 (1992), S. 67–84.
B. Boerner, Überlegungen zum Programm der Basler Galluspforte, in: *Kunst + Architektur in der Schweiz* 45/3 (1994), S. 238–246.
C. Jäggi u.a., Wiederentdeckung eines spätromanischen Wandmalereizyklus in der Krypta der Basler Leonhardskirche, in: *Zeitschrift für Schweizerische Archäologie und Kunstgeschichte* 53/2 (1996).

Literatur zu weiteren Werken romanischer Kunst in der Schweiz

S. Rutishauser, *Amsoldingen. Ehemalige Stiftskirche*, 2 Bde., Bern 1982.
P. Eggenberger, *Das Stift Beromünster. Ergebnisse der Bauforschung 1975–1983*. Luzerner Historische Veröffentlichungen 21, Luzern 1986.
H. R. Sennhauser, Die älteren Einsiedler Klosterbauten. Beobachtungen und Überlegungen aus heutiger Sicht, in: *Einsidlensia. Gedenkschrift zum 100. Geburtstag von Linus Birchler*. Veröffentlichungen des Instituts für Denkmalpflege an der ETH Zürich Bd.13,2, Zürich 1994, S. 49–134.
H. Schmied-Neukomm, Le vitrail de Flums: iconographie et culte marial, in: *Zeitschrift für Schweizerische Archäologie und Kunstgeschichte* 47 (1990), S. 213–234.
W. Meyer und E. Maurer, *Mesocco, Burg und Kirche Santa Maria del Castello*. Schweizerische Kunstführer Nr. 362/363, Bern 1985.
St. Peter Mistail GR, bearbeitet vom Kunstgeschichtlichen Seminar Universität Zürich. Schweizerische Kunstführer Nr. 254, Bern 1985.
G. Germann, *Die Kunstdenkmäler des Kantons Aargau Bd. 5: Der Bezirk Muri*. Die Kunstdenkmäler der Schweiz Bd. 55, Basel 1967.
P. Felder, *Kloster Muri*. Schweizerische Kunstführer, Basel 1977.
J. Courvoisier, *Les monuments d'art et d'histoire du Canton de Neuchâtel, t.1: La ville de Neuchâtel*. Die Kunstdenkmäler der Schweiz Bd. 33, Basel 1955.
B. Brenk, Die romanischen Wandmalereien in St. Lorenz bei Paspels, in: *Zeitschrift für Schweizerische Archäologie und Kunstgeschichte* 23 (1963/64), S. 69–74.
W. Sulser, Zur Baugeschichte der Kirche St. Lorenz bei Paspels, in: *Zeitschrift für Schweizerische Archäologie und Kunstgeschichte* 23 (1963/64), S. 62–68.
L. Mojon, *St. Johannsen/St-Jean de Cerlier*. Beiträge zum Bauwesen des Mittelalters, Bern 1986.
P. Bouffard, *Saint-Pierre-de-Clages*, Genf 1984.
P. Bissegger, *Saint-Sulpice*. Schweizerische Kunstführer Nr. 321/322, Bern 1982.
J. Goll, *St. Urban. Baugeschichte und Baugestalt des mittelalterlichen Klosters*. Archäologische Schriften Luzern 4.1994, Luzern 1994.
B. Anderes, *Die Kunstdenkmäler des Kantons St.Gallen, Bd.V: Der Bezirk Gaster*. Die Kunstdenkmäler der Schweiz Bd. 59, Basel 1970 (zu Schänis).
G. Loertscher, *Stiftskirche Schönenwerd SO*. Schweizerische Kunstführer Nr. 434, Bern 1988.

C. Jäggi und H.-R. Meier, Löwe, Drache, Ritter und Madonna. Zur Ikonographie der Schöntaler Fassadenskulptur, in: *Unsere Kunstdenkmäler* 40 (1989), S. 412–419.
R. Frauenfelder, *Die Kunstdenkmäler des Kantons Schaffhausen Bd.2: Der Bezirk Stein am Rhein*. Die Kunstdenkmäler der Schweiz Bd. 39, Basel 1958.
A. Knoepfli, *Propstei Wagenhausen TG*. Schweizerische Kunstführer Nr.407, Bern 1987.
C. Jäggi, H.-R. Meier, R. Windler und M. Illi, *Die Stadtkirche St. Laurentius in Winterthur. Ergebnisse der archäologischen und historischen Forschungen*. Zürcher Denkmalpflege. Archäologische Monographien Bd. 14, Zürich 1993.

Ortsregister

kursiv = ausführliche Beschreibung

Agliate 298
Amsoldingen 12, 291, 298, *299-301*, 305, 388
Andlau 358
Annseltingen 297
Aosta 12
Aquileia 10
Arles 55, 73, 384
Arlesheim 12
Ascona 150
Avenches 166

Basel 10, 12, 15, 20, 93, 159, 225, 227, 228, 229, 233, 290, 318, 357, 358, *361-373*, 386
Baulmes 163, 269
Beauvais 365
Bern 29
Beromünster 315, *377 f.*
Berschis 93
Besançon 10, 219, 227, 233, 361
Besse-en-Chandesse 213
Bethlehem 266
Biasca *149 f.*
Bologna 284
Bonmont 16, *287 f.*, 291
Bourg-Pierre 286, 293
Bubikon 17, 18, *378 f.*
Bursins 158, 292

Cademario *150 f.*, 152
Caen 354
Camignolo 150
Castro 151
Cazis *89*
Chalières 86, *288*
Chartres 21, 230, 281
Chironico 98
Chur 10, 11,12, 15, 18, 20, *49 - 76*, 77, 90 ,92, 145, 237, 267, 361
Clairvaux 16, 287, 288, 370
Cluny 11, 15,, 16, 17, 19, 158, 164, 169, 170, 207, 209, 211, 292, 317, 383
Colmar 373
Comacina 152

Como 10, 131, 143, 383
Corzoneso *150 f.*

Degenau-Blidegg *379 f.*
Degnau 93
Disentis 12, 45, *90*, 93, 377

Einigen 297, *307*
Einsiedeln 12, 314, 381
Engelberg 12
Eschi 297
Ettenheim 303

Fidenza 53, 73
Flums 94, *376 f.*
Fontenelle 219
Freiburg i. Br. 228, 325, 364
Freising 78
Freudenstadt 90
Fribourg 12
Fructuaria 141, 143, 146
Frutingen 297

Gandersheim 151
Gebweiler /Guebwiller 227, 373
Genf 10, 12, 14, 15, 20, *235-239*, 291
Giornico 15, 20, 21, *141 (147*, 149, 150
Gottesgnaden an der Saale 74
Grandson 16, 20, *211-217*
Gravesano 125
Grenoble 211
Grepault 91

Hannover 74
Hauterive 16
Heiligenberg 378
Hildesheim 78, 85
Hilterfingen 297
Hirsau 15, 314, 317, 319, 321, 377

Ivrea 369

Kaiseraugst 361
Köln 86
Konstanz 15, 325, 377, 387

La Chaise-Dieu 16, 211, 213, 216
Laas 50
Lausanne 10,12, 166
Leuxingen 297
Limburg an der Haardt 319, 381
Locarno 127, 131
Lugaggia-Sureggio *152 f.*
Lüneburg 74
Lützel 16
Luxeuil 90, 219, 362
Lyon 16, 292, 293

Mailand 10, 50, 86, 98, 153, 298, 354
Mainz 10, 50
Mals 45, 46
Martigny 275
Meiringen *380 f.*
Mendrisio 152
Merseburg 78
Mesocco 90, 98, 99
Metz 78
Mistail 13, *91 f.*
Modena 53, 269, 370
Molesme 291
Montcherand *288*
Montecassino 378
Morimond 16
Moutier-Grandval 288
Münchenwiler 158
Muralto 20, *127-131*, 145, 146, 384
Muri 12, 315, *381*
Müstair 12, 13, 18, 19, *29 (48*, 50, 125, 154
Muttenz 373

Neuenburg /Neuchâtel 14, 18, 21, 228, 283, *289 f.*
Noli 298
Novalesa 271
Nyon 287

Obercastel 90, 377
Obervaz *93 f.*
Orsières 294

Paris, Musée Cluny 363, 373
Paris, Saint Germain-des Prés 219
Paspels 74, 92
Pavia 354, 357
Payerne 15, 19, 146, 158, *165 (209*, 288, 383
Petershausen 21, 78, 368, 377
Piacenza 53
Prugiasco-Negrentino 97-126, 130, 150, 152

Quedlinburg 322

Raron 230
Regensburg 78
Reichenau 29, 78, 288, 323, 362, 381
Rheinau 21, *382*
Riva San Vitale 13, *153 f.*
Rom, Alt-St. Peter 76, 129, 267, 315
Rom, Lateran 357
Rom, San Paolo fuori le mura 129
Romainmôtier 15, 16, 19, 89, *157-164*, 167, 169, 171, 207, 211, 269
Rosheim 227
Rougemont 158
Rovio 150
Rüeggisberg 11, 16, 158, 292, *382 f.*
Rufach/Rouffach 227, 373

Saint-Denis 362
Sant'Angelo in Formis 125
Saxon 284
Schaffhausen 10, 12, 15, 16, 18, 85, *313-323*, 327, 386f., 388
Schänis 20, 131, *383 f.*
Schertzlingen 297, 303
Schlettstadt 361
Schönenwerd *384 f.*
Schöntal 17, 20 f., 373, 382, *385 f.*
Schwyz *375 f.*
Sigolsheim 373
Sigriswil 297
Sion/Sitten 10, 12, 14, 15, 20, 21, *271*, *275-286*, 292
Soazza 91
Solothurn 11
Sorengo 125
Speyer 15, 165, 169, 171, 358, 381
Spiez 20, 297, 298, *303 - 306*, 388
St-Imier *290*, 378
St-Maurice d'Agaune 11, 12, 157, 163, *265-273*, 276, 277, 284, 286
St-Nectaire 213
St-Pierre-de-Clages 16, 21, *292 f.*
St-Sulpice 212, *291f.*
St-Ursanne 14, 20 f., 51, 157, *219-233*, 289, 357, 373, 386
St. Gallen 12, 29, 76, 379, 383
St. Johannsen/St. Jean de Cerlier 18

St. Blasien 381
St. Urban 16 f.
Stein am Rhein *386 f.*
Straßburg 303, 360, 371, 373, 381, 384

Tarentaise 10
Thieracher 297
Thun 297
Torcello 125
Tournus 15, 164, 169, 207
Trier 323

Uttingen 297

Val d'Entremont *293 f.*
Venedig 94
Vercelli 141
Verona 365
Vézelay 169
Vienne 10

Wagenhausen *386 f.*
Wimnis 297, 298, 303
Winterthur 14

Zillis 11, *77 (87*
Zürich 10, 12, 15, 20, 43, 75, 131, 227, 228, 230, 237, 285, *325-360*, 363, 365, 368, 370, 376, 378
Zurzach 11

SCHWEIZERISCHE KUNSTFÜHRER

Herausgegeben von der Gesellschaft für Schweizerische Kunstgeschichte

SAINT-URSANNE

GESCHICHTE. Am Ende des 6. Jhs. hatte sich der hl. Ursicinus an den Ufern des Doubs niedergelassen. Der Ruhm seines frommen Lebenswandels erhielt sich über seinen Tod hinaus. Ein einsamer Pilger, der hl. Wandregiselus, entdeckte gegen 635 das Grab des Heiligen. Er gründete dort eine kleine mönchische Gemeinschaft, die er nach wenigen Jahren wieder verließ, um sich nach Fontenelle (Seine-Inférieure) zurückzuziehen. Seine Genossen aber errichteten am Doubs, in der Diözese Besançon, eine Benediktinerabtei, die zu Beginn des 12. Jhs. in ein Stift umgewandelt wurde. Seit dieser Zeit lebten dort 12 Kanoniker nach der Regel des hl. Augustin. Um 1139 erwarb der Bischof von Basel die kleine Stadt, die aus der klösterlichen Niederlassung hervorgewachsen war, und schließlich gelang es ihm, auch das Stift in seinen Besitz zu bringen (1210). Damit verbindet sich die Geschichte von Saint-Ursanne eng mit derjenigen des Bistums Basel. Unberührt von den Reformationswirren führte das Kapitel ein bescheidenes Dasein, bis die französische Revolution die Chorherren vertrieb. Die ehemalige Stiftskirche wird 1803 zur Pfarrkirche umgewandelt.

BAUGESCHICHTE. Von der Einsiedelei des hl. Ursicinus hat sich keine Spur erhalten. Hingegen zeugen Sarkophage aus dem 7. und 8. Jh. und einige skulptierte Steine (im Kreuzgang) von der Existenz der ersten Niederlassung, die Wandregiselus gegründet hatte. Im 11. Jh. trat an Stelle des Urbaus eine große Kirche, die man sich etwa in der Art derjenigen von Moutier-Grandval oder Saint-Imier vorstellen muß. Ihre Anlage kann man in den großen Zügen aus dem Grundriß des heutigen Schiffes herauslesen. Aus ihr wurde auch das Tympanon der jetzigen Nordtür übernommen.

Am Ende des 12. Jhs. begannen die Chorherren mit dem Bau der Kirche, die noch fast völlig intakt erhalten ist. Sie errichteten zuerst die Krypta, die poly-

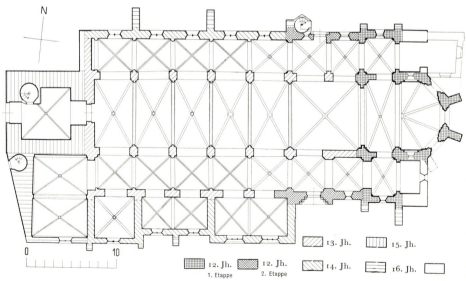

Grundriß der Kirche, Maßstab 1 : 400

Die Stiftskirche von Norden

gonale Apsis und das anschließende Chorjoch mit den Abseiten östlich der ersten Anlage, die weiterhin dem Kult diente. Nach der Vollendung dieser Etappe brach man den Chor der alten Kirche ab und trieb den Neubau bis zur heutigen Grenze zwischen Chor und Schiff vor. Das Chorhaupt mitsamt den beiden Seitenportalen muß vor 1210 vollendet gewesen sein; in diesem Jahr wurde nämlich eine prunkvolle Feier im neuen Chor abgehalten.

In der zweiten Hälfte des 13. Jhs. wurde das noch vor 1210 erstellte fünfjochige Langhaus neu eingewölbt. Zwischen den Strebepfeilern des südlichen Seitenschiffes wurden im Laufe des 14. Jhs. drei Kapellen eingespannt, am Ende desselben Jahrhunderts im Nordseitenschiff Fenster eingebrochen und der Kreuzgang erneuert. Der Westturm wurde nach seiner Zerstörung von 1441 wieder aufgebaut. Vom 16. bis zum 18. Jh. begnügte sich das verarmte Stift damit, die Ausstattung der Kirche durch die Aufstellung neuer Altäre, der Orgel, der Kanzel und des Chorgestühls dem Geschmack der Zeit anzupassen. Während der französischen Revolution blieb die Kirche geschlossen und im 19. Jh. dem Zerfall überlassen. 1899 bis 1906 wurde sie restauriert und unter Denkmalschutz gestellt.

BESCHREIBUNG. Die Stiftskirche ist eine nach Osten ausgerichtete, querschifflose basilikale Anlage. Das Langhaus setzt sich aus fünf querrechteckigen Jochen

Kapitelle im nördlichen Seitenschiff

zusammen. Die Seitenschiffe, deren Joche im Grundriß quadratisch sind, endigen beim Ansatz der Apsis mit einer geraden Ostmauer. Der erhöhte Chor besteht aus einem schmalen und einem quadratischen Joch. Die anschließende Apsis wird im Grundriß von fünf Seiten eines Achtecks bestimmt und erhebt sich über einer Krypta von derselben Form.

An der Verwendung verschiedener Baumaterialien werden die großen Bauetappen sichtbar. Die ältesten Bauteile bestehen aus weißem Muschelkalk; die mittelgroßen Blöcke sind sorgfältig behauen und mit dem Zahneisen in senkrechter Richtung übergangen. Das Mauerwerk des 14. und 15. Jhs. zeichnet sich durch große Hausteinblöcke von grobem, bläulichem Kimmeridge-Kalk aus.

Das *Innere*. Die Krypta wird durch schmale Treppen mit den Seitenschiffen verbunden. Vier Säulen, mit leicht geschwellten, aus einem einzigen Stein bestehenden Schäften, tragen ein Kreuzgratgewölbe mit rundbogigen Gurten, das an den Außenmauern auf Halbsäulen mit Würfelkapitellen aufliegt. Von den drei Rundbogenfenstern mit schräger Leibung hat sich nur das nördlichste im originalen Zustand erhalten. Die Krypta wurde 1323 teilweise überarbeitet.

Die *Apsis* und das anschließende schmale Joch sind mit Kreuzrippengewölben eingedeckt. Die acht Meter hohen Dienste schmiegen sich in die Ecken des Polygons und endigen in Blattkapitellen, deren Kämpfer sich mit einem durchlaufenden Schachbrettfries verbinden. Das Licht fällt in reichem Maße durch die fünf verschieden großen Rundbogenfenster ein.

Der *Chor* (1259 umgestaltet) ist mit den Seitenschiffen durch kleine Spitzbogenarkaden verbunden, die heute durch das Chorgestühl verstellt werden; in ihrer Achse liegen die vier kleinen Rundbogenfenster des Obergadens. Komplexe Stützen

Krypta, Innenansicht nach Südosten

stehen in den Abseiten des Chores: Pilaster, deren Kapitelle mit Schling- und Flechtmotiven verziert sind, tragen die Gurten, und aus den flankierenden Diensten mit würfelförmigen Kapitellen wachsen die Diagonalrippen heraus. Einzelne dieser Dienste sind gekappt und ruhen auf Konsolen, die zu Tieren ausgestaltet sind. Im südlichen Seitenschiff ist eine Tonne eingezogen, über der ein Saal liegt, der vom Chor aus betreten wird.

Das *Langhaus* wurde, nach einem längeren Bauunterbruch, geschickt an den Chor angeschlossen. Es besteht aus drei Schiffen, die durch große Spitzbogenarkaden voneinander getrennt werden. Diese ruhen auf mächtigen quadratischen Pfeilern; die Bogenleibungen sind einmal abgetreppt.

Im *Mittelschiff* steigen die den Pfeilern vorgelegten Dreiergruppen von Diensten ohne Unterbrechung bis zu den rundbogigen Fenstern auf. Im Gewölbe sitzen skulpierte Schlüssel in den Kreuzungspunkten der im Querschnitt rechteckigen Rippen. Die *Seitenschiffe* werden durch schwere Halbsäulen skandiert; auf ihnen ruhen die prismatisch profilierten Gewölberippen. Die Kapitelle sind als eine Umbildung des Würfelkapitells zu verstehen; recht häufig wird ihr Kern mit Blättern mit eingerollten Spitzen belegt. Zwei Beispiele im südlichen Seitenschiff sind mit kleinen, primitiven Menschenfiguren verziert. Vielleicht bezeichnet die Inschrift «BVRChINVS» auf einem Kämpfer den Namen eines Bildhauers?

Inneres der Kirche. Das südliche Seitenschiff nach Westen und das Mittelschiff gegen den Chor

Trotz der späten Entstehungszeit wirkt das Langhaus mit den großen Spitzbogenarkaden, den darüberliegenden Rundbogenfenstern und den würfelförmigen Kapitellen keineswegs gotisch. Der Architekt hat sich vielmehr an den romanischen Bauten des Burgunds und der Franche-Comté inspiriert. Sein Geist ist von der Romanik geprägt, aber er übernimmt neue Formen, die er seiner traditionellen Vorstellung vom Bauen anpaßt. Die Gotik erscheint in Saint-Ursanne erst im 14. Jh. an den Seitenkapellen. Hier zeigt schon das Formregister der Fenster die Entwicklung des neuen Stils: elegante Dreierlanzetten mit einem großen Okulus in der ersten, Zwillingslanzetten mit verschlungenem Maßwerk des style rayonnant und flamboyant in den übrigen Kapellen. Die polychrome Ausmalung stammt aus dem 15. Jh. und wurde 1903 wiederhergestellt. An den Pfeilern sind Johannes der Täufer, die hl. Jungfrau in der Glorie und die Kreuzigung Petri dargestellt.

Mobiliar. Hauptaltar mit dem vorromanischen Sarkophag des hl. Ursicinus, 1625 von GEORGES BALDS aus Pruntrut; der Baldachin mit den großen Plastiken 1728 von URS FÜEG, ebenfalls aus Pruntrut. Die Sitze des Chorgestühls stammen aus dem 15. Jh., die Dorsale aus dem 18. Jh. Chorgitter von 1777 von FRANÇOIS-

Die Stiftskirche von Südosten

IGNACE BOURQUARD aus Saint-Ursanne. Kanzel, 1705 von JEAN MONNOT aus Pruntrut; Orgel aus dem 18. Jh. Der Kirchenschatz (nur mit spezieller Erlaubnis zu besichtigen) enthält u. a. eine silberne Reliquienbüste des hl. Ursicinus, datiert 1519, und ein silbernes Prozessionskreuz, eine Augsburger Arbeit von 1759.

Äußeres. Die Westansicht zeigt deutlich die Struktur des Baukomplexes mit dem hohen Langhaus und den gedrückten Seitenschiffen. Vor dem Mittelschiff steht ein 25 m hoher Eingangsturm, der 1442 an der Stelle eines älteren errichtet wurde. Ein einfaches gotisches Portal führt in das Innere der Kirche. Das südliche Seitenschiff ist an der Westseite im 14. Jh. durch Kapellenanbauten erweitert worden; die Strebepfeiler, die ursprünglich kaum in Erscheinung traten, erhielten im 16. Jh. die Gestalt von Strebebögen, welche die Proportionen des Gebäudes gedrungener erscheinen lassen.

Das *Südportal* wird von einem rechteckigen Feld eingerahmt, das als selbständiger Architekturkörper auf die Außenmauer der Seitenschiffe aufgelegt erscheint. Ein Gesims, das auf der Höhe der Kämpfer durchläuft, teilt es in zwei ungleiche Zonen. In die Ecken des dreimal abgetreppten Türgewändes sind je drei freistehende Säulen mit monolithen Schäften eingestellt. Drei Bogen umfassen das

Kapitelle am westlichen Gewände des Südportals

Tympanon, das ohne Sturz auf zwei Konsolen aufruht. Beidseits des Portalbogens öffnen sich zwei Statuennischen. Der Portalaufbau wird durch ein Kranzgesims über Kargsteinen oben abgeschlossen. Im Tympanon erscheint der thronende Christus, begleitet von sieben Engeln und den Aposteln Peter und Paul. Links, zu seinen Füßen, kniet ein Heiliger mit Tonsur, der vielleicht den hl. Ursicinus oder den Stifter des Portals darstellt. Die Kapitelle sind von außerordentlicher Qualität. Sie wurden auf allen vier Seiten skulpiert, bevor man sie im Portal einsetzte. Diejenigen des Westgewändes zeigen die vier Evangelisten (auf dem vordersten Lukas, auf dem zweiten Matthäus, Johannes und Markus), deren Tierköpfe den traditionellen Evangelistensymbolen entsprechen (Stier, Engel, Adler, Löwe), und vier Löwen mit verdoppeltem Leib, die sich auf menschliche Köpfe stützen. An der Ostseite erscheinen, von innen nach außen, vier Adler mit gespreizten Flügeln, eine Sirene, die ihr Kind säugt und von zwei Sirenenmännchen begleitet wird, und endlich eine Szene aus der Fabel vom Wolf der zur Schule geht: ein Mönch bringt dem Wolf das Lesen bei; der Schüler wird durch ein vorüberziehendes Lamm von seinem Abc abgelenkt und stürzt sich trotz der Drohungen seines Lehrmeisters auf sein Opfer. In der linken Nische sitzt die geflügelte Gottesmutter mit dem Kind in hieratischer Haltung. Die Plastik ist beinahe als Freifigur sorgfältig aus dem Stein herausgearbeitet und bis ins Detail fein durchgebildet, besonders am Schmuck der Kronen und an den Gewandsäumen. Die Nische rechts ist wahrscheinlich noch im 12. Jh. verändert und durch die Baldachinarchitektur mit der Statue des hl. Ursicinus verstellt worden. Diese Plastik ist mit der Marienstatue aufs engste verwandt und vielleicht von derselben Hand angefertigt.

Die Nischenstatuen am Südportal. Maria mit Kind und der hl. Ursicinus

Das gesamte Portal war ursprünglich polychrom gefaßt. Von dieser Bemalung erkennt man noch deutlich die beiden schwarzen, elegant hingezeichneten Drachenfiguren beidseits des Portalbogens.

Die Gesamtkomposition des Portals ist, wie das Nordportal des Basler Münsters (Galluspforte), aus der burgundisch-romanischen Portalarchitektur – man denke vor allem an Cluny, das im 19. Jh. zerstört worden ist – hervorgewachsen. Besonders stark hat die Basler Galluspforte, die auch im Elsaß nachgebildet wurde, auf die Gestaltung des Tympanons eingewirkt. Die Kapitelle verraten die Hand eines Bildhauers aus demselben Atelier, das an den Chören des Basler und Freiburger (i. B.) Münsters gearbeitet hat. Die Nischenfiguren endlich sind noch romanisch; aber sie müssen von einem Meister ausgeführt worden sein, der das Portail Royal in Chartres und die zeitgenössischen Bildwerke der Ile-de-France kannte. Es sind charakteristische Zeugnisse des ausgehenden 12. Jhs., das in unseren Gegenden einerseits die aus dem Burgund und dem Rheingebiet eingeführte romanische Tradition pflegt, anderseits aber sich den neuen Vorstellungen der französischen Gotik nicht verschließt.

Türfeld
des
Nordportals

Die fünfseitige *Apsis* hat ihr Vorbild im abgerissenen, durch Zeichnungen bekannten Ostabschluß der Kathedrale von Besançon. Die Mauern steigen von der Krypta aus ungebrochen bis ans Gesims hinauf. Während am Oberbau des Chores fünf reich profilierte Fenster angebracht sind, erhält die Krypta ihr Licht durch drei unverzierte Öffnungen mit schrägen Gewänden. An der Außenseite des Nordfensters erinnert die Inschrift «Otto de Porrentru et Hugo» aus dem 12. Jh. vielleicht an zwei Baumeister. Auf den zweimal zurückspringenden Strebepfeilern sitzen kleine, primitive Figuren (u. a. Daniel in der Löwengrube). Ein Rundbogenfries unter einem Zahnschnitt umfaßt die Apsis und die Chorjoche und unterstreicht so auch am Außenbau die Zusammengehörigkeit von Chor und Altarhaus. An die ursprünglich mit einer geraden Ostmauer geschlossenen Seitenschiffe wurden im Süden eine rechteckige Kapelle, im Norden eine Sakristei angebaut.

Der *Kreuzgang* liegt an der Nordseite der Kirche. Die vier Flügel bilden ein Rechteck von 25 × 15 m und sind auf Resten älterer Klosterbauten errichtet. Gegen den Innenhof zu öffnen sie sich durch eine Reihe von zweiteiligen Spitzbogenfenstern mit Rosetten. Über den Gängen liegt ein offenes Schleppdach an Stelle eines steinernen Gewölbes, das zwar im 15. Jh. vorgesehen, aber nie ausgeführt worden war. Der Nordflügel bildete die Verbindung zur alten Pfarrkirche, die 1898 abgerissen wurde.

An einer vermauerten Pforte hat sich ein Tympanon mit einem Kreuz, dessen Arme geschweift sind, erhalten; seine Datierung schwankt zwischen dem 7. und 11. Jh. An der Westseite stand einst eine quadratische Kapelle. Das Nordportal der Kirche, das sich auf den südlichen Kreuzgangarm öffnet, wird von kleinen Säulen eingefaßt. Das Türfeld zeigt ein ganz flaches Relief: ein Löwe und eine stark stilisierte Lilie flankieren ein gleicharmiges Kreuz, das einer Scheibe eingeschrieben ist. Diese Arbeit wurde aus der Kirche des 11. Jhs. hierher versetzt.

Die Stiftskirche, die wir oben in großen Zügen beschrieben haben, bildet das Zentrum der kleinen *Stadt*, die ihre Entstehung der kirchlichen Niederlassung verdankt. Im 12. Jh. war die Siedlung von einer halbkreisförmigen Befestigung umgeben, die sich an den Berghang anschloß und bei der jetzigen Brücke bis an den Doubs heranreichte. Die Mauern sind nun zwar völlig verschwunden, aber im Stadtbild zeichnet sich ihr Verlauf noch deutlich in den Straßenzügen und in der Lage der Häuser ab.

Nach dem Brand von 1403 erfuhr der alte Stadtkern aus dem 12. Jh. eine Erweiterung nach Osten. Man verlängerte die Grand'Rue, welche die West-Ost-Achse der Stadt bildet, und legte vier kleine Straßen senkrecht zu ihr an. Auf diese Weise entstand zwischen der regelmäßigen Struktur der Neustadt und der konzentrischen Anlage der Altstadt ein kräftiger Kontrast. Derselbe Gegensatz besteht zwischen den gerade gezogenen, senkrecht aufeinanderstoßenden Mauern im Osten und der im weichen Bogen geführten Befestigung im Westen. Am Ende des Mittelalters war das heutige Stadtbild bereits voll ausgeprägt.

Im 16. und 17. Jh. mußten die Mauern verstärkt werden. Man errichtete die drei Stadttore an der Stelle der mittelalterlichen Toranlagen. Die *Porte Saint-Paul*, auch Porte de Porrentruy genannt, beschützt den westlichen Zugang zur Stadt. Die *Porte Saint-Jean*, oder Brückentor, ist in ihren unteren Partien noch gotisch. Der Oberbau mit einem bewohnbaren Stock stammt aus dem Ende des 17. Jhs. Die beiden gotischen Rundtürme geben dem Portal einen wehrhaften Aspekt. Die *Brücke* wurde 1728 in einer altertümlichen Form errichtet. Sie ist in der Mitte auf-

Flugansicht der Stadt

Brückentor von der Doubsbrücke aus. Rechts Nepomukstatue

gebogen, und die drei großen Bögen ruhen auf wuchtigen Stützen. Über dem zweiten Pfeiler erhebt sich eine Nepomukstatue aus der ersten Hälfte des 18. Jhs. Die *Porte Saint-Pierre*, oder das Loretto-Tor, öffnet sich auf die Straße nach Les Rangiers. Der massive Unterbau stammt noch aus dem Mittelalter. Die oberen Teile mit dem pavillonartigen Dach und dem eleganten Glockentürmchen wurden 1552 errichtet und 1665 umgestaltet.

Wichtige Baudenkmäler: Auf dem Platz vor der Stiftskirche ein Brunnen mit der Statue des hl. Ursicinus (Anfang des 17. Jhs.); zwei weitere Brunnen mit verzierten Stöcken von 1667. Das Rathaus (Kern aus dem Ende des 15. Jhs.). Östlich und westlich der Kirche liegen die Häuser der Stiftsherren (17. und 18. Jh.). Auf dem Berg nördlich der Stadt: Einsiedelei des hl. Ursicinus (17. bis 19. Jh.) und die kaum sichtbaren Reste des ehemaligen Schlosses der Edelherren von Saint-Ursanne, das später als Sitz des bischöflichen Vogtes (14. bis 18. Jh.) diente. *Claude Lapaire*

Literatur: F. CHÈVRE, *Histoire de Saint-Ursanne*, Porrentruy 1887. – A. NAEF, *Das Südportal der Stiftskirche von Saint-Ursanne*, in «*Kunstdenkmäler der Schweiz*», N. F. III, 1903. – M. CHAPPATTE, *La Collégiale de Saint-Ursanne*, Porrentruy 1943. – M. CHAPPATTE, *Saint-Ursanne au bord du Doubs*, Genève 1955. – C. LAPAIRE, *Les constructions religieuses de Saint-Ursanne*, Porrentruy 1960. – *Photographien:* A. Kuster, Porrentruy; Hesse, Bern, S. 1, 7; Perrochet, Lausanne, S. 12; Swissair, Zürich, S. 11.

Dieser Führer erscheint mit der Unterstützung der «*Société d'embellissement de Saint-Ursanne*».